普通高等教育“十四五”电子商务系列教材
电子商务国家一流专业课程建设成果

电子商务项目运作与管理

（第二版）

主　编◎李志刚
副主编◎卢海霞　郭丰恺

中国铁道出版社有限公司
CHINA RAILWAY PUBLISHING HOUSE CO., LTD.

内 容 简 介

本书系普通高等教育“十四五”电子商务系列教材之一，系统论述了电子商务项目运作与管理的基本知识、理论、方法和实践技能。首先从项目管理的视角介绍了项目管理的基本知识。然后从实战的角度论述了电子商务项目可行性分析、项目构思、项目策划、项目执行与控制、项目的质量与风险管理的思路和方法，并介绍了 Project 2019 项目管理软件操作的知识和技巧。最后结合案例着重论述了电子商务项目策划、管理和实施的具体过程和实际做法，以帮助学生掌握电子商务项目运作和管理的基本技能。

本书适合作为高等院校电子商务、市场营销、项目管理、工商管理等专业的教材，也可作为从事电子商务、项目管理等人员的参考书。

图书在版编目（CIP）数据

电子商务项目运作与管理 / 李志刚主编. -- 2 版. 北京 : 中国铁道出版社有限公司, 2025. 3. --（普通高等教育“十四五”电子商务系列教材）. -- ISBN 978-7-113-31817-8

Ⅰ. F713. 36

中国国家版本馆 CIP 数据核字第 2024V57S71 号

书　　名：电子商务项目运作与管理
作　　者：李志刚

策　　划：潘星泉　　**编辑部电话：**（010）51873090
责任编辑：潘星泉　贾淑媛
封面设计：刘　颖
责任校对：苗　丹
责任印制：赵星辰

出版发行：中国铁道出版社有限公司（100054，北京市西城区右安门西街 8 号）
网　　址：https://www.tdpress.com/51eds
印　　刷：北京联兴盛业印刷股份有限公司
版　　次：2011 年 8 月第 1 版　2025 年 3 月第 2 版　2025 年 3 月第 1 次印刷
开　　本：787 mm×1 092 mm 1/16　**印张：**15.5　**字数：**396 千
书　　号：ISBN 978-7-113-31817-8
定　　价：48.00 元

前　言

目前，项目管理不但已发展成为一门独立的管理学科，而且已成为一种职业。项目经理可以凭借自己的项目管理知识、技能和在不同应用领域的经验立足于社会、服务于社会。作为项目管理应用领域的一个分支，电子商务项目管理既有项目管理的普遍特性，同时它还具有自身的特点，如市场机会的短暂性、用户的广泛性和用户行为的难以确定性等。另一方面，电子商务项目对于企业的影响也较大，它往往会触及企业的结构划分，调整与消费者之间的连接、沟通和服务方式，改变同上下游合作伙伴的合作与分工。这种性质的项目需要得到高层管理的完全认同和实质性支持才有可能执行运作成功。

本书是“电子商务国家一流专业建设”项目中的子项目“电子商务项目管理”课程建设的教学研究成果，是一本实践性很强的高等院校教材，它把项目管理的一般理论和电子商务项目管理特点相结合，系统、全面地论述电子商务项目运作与管理的理论知识和实践技能。从内容的编写上注重三个特点：基于一般工程项目，突出电子商务项目特点；基于项目管理知识体系，突出电子商务项目管理特点；基于项目管理理论和方法，结合电子商务项目的应用实践进行运作。

本书着力介绍当前电子商务项目运作和管理的最新理论成果，并插入大量鲜活的创业案例，引入了电子商务项目运作和管理实践的内容。本书从项目管理的角度入手，撇开烦琐的技术细节，更关注电子商务项目运作、管理和实施中诸如项目的构思、计划、成本、进度、工作范围等问题，结合电子商务项目在实施过程中可能遇到的所有管理细节，系统论述了电子商务项目运作与管理的原理、思路和方法，使电子商务项目（特别是网站）开发摆脱以往的无序，而成为一门严谨的学科。

全书共9章。第1章概要介绍了项目管理和电子商务项目管理的知识、电子商务项目管理的过程与特征；第2章结合实例论述了电子商务项目构思的过程；第3章分析了电子商务项目的可行性；第4章论述了电子商务项目计划的理论和方法；第5章论述了电子商务项目的执行与控制的理论与方法；第6章系统论述了电子商务项目质量与风险管理的知识和经验；第7章论述了电子商务项目验收与维护的理论和方法；第8章论述了电子商务项目管理软件操作使用的知识和技巧；第9章结合项目管理理论和过程分析了一个电子商务项目的综合运作案例。

与第一版相比，本书有以下改进：

（1）根据课程特点，采用项目化教学的方式编写，强调理论与实践的结合，突出对学生电子商务项目应用能力的培养。

（2）更加突出教、学、做一体化的教学特点，重点对第1、2、3、4、6、8章的内容进行了更新、修订和补充。

（3）替换一些案例，寓应用于理论学习之中，强化学生电子商务项目运作实际应用能力的培养。

本书由多年从事电子商务项目管理、网络营销研究和应用，并在教学岗位第一线工作的教师根据教学特点精心组织和编写。本书由李志刚负责全书的整体策划和最后统稿定稿。编写分工如下：第1章（李志刚），第2章（郭丰恺、李砚、李志刚），第3章（李志刚、郭丰恺、李砚），第4章（卢海霞、李志刚），第5章（刘慧、李志刚），第6章（郭丰恺、卢海霞），第7章（卢海霞），第8章（刘波、聂运洁），第9章（郭海燕、李志刚）。

在本书编写过程中，各位编者付出了巨大的劳动，没有大家辛勤的付出，很难在两年的时间内完成本书编写。他们持之以恒的耐力、饱满的工作热情、良好的组织协调能力为本书编写打下了坚实的基础。此外，还要深深感谢电子商务项目管理研究领域的诸多学者以及业界从业人员，正是由于这么多人的努力才为本书积累了丰富的素材。在本书编写过程中，参考了国内外一些出版物和网上的资料，由于文献众多，未能在文中一一注明，在此，编者对相关文献的作者表示最诚挚的感谢！

电子商务项目运作与管理涉及很多领域的知识，而且其理论和技术发展很快，相关知识体系、内容、方法也没有完全成熟。无论在实践中，还是在电子商务项目运作与管理的理论研究中，关心这方面的专家和教师都还在积极探索。本书只是该领域探索活动的一小步，尽管编者付出了艰苦的努力，但因学识有限，疏漏之处在所难免，恳请同仁与读者批评指正，提出宝贵建议。

成都理工大学　李志刚

2024年11月

目 录

第 1 章

概　　论

学习和实践目标

项目管理是一套系统科学的管理方法，在各行业的项目策划与运作过程中是必不可少的。电子商务项目是一类典型的项目，除具备一般项目的共同特征外，还具有自身的特点。

通过对本章内容的学习，学生可了解项目管理的概念和基本内容，初步认识电子商务项目的含义与特点，较深入地了解电子商务项目管理的过程与生命周期，学习和理解电子商务项目规划的内容和方法，掌握电子商务项目管理的基本知识和规划的基本步骤。

实现目标的知识点

- 项目管理的含义与内容。
- 电子商务项目的内涵与特点。
- 电子商务项目管理的过程、生命周期与特征。
- 电子商务项目规划的目标、任务、方法与步骤。

1.1　项目管理概述

1.1.1　项目管理产生与发展

项目管理（project management，PM）是管理科学与工程学科的一个分支，是介于自然科学和社会科学之间的一门边缘学科。它是第二次世界大战后期发展起来的重大管理技术之一，最早起源于美国。比较有代表性的项目管理技术有关键性途径方法（critical path method，CPM）和项目评估和审查（program evaluation and review technique，PERT）技术，它们是两种分别独立发展起来的技术。其中，CPM 是美国杜邦公司和兰德公司于 1957 年联合研究提出，它假设每项活动的作业时间是确定值，重点在于费用和成本的控制。PERT 由美国海军特种计划局和洛克希德航空公司规划和研究在核潜艇上发射“北极星”导弹的计划中（1958 年）首先提出。与 CPM 不同的是，PERT 中作业时间是不确定的，是用概率的方法进行估计的估算值，另外，它也并不十分关心项目费用和成本，重点在于时间控制，主要应用于含有大量不确定因素的大规模开发研究项目。随后，两者有发展一致的趋势，常常被结合使用，以求得时间和费用的最佳控制。

20 世纪 60 年代，项目管理的应用范围也还只是局限于建筑、国防和航天等少数领域，但因为项目管理在美国的阿波罗登月项目中取得巨大成功，由此风靡全球。国际上许多人开始对项目管理产生了浓厚的兴趣，并逐渐形成了两大项目管理的研究体系，其一是以欧洲为首的体系——国际项目管理协会（IPMA）；另外是以美国为首的体系——美国项目管理协会（PMI）。在过去的 30 多年中，两大协会工作卓有成效，为推动国际项目管理现代化发挥了积极的作用。项目管理是美国最早的曼哈顿计划开始的名称，后由华罗庚教授在 20 世纪 50 年代引进中国（称为统筹法和优选法）。

项目管理是一门以项目活动为研究对象的管理学科，它研究科学组织项目管理的理论与方法。进入 20 世纪 90 年代后，现代项目管理不断发展和完善，除运用一般管理知识外，还运用了项目管理特有的知识和项目相关应用领域知识，已成为一门独立的学科体系，从根本上改善了项目管理的效率和效益，成为现代管理学的重要分支。

当今世界，无论是一国的经济发展和社会进步，还是国际的合作交流，都是通过一个个项目实施的，我们正处在项目管理蓬勃发展的新时代。项目管理是一种管理实践活动，一种人们有意识地按照项目特点和规律对项目进行组织和管理的活动，它已被众多国家证明是一种成功的管理模式。

1.1.2 项目的概念与特点

1. 项目的定义

项目是指一系列独特的、复杂的并相互关联的活动，这些活动有着一个明确的目标或目的，必须在特定的时间、预算、资源限定内，依据规范完成。项目参数包括项目范围、质量、成本、时间、资源。因此，通俗地讲，项目是由一组有起止时间的、相互协调的受控活动所组成的特定过程，该过程在一定的资源约束下要达到符合规定要求的一定目标。

这里的资源包括时间资源、经费资源、人力资源、物质资源（比如工具、设备）等。对上述定义可从以下几个方面去理解：单个项目可作为一个较大项目结构的组成部分；在一些项目中，随着项目的进展，其目标需要修改或重新界定，产品特性需逐步确定；项目结果可以是一种或几种产品；项目组织是临时性组织，在项目生命周期中存在；项目活动之间的相互影响可能是复杂的。

2. 项目的特点

（1）一次性。一次性是项目与其他重复性操作或运行工作的最大区别。项目是一次性任务，一旦任务完成项目即告结束。项目的其他属性也是从这一主要的特征衍生出来的。项目有明确的起始时间和终结时间，起点是项目的开始时间，终点是项目目标实现的时间，项目有明确的起点和终点，没有可以完全照搬的先例，也不会有完全相同的复制。项目的一次性与项目持续时间的长短没有必然的联系，但任何项目都是有始有终的，都有自己的生命周期。当然，项目的生命周期与项目产出物的生命周期是不同的，多数项目的时间相对是短暂的，项目所创造的产品或服务则是长期的。

（2）独特性。每个项目都是独特的。或者其提供的产品或服务有自身的特点；或者其提供的产品或服务与其他项目类似，然而其时间和地点、内部和外部的环境、自然和社会条件有别于其他项目，因此项目的过程总是独一无二的。即使有些项目提供的产品或服务相类似，但由于它们的时间和地点、内部和外部环境、自然和社会条件有所差别，因此项目过程总具有自身的独特性。

（3）目标的特定性。任何一个项目都必须预先设定组织目标和项目目标，不同的项目有不同的目标，目标不明确，必然导致项目管理的混乱。这些目标包括几个方面：

第一，时间性目标，如在规定的时段内或规定的时间点之前完成。

第二，项目工作本身的目标，也叫过程目标；例如，对一个软件开发项目，项目的工作目标包括软件的开发周期、成本、质量、文档化程度等。

第三，项目产出物的目标，也叫产品目标。对项目产出物（软件产品）的目标包括软件的功能、可靠性、可扩展性、可移植性等。

第四，约束性目标，如不超过规定的资源限制。

第五，其他需满足的要求，包括必须满足的要求和尽量满足的要求。

目标的确定性允许有一个变动的幅度，也就是可以修改。不过一旦项目目标发生实质性变化，它就不再是原来的项目。

（4）制约性。项目在一定程度上受到各种客观条件的制约，其中主要的制约是时间、费用、质量、人力、技术、信息、物资以及环境等方面。因此，项目管理者必须在一定的时间和共用条件下，妥善运用条件而不能超越条件，从而实现既定目标。

（5）不确定性。项目的不确定性主要是由项目的独特性造成的，因为项目的独特之处，往往需要在不同方面进行不同程度的创新，而创新就包含着各种不确定性；其次，项目的一次性也是造成项目不确定性的原因，因为项目活动的一次性使得人们没有改进的机会，使项目的不确定性增高；另外，还由于项目所处的环境多是开放的而且相对变动较大，这也是造成项目不确定性的主要原因之一。

（6）项目组织的临时性和开放性。项目班子在项目的全过程中，其人数、成员、职责是在不断变化的。项目开始时要组建项目班子，项目执行过程中成员和职能在不断变化，甚至项目的某些成员是借调来的。项目结束时，项目班子要解散，人员要转移。参与项目的组织少则一两个，多则几十个，甚至上百个，它们通过协议、合同等方式组合在一起。项目没有严格的边界，有时甚至是模糊和开放的。这一点与一般企、事业单位和政府机构组织很不一样。

（7）成果的不可挽回性。项目不像其他事情，做坏了可以重来，也不可以试着做。项目结果具有不可逆性，一旦出现失误，很难有纠正机会。项目必须确保成功，项目一旦失败就永远失去了重新实施原有项目的机会。为此，必须严密管理项目的每个环节。

1.1.3　项目管理的概念与内容

1. 项目管理的概念

关于项目管理的概念有以下一些描述：

项目管理就是项目的管理者在有限的资源约束下，运用系统的观点、方法和理论，对项目涉及的全部工作进行有效的管理。即从项目的投资决策开始到项目结束的全过程进行计划、组织、指挥、协调、控制和评价，以实现项目的目标。

项目管理是基于被接受的管理原则的一套技术方法，这些技术或方法用于计划、评估、控制工作活动，以按时、按预算、依据规范达到理想的最终效果。

项目管理就是以项目为对象，由项目组织对项目进行高效率的计划、组织、领导、控制和协调，以实现项目目标的过程。

项目管理就是为了满足甚至超越项目涉及人员对项目的需求和期望而将理论知识、技能、工具和技巧应用到项目的活动中去。

从上述定义可看出，不管怎么描述，项目管理都是为了满足或超过相关者对项目的需要和期望而对有关知识、技能、工具和手段的运用。在项目的管理中要同时关注项目产品的管理和项目本身的管理，不仅要创造满足要求的产品，还要在项目范围、时间、成本和质量等方面，也能够达到项目的管理目标。有效的项目管理是在规定用来实现具体目标和指标的时间内，对组织机构资源进行计划、引导和控制工作。项目管理有时被描述为对连续性操作进行管理的组织方法。这种方法，更准确地应该被称为“由项目实施的管理”，这是将连续性操作的许多方面作为项目来对待，以便对其可以采用项目管理的方法。

2．项目管理的主要内容

项目管理的主要内容有范围管理、时间管理、成本管理、质量管理、人力资源管理、风险管理、沟通管理、采购与合同管理和综合管理。

项目范围管理为项目的工作内容定义边界，即定义哪些工作属于项目，哪些工作不属于项目。项目范围管理关注于如何确定项目范围，以及如何管理对项目范围的变更。对项目范围管理的输入可以理解为项目利害关系者的需求，而项目范围管理的产出则是项目范围基准，包括项目范围说明书、对应的工作分解结构以及工作分解结构字典。

项目时间管理是为了确保项目最终能按时完成的一系列管理过程。它包括具体活动界定、活动排序、时间估计、进度安排及时间控制等项工作，它关注的是妥善安排项目各计划工作的日程。这里“妥善”有多层意思，最主要的是日程计划安排的可行性，以及能够满足项目利害关系者在日程方面的要求。对项目时间管理诸过程的投入是项目范围，产出为项目日程表。

项目的成本是指在项目生命周期中为完成项目工作所发生的成本，项目成本管理即为项目成本的规划、估算、预算和控制。它是为了保证完成项目的实际成本、费用不超过预算成本、费用的管理过程。它包括资源的配置，成本、费用的预算，以及费用的控制等项工作。对项目成本管理诸过程的投入是项目范围和预期项目资源配备，其产出主要是成本基准。

项目质量管理旨在提升项目的整体质量水平，包括项目产品的质量和项目管理的质量。项目质量管理是为了确保项目达到客户所规定的质量要求所实施的一系列管理过程。它包括质量规划、质量控制和质量保证等。

项目人力资源管理的主体对象是项目团队，强调提升团队的绩效水平，包括人力资源需求、组织、配备和绩效提升等主题。

风险具有不确定性，即缺乏与结果相关的信息，项目风险管理就是管理这种不确定性。项目风险管理是指对项目风险从识别到分析乃至采取应对措施等一系列过程，它包括将积极因素所产生的影响最大化和使消极因素产生的影响最小化两方面内容。

沟通管理是企业组织的生命线。管理的过程，也就是沟通的过程。通过了解客户的需求，整合各种资源，创造出好的产品和服务来满足客户，从而为企业和社会创造价值和财富。企业是个有生命的有机体，而沟通则是机体内的血管，通过流动来给组织系统提供养分，实现机体的良性循环。沟通是指信息的传递，可将项目沟通管理定义为“满足项目利害关系者对信息的需求”，紧扣“满足需求”这一主题。仅就满足信息需求而言，设计如何满足信息需求的方案，并在项目实施过程中适时地产生、收集及分发相应信息就可以了。

项目采购与合同管理是项目管理的重要领域之一，项目采购和合同管理是站在客户的角度，处理从外部获取货物或服务时遇到的各种问题，涉及采购规划、询价规划、询价、选择供应者，以及合同管理等过程。这些过程的工作量大小和复杂程度因项目而异。

项目综合管理说明了从启动、规划、实施、监控到收尾的项目管理流程，项目综合管理用于识别、确定、结合、统一与协调各项目管理过程组内的不同过程与项目管理活动，有人称之为“整合”、“整体”或“集成”。

1.1.4 项目管理的主要目标

现代项目管理是以顾客为关注焦点，因此现代项目管理必须以实现项目利益相关者的要求和期望为目标。

（1）满足项目的要求与期望。这是项目利益相关者共同要求和期望的内容，主要涉及项目范围、项目费用、项目时间和项目质量等方面。

（2）满足项目利益相关各方不同的要求和期望。由于项目利益相关者所处的地位不同，所以对项目的要求和期望是不同的。例如，项目的实施者为尽快实现项目目标，有可能对环境保护问题考虑不周，而项目所在地区、政府管辖部门则对环境保护的要求很严。

（3）满足项目已识别的要求和期望。这是指在项目的各种协议、合同中已明确规定的对项目的要求和期望。例如，项目的工期、成本、质量要求，以及对项目具体工作的要求和期望。

（4）满足项目尚未识别的要求和期望。这是指在各种项目文件中没有明确规定，但却是项目利益相关者所需要达到的要求和期望。例如，潜在的环保要求、残障人士的特殊需要等。

1.2 电子商务项目概念及其特点

1.2.1 电子商务项目的概念

电子商务项目，是指在进行电子商务的过程中，为了达到所需的绩效目标，在一定的期限内，依托一定的资源而进行的一系列活动，这一系列活动的过程有其丰富的内容，构成了许许多多、大大小小的项目。电子商务项目的绩效也是通过三项主要目标的完成情况来衡量，即时间（项目是否按时完成）、费用（项目是否符合预算）和性能（项目达到客户满意的程度）。也可描述为电子商务项目是指企业为实现电子商务战略目标，在一定的时间内依托一定的资源而开展的一系列活动。如花 1.5 万元，用 1 个月时间，建立商务网站实现商品的销售和盈利；又如某企业花 5 万元，用 2 个月时间构建了一个管理信息系统，以提高了企业的管理水平。由于一个企业要将电子商务作为日常经营管理的手段，一般需要经历三个过程：第一，需要对电子商务的运作模式进行策划；其次，要进行电子商务系统的建设；最后，在电子商务系统的基础上，销售、生产和配送，即电子商务的运营。显然，电子商务的模式策划、系统开发、电子商务的运营可以分别看作三种不同类型的项目，即电子商务策划项目、电子商务系统项目、电子商务运营项目，都可以按照项目的方式来管理，这是因为上述三类有关电子商务的活动符合一般项目的特点：都是一次性的任务，都有一定的任务范围和质量要求，都有时间或进度的要求，都有经费或资源的限制。所以我们可以采用项目管理的思想和方法来指导有关电子商务的活动。

电子商务策划项目，是指根据企业的战略目标和产品定位，选择合适的电子商务运作模式，明确电子商务需求的过程。比如，需要确定到底是采用 B2C 模式还是 B2B 模式，电子商务的盈利模式如何。

电子商务系统项目，是指在明确电子商务需求的基础上，对电子商务网站或系统进行分析、设计、实施和试运行的过程。

电子商务运营项目，是指在电子商务网站或系统已经投入运行的基础上，企业在网上承接订单，然后按订单组织生产和交付的过程。这时，企业将一个订单或一批订单的实现确定为项目的目标，企业关于订单的处理流程称为电子商务运营项目的生命周期。

1.2.2　电子商务项目的特点

1．电子商务项目涉及角色多

一般项目中，主要的角色有两个：一个是项目的投资方，另一个是项目的承包方。而对复杂的电子商务项目来说，项目所涉及的角色往往还有卖方、咨询方和外包商。

2．电子商务项目具有复杂性

造成电子商务项目复杂性的原因，主要是在项目的实施中，管理、技术、商业活动、竞争及其他因素混合在一起，需要控制多重关联的商业和业务活动中的变化。这些变化跨越了公司之间和公司内部的部门之间，从而使沟通与协调变得更加困难，也使得电子商务的管理面临着实在的挑战。复杂性主要表现在：

（1）高层管理者的期望值很高。

（2）为适应电子商务的要求，很多单位的内部机构需要调整。

（3）项目的实施过程中存在着紧迫的时间压力。

（4）由于电子商务的应用软件，尤其是电子交易软件在不断发展，而且项目在进行中也在持续发展，新产品层出不穷，这些因素会带来竞争、机遇与挑战。

（5）项目信息技术的基础结构十分复杂。

（6）项目存在着严重的预算压力，而电子商务项目实施初期很少获得大规模的利润。

3．电子商务项目具有动态性

当今电子商务项目正处于一种激烈的竞争环境中，快速演变升级的基本技术、持续竞争和新的工具改变了以前项目运行所必须遵循的逻辑顺序，电子商务项目不再只是一个按部就班的软件生产过程，必须以快速应变和充满创造力的开发过程应对市场压力。电子商务项目的实施是动态的，主要表现在：

（1）客户在电子商务项目的实施过程中，往往会频繁改变他们的要求和需要，这就要不断调整商务和业务规划，使其与电子商务系统同步。

（2）在项目实施中由于很多问题浮现出来，项目实施方将不得不修改原来的规划和设计。

（3）新的软件、硬件或网络技术诞生，比已有的技术更有吸引力。

（4）当竞争者改进了电子商务网站的创意和改善了市场推广方式时，项目实施方必须快速对此做出反应，否则，正在进行的电子商务项目就会面临困难。

（5）上级管理层在未与项目实施团队商议的情况下，改变了业务方向、范围或进度。

4. 电子商务项目存在着较大的风险

由于电子商务项目是创建新的商务活动，它的实施将改变现有的业务流程，影响业务结构，一旦失败很难弥补；还由于电子商务在更大程度上依赖系统平台和技术支持，系统需要高度的扩展性，尺度难以掌握。这就需要项目实施方认真遵循项目管理的方法，严肃地对待电子商务项目，从而降低风险。

5. 电子商务项目的生命周期短

由于电子商务项目一般都要涉及信息技术，而信息技术生命周期短，项目所依赖的计算机系统、软件的升级换代快；还由于在不确定的商业环境中，机会来得快，去得也快，这使得电子商务项目不可能持续太长时间，否则项目尚未建成，就有可能面临被淘汰的危险。

1.3　企业电子商务的层次与项目规划

1.3.1　企业电子商务发展的层次

虽然电子商务的范围很广，但是企业仍是电子商务运作的主体。企业电子商务的发展层次可以用一个金字塔来描述，金字塔底到塔尖，电子商务的影响逐渐扩大，但实施的难度也逐渐增高。

电子商务在企业的发展过程中大致可以分为：作业层次、业务层次、企业层次、行业层次。

在作业层次（activity），企业所做的是自动化一些简单的业务，诸如通过网络购买办公用品，这一层次的电子商务的目标是提高效率。这些是许多企业开始尝试电子商务的地方，但它们对企业核心业务的影响有限。

作业层次之上是业务（business）层次，企业可能实施电子商务改变某一业务流程，譬如客户关系管理（CRM）。这一层次的电子商务的目标是提高效能。这里有必要把作业层次的效率提升和这一层次的效能提升作个比较：效率是把事情做得更好，效能是以不同的方式做事。该层主要是支持中层管理，重视流程的梳理和整合。

第三个层次是企业（enterprise）层次，在这一层次中整个业务转变为电子商务。企业层次的努力给企业带来独特的竞争优势和改变整个企业的思维方式。企业层次的电子商务包括作业和业务流程方面的变化。这个层次主要支持高层管理，重视企业内部价值链的优化和一体化。

第四个层次在金字塔尖，是行业（industry）层次，电子商务将改变整个行业，诸如塑料网络（plastic net）这样的电子商务改变了整个塑料行业的运作方式。在行业层次的电子商务中，相关行业中买主、供应商和客户做生意的方式被彻底改变。

在演化步骤中，还可以用一个阶梯来描述企业实施电子商务的四个演变阶段：

第一个台阶：存在（presence），企业在互联网呈现“信息存在”，譬如一个提供公司产品和业务信息的静态网站。这样的网站通常通过外购获得。在现阶段维持在互联网上的信息存在对大部分企业已经是不得不做的事。

第二个台阶：探索（exploration），企业开始自动化一些业务流程，和客户接触，将部分信息存放到数据库中。在这一步中，通常还会包括一些较小的品牌建设的研究。

第三个台阶：整合（integration），所有业务流程都实施了自动化，用户被赋予了控制流程的能力。客户能够通过企业提供的电子商务自我服务，能够通过电子商务下订单、跟踪订单、支付。在这一步中，电子商务开始突破企业的边界，客户和供应商都被包括了进来。

第四个台阶：变革（transformation），在这一步中演化为电子商务，变革的目标是获得竞争优势。变革是由企业的最高决策层所推动的。

1.3.2 电子商务项目规划的目的

规划，一般是指对较长时期的活动进行总体的、全面的计划。现代社会组织，特别是企业的结构和活动内容都很复杂，一个企业要实施电子商务需要经过长期的努力，因而必须对建设的项目进行科学的规划。所谓电子商务系统项目的规划，是指根据组织的目标和发展战略以及电子商务系统项目建设的客观规律，结合所属行业电子商务方面的实践和对最新信息技术发展情况的认识，并考虑到组织面临的内外环境，科学地制定电子商务系统的发展战略和总体方案，合理安排系统建设的资源和进程，提出企业电子商务系统建设的目标和计划建设的具体项目清单，以满足企业可持续发展的需要。

1. 电子商务系统项目的战略与企业发展战略一致

对于企业而言，其商务目标是为了最大限度地、持续地扩大利润空间，增加企业收入。为了达到这一目标，需要不断改善提高企业核心竞争能力，扩大市场份额。利用电子商务提高和改进其核心竞争能力是企业建设电子商务系统项目的最直接、也是最为原始的动机。基于这一点，在设计电子商务系统项目之初，必须准确、完整地了解企业的战略目标。电子商务活动是企业经营活动的一部分，因此，电子商务系统项目规划的目标是制定同企业整体战略相一致的电子商务系统的发展战略。制定电子商务系统项目的发展战略，首先要调查分析企业的目标和经营战略，评价现行项目的功能、环境和应用状况。在此基础上确定电子商务系统项目的目标，制定电子商务系统项目的发展战略及相关政策。我们建议在作规划之前，应先找专业的咨询公司根据企业的实际情况构造适合本企业情况的电子商务策略。因为在销售公司开展电子商务，与在整个集团内或在制造生产厂、批发配送公司开展电子商务其步骤和应用的重点、内容是不一样的。

2. 制定电子商务系统项目的解决方案

电子商务解决方案是当今非常时尚的话题，许多服务商在网上大力推广自己的解决方案，并宣传可以为企业量身定做个性化的解决方案。那么，究竟什么是电子商务解决方案呢？单一的产品是不是一个解决方案？解决方案都具有什么样的要素？其实，不同的公司和专家对这一问题的认识可能有所不同，对用户提供的“解决方案”也可能差异很大。一种有代表性的观点认为，电子商务解决方案有广义与狭义之分。广义地说，凡是可以有助于实现电子商务的举措，均可以划入电子商务解决方案的范畴。狭义的电子商务解决方案是重点围绕着交易而提供的一系列软件功能，如构建企业的电子商务站点、构建网上交易平台、提供网上支付接口、解决交易的后续流程。解决方案的英文是 Solution。Solution 一词是指对任意一个复杂问题的对应之策。可以说，军事解决方案、经济解决方案、市场与销售解决方案、某一任务的解决方案等。就是说，只要是针对某一个目标的，达成一个目的的一套做法和策略都可谓之为 Solution。它可大可小，但逻辑上有一个明确任务。目标、策略、方法、手段、实现过程和效果评价构成了某一个具体的解决方案。

在电子商务系统项目规划中所要制定的电子商务解决方案是指广义的，它必须对开展电子商务的开始过程直至最后成功的全过程加以通盘考虑，以解决电子商务各环节的需求为职能，以实现一定的商业经营活动为目标，目的是解决企业在开展电子商务活动中各环节的需求。通过配以适当的电子商务模式，并根据实际的业务流程，进行系统的业务需求、整合分析，提供对应的技术设计及系统实施的方法、步骤及配套的资源等。

企业电子商务策略定义了电子商务的方向、目标和任务，每一个电子商务项目都要紧紧围绕它们展开。企业制定电子商务解决问题方案必须和企业本身的经营战略相结合，需要对企业战略、建设能力、特殊需求等情况进行分析，考虑打算实施项目的范围和实施时的资源。由于电子商务系统的开发需要企业投入相当的资源（如财力、物力和人力），因此开发电子商务系统首先应明确开发的目的，即要解决的问题。这些问题经分析归纳，得到的集合即是问题域。

一般来说，电子商务解决方案制定包括三个阶段：

第一，从企业战略的角度分析企业对电子商务项目的要求和期望。

第二，考虑企业目前信息化基础对未来电子商务应用的支撑和限制。

第三，考虑企业差异化的特殊需求，形成企业对新项目的综合需求。

1.3.3　电子商务项目规划的步骤

电子商务系统项目从业务流程上来看，和传统的企业信息系统主要的差别在于电子商务系统实施的是以客户服务为中心的商务模式，而不是传统企业信息系统的以改善企业生产和管理效率为主要目的的模式。因此，客户关系管理（CRM）也就成为电子商务系统中举足轻重的核心业务模块。从信息交换和数据处理上来看，电子商务系统则涵盖了企业在市场、销售、支付、物流、客户等各个业务环节，不仅需要和企业内部的信息流整合，而且需要集成外部的信息系统，形成了一个复杂的网状结构，所以它的规划问题就不能采用传统的方式去处理。

制定企业的电子商务系统项目规划是电子商务系统建设的第一阶段，其本身就是一个庞大的项目。进行电子商务系统项目规划有以下几个步骤：

（1）确定电子商务系统项目规划的边界，明确规划目标、任务与要求，确定电子商务系统规划的范围，是对整个企业制定整体（或全局）规划，还是制定企业内一个部门的规划。

第一，确定电子商务系统规划的时间限制。时间短，结果可能肤浅；时间长，规划过于详细，可能过时。

第二，明确项目目标。项目目标是对企业基础、企业战略、关键需求、竞争战略等的一个综合，主要是从企业整体战略出发确定项目的目标和范围，为后期投资方案的选择、相关的选型以及项目的控制等提供评判的依据。

（2）建立制定电子商务系统项目规划的组织：包括项目负责人和项目小组。项目负责人是指主管项目的高级行政官员，由他负责与高层管理人员进行交流；项目小组包括参加人员，大约有三类，即企业经营人员、技术人员、相关领域的专家顾问（如物流、金融方面）。

（3）制定项目规划进度表：制定电子商务系统规划需要完成多项任务。为此，需要制定一个详细的进度表，便于及时检查和掌握工作进度。进度表中应规定各个任务的优先次序和完成任务的时间安排，给项目组成员分配具体任务和确定任务完成的时间。

（4）现行系统的初步调查与分析：初步调查主要调查当前企业的目标与任务、组织机构及管理体制系统的状况、可供利用的资源及约束条件、存在的主要问题及薄弱环节等。

（5）确定系统开发策略：包括选择合适的开发方式、方法等内容。

（6）提出新系统的开发方案：包括新系统的目标、功能、结构、开发进度计划、项目成本、资源需求等。

（7）可行性研究：包括开发新系统的必要性，新系统的开发方案的经济性，技术上的可行性，组织管理上的可行性及环境的可行性等。

（8）提出系统项目规划报告：系统项目规划报告应当包括绪论、系统建设的背景、必要性和意义、系统的候选方案、可行性分析、几种方案的比较研究和建设性结论。

1.3.4 电子商务项目规划的任务

电子商务项目规划任务的关键是要使电子商务系统的战略与整个组织的战略和目标协调一致。要进行的具体工作包括：评价组织的目标和战略，根据组织的目标和战略确定电子商务系统的使命，对电子商务系统的建设或更新提出报告，对目前电子商务系统的功能、应用环境和应用现状进行评价，制定建设电子商务系统的政策、目标和战略。

（1）需求分析是企业在实施电子商务项目过程首要的步骤，它是企业对自己商务活动、管理架构、资金等方面进行分析后，结合电子商务特点实施符合本企业发展现状的活动分析。需求分析是企业充分认识自己为什么要实施电子商务，它是能够正确实施电子商务项目管理的重要步骤。

（2）系统规划是电子商务系统项目建设的重要阶段，是电子商务系统的概念形成时期，这一阶段的主要目标，就是制定出电子商务系统的长期发展方案，决定电子商务系统在整个建设过程中的发展方向、规模和发展进程。

（3）制定电子商务系统项目的总体开发方案。在对企业初步调查及分析的基础上，根据电子商务系统的目标和发展战略，设计电子商务系统的总体结构及系统各个组成部分的结构及其组成，拟定构造这一系统的技术方案。这一任务是要明确组织的主要信息需求，形成电子商务系统的总体结构方案，安排项目开发计划。这一任务的具体工作包括：确定目前和规划中的组织在决策支持和事务处理方面的信息需求，以便为整个组织或其主要部门提出电子商务系统的总体结构方案；制订主发展计划，即根据发展战略和系统总体结构，确定系统和应用项目的开发次序和时间安排。

（4）制订系统项目建设的资源分配计划。制订为实现主开发计划而需要的硬软件资源、数据通信设备、人员、技术、资金等计划，提出整个系统的建设概算。根据电子商务系统的环境、资源等条件，评估系统建设的开销和收益，判断所提出的电子商务系统项目是否有必要、是否有可能开始进行。

（5）制订变化管理与风险管理的计划。电子商务项目的实施将面临来自组织各方面的抵制，越来越多的证据表明，在电子商务项目实施过程中人的因素是最重要的风险因素，如何减少实施中与人相关的负面影响、增强正面效果正是变化管理所要解决的问题。统一而又完整的变化管理计划可确保项目的成功，同时也可缩短项目实施的周期，降低成本。变化管理计划首先要在项目目标的指导下，对未来的项目过程进行一定的诊断，分析可能存在的抵制，以及组织实施项目的能力，沟通管理也是管理变化中很重要的一部分。

风险管理是指识别威胁的存在，根据其来源判断其后期情况，并用经济的方式采取修正，将不利的后果控制在一定范围内的科学和艺术。风险管理的实质就是识别风险、筛选风险、控制重点风险并最终降低风险。风险是电子商务项目投资中一个永恒的话题，风险管理直接决定了项目实施中可能会遇到的障碍以及实施的难度。电子商务风险主要包括：

第一，战略风险：包括竞争环境，错误的战略导向，对供应商、购买方等的依赖，不恰当公司文化，信息的缺乏，规则的变化等。

第二，财务风险：包括现金的管理与变化，不确定的税收状况、现金流。

第三，运营风险：包括技术变革和落后技术的采用，较差的项目管理水平，经营流程控制，较差的运作管理，员工问题和熟练工人的缺乏等。

（6）制订项目实施计划。根据电子商务项目总体开发方案确定要完成的任务制定一个详细的进度表。进度表中应规定各个任务优先次序和完成任务的时间安排，给项目组成员分配具体任务和确定任务完成的时间。

1.4　电子商务项目管理的过程与特征

1.4.1　电子商务项目管理的过程

任何项目的实现都要经历一定的阶段或工作过程，项目的实现过程一般是指为创造项目的可交付成果而开展的各种活动所形成的过程（也称为项目阶段），项目的实现过程通常用项目生命周期来描述，我们把项目实现过程中先后衔接的各个阶段的集合称为项目生命周期（project life cycle），即项目生命周期是指项目从开始到结束所经历的时间。

电子商务项目管理与一般项目管理之间存在着一定的共性，电子商务的项目管理也有着一般项目管理的生命周期。同时，电子商务项目管理也由一系列的过程组成，遵循项目管理的生命周期。

根据项目管理的过程组划分，电子商务项目管理过程也由概念、规划、运作（实施）和收尾四个过程组成。

1. 概念

项目概念阶段的主要任务是确认和批准一个项目（或项目的某个阶段）执行，承诺开始一个项目。从商务角度来看，最典型的承诺方式就是合同。合同明确承诺项目要达到的目标，也就是项目的预期结果或最终产品。一般来说，项目目标至少要包括以下几个元素：

第一，工作范围：应该完成哪些工作。

第二，项目进度：应该在多长时间内完成。

第三，项目成本：完成项目应该花费多少成本。

第四，项目质量：客户的满意度是什么，项目达到什么标准。

项目目标应该非常明确、具体、可操作和可测量。理想情况是项目开始时就应该有一个明确的目标，但是在现实项目中，特别是电子商务的项目中，很难做到。一种情况是项目开始时往往不清楚需要什么，需求在项目进行中才能逐渐明确；第二种情况是在项目过程中目标常常会发生变动，不得不进行项目变更和返工。为此在项目启动阶段应注意把握：宁可事前消除客户的额外

“期望”，也不要事后让客户“希望”破灭，不要超出需求承诺更多的工作任务，同时双方还应约定项目约束条件和验收标准；项目过程中的文档也应完整保留；对于项目中的任何变更，例如，进度变更、范围变更、成本变更等内容，都应通过双方的确认并有文档记录。

2. 规划

项目的概念阶段结束后，项目进入规划阶段。该阶段的主要任务是明确项目目标和范围，并确定周密的项目计划。每一个成功的项目都必须有周密的项目计划。一个好的项目计划提供了项目的全景描述，是项目所有人员全面了解项目内容的最好工具。项目计划本身具有稳定性和约束性，是实施项目控制的最有力标准和依据。计划可能随着项目的深入而更新，但是任何计划的变动都必须遵循项目的变更控制程序。

在规划阶段，项目组成员应根据项目的目标、验收标准等要求制订完整的项目计划。定义工作分解结构是项目规划阶段的重要内容之一，也是规划阶段的核心。规划阶段还包括确定进度计划和项目预算、项目的质量计划、沟通计划等。

对于电子商务的项目管理来说，值得注意的是：在项目成本中，人工成本所占比例非常大，也是最难估算的部分。同时合理预测项目风险也是规划阶段的重要内容，这不仅要依靠以往类似项目的实施经验，同时还应结合当前项目的特点和所处环境，预测项目中可能发生的事情及发生的频率、产生的影响等。

从项目的整个周期来看，项目的规划阶段所占比例是比较大的。

3. 运作（实施）

在规划阶段产生的项目计划被批准后，项目组应组织人力协调其他资源以执行计划，开始项目的运作。项目的运作是使项目组成员能够按项目的目标有计划地组织工作，以便成功地实现项目目标，满足项目的要求。项目组成员的目标都是共同完成项目，一般由项目经理总体负责项目的实施工作。对于大型的电子商务项目，可以将项目分成多个子项目进行同步开发，因此就需要一个总的项目管理组负责对各个子项目的公共部门做出指导、协调和管理，各个子项目应有各自的项目管理小组，也可以利用项目管理办公室的方式组织大型项目的项目管理。

在项目的运作阶段中，项目控制是确保项目依照项目计划和目标完成的重要过程。项目控制就是监视和测量项目的实际情况。若发现实施成果偏离计划，就应找出原因，采取行动，使项目回到计划轨道上来。在项目的控制过程中，主要包括进度控制、成本控制、质量控制、风险控制和变更控制。

4. 收尾

项目收尾包括项目验收、合同收尾和行政收尾。项目验收核查项目计划规定范围内的各项工作或活动是否已经全部完成、可交付成果是否令人满意，并将核查结果记录在验收文件中。合同收尾终结合同，进行核算。行政收尾收集和分发信息，开会正式宣布项目结束。项目接近完成时，班子的注意力往往转移到新的任务，有些成员也要调离。而收尾工作常常是零碎、烦琐、费时和费力的，容易被人忽略。但项目收尾做得好不好将直接影响客户的其他项目。因此，项目收尾的重要性要特别强调，否则会给项目带来后患。

1.4.2　电子商务项目管理的生命周期

电子商务项目的生命周期描述项目从开始到结束所经历的各个阶段，最一般的划分是将项目分为“识别需求、提出解决方案、执行项目、结束项目”四个阶段。实际工作中根据不同领域或不同方法再进行具体的划分。例如，对于一个具体的电子商务项目来说，一般将项目划分为项目规划、需求分析、系统设计、系统开发、系统测试、运行维护和评价几个阶段。

对于电子商务项目来说，从承包商来看，项目是从接到合同开始，到完成规定工作结束。但是从项目业主（客户）角度看，项目是从确认需求开始，到项目成果实现商务目标结束。项目的生命周期跨度要比前者大。因为项目的根本目标是满足客户的需求，所以按后者划分考虑比较有益，对项目管理的成功也有很大帮助。

在电子商务项目中，可以将生命周期具体分为如下四个阶段：

（1）识别需求。当需求被客户确定时，项目就产生了。这个阶段的主要任务是确认需求，分析投资收益比，研究项目的可行性，分析承包商所应具备的条件。商务上这个阶段以项目业主（客户）提出明确的需求建议书或招标书为结束标志。这个阶段可以由项目业主（客户）单独完成，但如果承包商介入将非常有利：一方面可了解客户真正需要什么；另一方面早期的交流可以建立良好的客户关系，为后续投标和合同奠定基础。

（2）提出解决方案。主要由各承包商向项目业主（客户）提交标书，介绍解决方案和项目的实施规划。这个阶段是赢得项目的关键，承包商既要表现出自己的实力，又应合理报价。

（3）执行项目。从公司角度来看，这才是项目的开始。这个阶段项目经理和项目组将代表公司完全承担合同规定的任务。一般需要细化目标，制订工作计划，协调人力和其他资源；定期控制进展，分析项目偏差，采取必要的措施以实现项目目标。因为电子商务项目的不确定性，项目控制显得非常重要，特别是对多个电子商务项目同时运作的公司来说，必须建立公司级的控制体系跟踪项目的运行状态。

（4）结束项目。该阶段的主要工作是移交工作成果，帮助项目业主（客户）实现商务目标。项目交接给相关人员，结清各种款项，完成项目后的评价。

在上述生命周期中，存在两次责任转移。第一次在签订合同时，标志项目的责任已由项目业主（客户）转移给承包商。第二次是交付产品时，标志承包商已完成任务，项目业主（客户）接受项目成果。

1.4.3　电子商务项目管理与传统项目管理对比

电子商务行业是一个极具挑战性和创造性的新行业，管理上没有成熟的经验可供借鉴。实践证明，项目管理是电子商务项目行之有效的管理方法，也是电子商务企业的基本功。电子商务项目在管理过程中，除具有项目管理的基本特点外，与其他一般项目相比还有自身的特征。

1. 实施过程中灵活性与适应性相结合

传统项目的目标在一开始就设定好了，在实施过程中很少变动，工作范围较为明确和固定，而电子商务项目的目标可能会随着科技的发展而更新变动，范围会随着竞争对手的业务开展情况有拓宽的趋势；电子商务项目需要创立新的商业活动，其目的更为积极，活动要具有活力，因此，其项目的管理要适应活动的环境、形式和内容的变化，使管理促进项目的实施；传统项目的生命周期长，通常大于一年，而电子商务项目由于市场机会的短暂性，生命周期短，可能不到一年。所以对电子商务项目的管理就要求更具有灵活性和适应变化的能力。

2. 对电子商务项目管理者要求高

在传统项目中，项目领导者担任着监管人的角色，使用诸如甘特图和性能评审技术图等多种项目管理工具来领导项目的计划、组织和控制工作，主要担负着监管人的角色。而在整个电子商务项目的管理中，可能随时会面临很多要解决的问题，甚至是处理危机，那么项目的管理者除了以上的工作，还要花费相当多的时间来解决问题。在传统的项目管理中往往只指定一个项目经理；而在动态的电子商务项目中，可能会指定多个项目经理。

3. 项目团队不同

传统的项目团队成员完成的是单独任务并全职为项目工作。电子商务中则要求团队更具挑战性，成员能够划定并更新自己分内的任务，同时还要通过资源共享来加强与其他工作的关联，这样对于团队协作的要求就更高，对管理人员的综合素质要求更高，所以常常在承担本职工作同时负担电子商务项目的执行工作。

4. 电子商务项目管理对技术要求更高

技术在传统的项目管理中也许只是一部分，但在电子商务项目管理中系统与技术的作用更为广泛和重要，如要管理一个电子商务平台项目，需要采用 EDI、条形码、数据交互技术、数据分析等才能更好地管理平台。另一方面，传统的项目有并行和串行任务，电子商务项目由于时间压力而趋向于高并行任务。

5. 关注点不同

传统的项目管理中重视关键路径，也就是整个项目中历时最长的那部分工作。通常关键路径的任何延误都将造成整个项目的延误；而电子商务项目管理所必须注意的还有具有风险性的那部分工作，风险性工作都是存在着一些问题的工作，而这些有问题的工作不一定就在关键路径上，因此仅仅注意关键路径上的问题可能会陷入困境，迷失方向。

6. 范围不同

传统项目的范围较电子商务项目要狭窄得多。电子商务项目管理除进度管理、成本管理、风险管理外，还需要对项目运行的平台或技术进行管理。

7. 经验教训不同

吸取教训是重要的，但是在传统项目实施中其重要性并不突出。而在电子商务项目中，若想长期成功，积累经验教训并有效地利用实际经验是非常重要的。

8. 判断成功的标准不同

在传统的项目管理中判断一个项目是否成功，主要看项目的工期指标、成本指标和质量指标是否满足项目的约束条件。如果项目按期交付，成本费用在预算之内，产品性能符合合同条款规定，就认为该项目是一个成功的项目；反之，项目就算失败了。然而在当今竞争激烈的时代，对一个电子商务的项目来说，失败不是工期拖延、成本超支，而是所完成的项目不能使客户满意。因此，电子商务项目管理应更加注重以客户满意为目标。传统项目管理和电子商务项目管理的特性对照见表 1-1。

表 1-1　传统项目管理与电子商务项目管理的特性对照

类　　别	传统项目管理	电子商务项目管理
目标和工作范围	明确、固定，注重技术目标	宽阔、变动，注重经营目标
对管理人员的要求	技术技能	技术技能、商业技能、管理技能
关键路径	基于最长路径	最长的路径重要，但更重视风险性工作
项目成功的标志	工期、成本与质量指标	除工期、成本与质量指标外，更注重客户满意指标
层次性	单一项目，一个项目有完整的界限	一个项目常伴随着创新、创业、开发新产品、新业务等同时实现
需求	稳定	动态的、变化的
风险意识	一般	强化风险管理，高风险带来高效益
任务结构	很多连续的任务	很多连续的任务
与其他工作的关联	有限	通过资源共享而深化
项目周期	较长	较短

值得一提的是，尽管电子商务项目管理和传统的项目管理相比有它的特别之处，但项目管理方法仍然在电子商务管理中起到很重要的指导作用。

1.4.4　电子商务项目管理的发展趋势

1. 高级管理层直接介入

由于电子商务项目对于企业组织的影响深远，往往会触及组织的结构划分，调整和消费者的连接、沟通和服务方式，改变同上下游合作伙伴的分工。这种性质的项目需要得到高层管理者的完全认同和实质性支持才能获得成功。换言之，这不是哪一个部门独自承担的项目，高级管理层参与电子商务项目应有持续性，但又不要过于干涉。高级管理层首先要提供电子商务项目的远景目标，及时提供项目实施过程中所需的资源。

2. 合作的管理模式

团队成员、管理者与公司员工间的信息应该共享，这样可以减少争议与问题，增强合作，促使团队成员了解更多的信息，参与项目管理，推进每一项日常工作。

3. 重视在多个项目间共享资源

鉴于电子商务项目的复杂性，在实施对电子商务项目的管理时，可将一个项目分解成一个大前提下的许多相关小项目来操作，并在实施中通盘考虑。注意在多个项目间共享资源，并在资源的使用中注意优先级，这样会得到事半功倍的效果。

4. 注重协调顾客和供应商的关系

虽然顾客和供应商是电子商务的受众，不在直接的管理下，但在管理过程中应注意协调好关系，因为他们的经验、需求和概念会随时影响项目的实施与管理。

5. 采用外包的形式

实施电子商务项目时，在没有足够的资源和充分的时间情况下，为了提高效率，可以考虑部分采用外包的形式来实施电子商务项目。

6. 注重项目的风险性管理和关键路径的管理

在对电子商务项目的管理中，应重视对风险任务的处理，要预见并解决即将出现的问题与危机。项目中存在的问题往往和风险性任务相关，在考虑项目的关键路径时，应该把所有的风险性任务包括进去，加强对项目的风险性管理和关键路径的管理。如果电子商务的关键路径是可控的，将降低整体的风险。

习　　题

一、名词解释

1. 项目
2. 项目管理
3. 风险管理
4. 项目质量管理
5. 项目成本
6. 电子商务项目

二、单项选择题

1. 项目管理是一门以项目（　　）为研究对象的管理学科，是介于自然科学和社会科学之间的一门边缘学科，它研究科学组织项目管理的理论与方法。

   A. 工具　　B. 内容　　C. 活动　　D. 任务

2. 通俗地讲，项目是由一组有起止时间的、相互协调的受控活动所组成的特定过程，该过程在一定的（　　）约束下要达到符合规定要求的一定目标。

   A. 条件　　B. 环境　　C. 资源　　D. 资金

3. （　　）不是项目管理的内容。

   A. 范围管理　　B. 时间管理　　C. 费用管理　　D. 对象管理

4. （　　）是指在电子商务网站或系统已经投入运行的基础上，企业在网上承接订单，然后按订单组织生产和交付的过程。这时企业将一个订单或一批订单的实现确定为项目的目标，企业关于订单的处理流程成为电子商务运营项目的生命周期。

   A. 电子商务运营项目　　B. 电子商务策划项目

   C. 电子商务系统项目　　D. 电子商务管理项目

5. （　　）不是电子商务项目的特点。

   A. 电子商务项目涉及角色多　　B. 电子商务项目具有复杂性

   C. 电子商务项目的生命周期长　　D. 电子商务项目具有动态性

6. （　　）是指核查项目计划规定范围内的各项工作或活动是否已经全部完成，可交付成果是否令人满意，并将核查结果记录在验收文件中。

   A. 项目验收　　B. 合同收尾　　C. 行政收尾　　D. 项目接收

7. 在电子商务项目管理的生命周期中，（　　）阶段的主要任务是确认需求，分析投资收益比，研究项目的可行性，分析承包商所应具备的条件。商务上这个阶段以项目业主（客户）提出明确的需求建议书或招标书为结束标志。

A．识别需求　　B．提出解决方案　　C．执行项目　　C．结束项目

8．电子商务项目在管理过程中，除具有项目管理的基本特点外，与其他一般项目相比还有自身的特点。在下面四个选项中，(　　)不是电子商务项目管理的特点。

A．项目领导不同　　B．项目团队不同　　B．技术不同　　C．内容不同

三、简答题

1．项目有哪些特点?

2．项目管理的主要内容包括哪些?

3．为什么说电子商务系统项目的战略与企业发展战略一致?

4．电子商务项目有哪些特点?

5．简述电子商务项目管理的过程。

6．简述电子商务项目的生命周期。

7．电子商务项目管理有哪些特征?

8．为什么说电子商务项目具有动态性?

9．在电子商务项目管理中为什么要注重项目的风险性管理?

案例："蔬果日寄"——本地 O2O 的社区蔬果销售和农业观光旅游平台项目规划

"蔬果日寄"是整合了有机农场、食品安全、健康饮食等多种资源的可溯源的定制绿色蔬果销售平台。"蔬果日寄"以网络为平台，以生产绿色蔬果的农场为起点，为逐渐热门的绿色蔬果在农场与消费者之间搭建起桥梁。从成都市出发，通过建立一套完整的、让人信服的生产绿色蔬果的绿色农场标准，对成都市周边种植蔬菜水果的农场进行质量卫生等安全方面的审核，与通过审核的农场进行合作，让农场以自家品牌的方式入驻"蔬果日寄"平台，在平台上推出不同农场的主页，并在主页上展示真实清晰的种植程序、产品生长情况、产品分类等资料。

1．项目市场分析

（1）绿色食品市场现状。绿色食品指遵循可持续发展的原则，按照特定的方式生产，经过专门机构进行认证，许可使用绿色食品标志，无污染、安全、优质、营养类食品的总称。它是未来农业和食品发展的一种新兴主导食品。随着生活水平的提高，人们的食品安全意识增强，绿色健康食品越来越受到欢迎。总体上看，获证产品种类日趋丰富，获证主体类型趋于多元化，部分产品市场份额稳中有增，品牌影响力持续提升。截至 2024 年 3 月 30 日统计，发出证书企业 2 091 家，产品 4 645 种，同比分别增长 31.4%、21.3%。全国三年有效用标企业总数达到 8 316 家，产品总数达到 20 586 种，同比分别增长 15.6%、13.6%。全国有效用标企业总数首次超过 8 000 家，产品总数突破 20 000 种。

（2）成都市场调查分析。为了研究成都市周边采摘式果园旅游的发展情况，我们采取抽样调查、访谈等形式开展专项调查，对成都市中心各大商场和高档小区展开专项调研。首先对锦江区朗逸大厦、高地中心住宅小区等地开展调研，发放调查问卷共计 1 120 份，收回有效问卷 985 份，有效率达到 87.95%。以成都城市的居民为调研对象，地点包括成华区、锦江区、金牛区。就购买

蔬菜选择偏好、对绿色蔬菜的认识程度、消费水平和蔬果购买途径和方法等为主要调研内容。根据调研结果可以发现，都市人群对食品溯源问题是非常关心的，说明产品在都市人群中更具有市场潜力。都市人群对食品的安全和新鲜方面的关注高于对蔬菜价格和其他方面的关注。相较于其他人群而言，都市人群对绿色食品的认可度和支持度更高。

（3）市场定位。根据市场细分的结果，将目标人群确立为对食品安全有较高要求、有绿色食品购买习惯、习惯网络购物，生活较为富裕的青年群体。成都地区属于西部较为发达城市，属于创业主场，追求品质生活、依赖网络购物的人群较大。其次，产品市场定位，为整合绿色农场的有机绿色蔬菜购买平台，专注为注重食品安全的家庭提供绿色、无公害、可溯源的健康食品。它区别于其他蔬菜购买平台的地方就是，用户以农场而不是蔬菜作为选择的第一步，提供的服务也非常清晰，为繁忙的职工、注重食品健康的家庭提供快捷方便的绿色蔬果购买渠道。

2. 项目的产品服务及其特色

主要产品：

（1）蔬果配送：应季蔬果；跨季度蔬果。

（2）特色套餐：增肌餐；排毒餐；孕妇营养餐；养生餐；减肥餐。

（3）配菜：蔬果日寄在自己的中央厨房为客户完成净菜处理和蔬菜搭配，把成品菜送上客户餐桌。

主要服务：

（1）常规服务：

① 线上销售，是指在微信小程序和 PC 端下单，由附近的物流中心进行配送的蔬果销售。

② 线下销售，客户可以选择到附近的直营店购买。

（2）定制服务：

① 一小时快送服务。常规配送指每天 9 点配送一次。其他时间选择一小时快送服务。会有少量收费。产品是根，服务是源头，市场最本质的竞争就是产品和服务的竞争，拥有了精致的产品，只能说成功了一半，另一半在于服务体系，所以在做好产品的同时，还提供了贴心的服务，专属社区客户服务为每一个消费者提供会员服务，提供一小时内加急送、无条件退换货等服务。

② 保鲜柜自提服务。所有的货物原则上配送到保鲜自提柜，特殊情况可以选择配送到家。

③ 直营店服务。直营店选择按照区域划分，争取一个直营店配送一个小时路程的范围客户。

④ 体验活动。开展生产基地游览、参观、体验活动。把基地真正当作自己的菜地。

3. 项目推广与营销策略

（1）产品策略。主要是指企业制定经营战略时，要明确企业能提供什么样的产品和服务去满足消费者的要求，这里的产品是指非物质形态的服务，即实体产品的转移以及转移过程中相应的辅助性服务。

（2）价格策略。面对中高端消费者，蔬果日寄将充分考虑到消费者的消费意愿，采用近距离运输的策略，为消费者提供更加高效、便捷、安全的蔬果配送服务，实现厚利精销，使整个配送过程更加高质量、高品位。同时，在特定的节假日，蔬果日寄也会推出一系列的活动，以吸引更多的消费者。

（3）渠道策略。蔬果日寄可以与附近的绿色蔬果实体店保持密切的联系，争取与他们形成合作的关系，在合适的时机实现多方资源的融合，这样可以扩大销售渠道的影响面，也可以为蔬果日寄日后的完全零库存打下基础。如通过附近的绿色果蔬实体店实现货源的配送与适时调配。

（4）促销策略。项目的促销战略包括“推动”战略和“拉引”战略。在本项目处于导入期时，我们采用“推动”战略，以线下主题活动为主要促销手段。在项目的成长期，我们将采用“拉引”战略，以宣传片、直营展示店为主要促销手段。在项目的成熟期，根据客户需求，采用差异促销策略，对不同的群体进行不同的促销策略。

4．项目分析与运营管理

（1）风险分析：

① 市场风险分析。市场风险主要表现在市场的接受能力难以确定、市场的接受时间难以确定、公司竞争能力难以确定。

② 政策风险。政府为化解社会不稳定因素或维护国家安全的需要，会出台一些调控宏观经济的政策。

③ 经营风险。公司正处于发展期，福利待遇可能不足，导致公司人员的流动性大。加之公司处于建设初期，管理承受着外部环境的冲击，也是正处于团队的磨合期，公司管理层偏向年轻化，实战经验不足，管理能力可能不能适应公司快速发展的要求，存在管理风险。随着公司的发展，公司对专业人员的需求量将会增大，人才短缺导致公司经营状况不佳，发展缓慢。

④ 财务风险。公司有可能投入资金不足，致使公司债务增加，财务状况变差。

⑤ 技术风险。理论知识充分，实际方案已经确定，却很难进一步落实。比如在微信公众平台接口、CRM、数据库的链接应用的开发上有一定的技术难度。

⑥ 质量控制风险，随着经济的发展，人们对健康更加重视，人们对健康的食物需求越来越大，在微店及公众平台上推广的农场及蔬果产品在质量控制方面存在一定的风险。

（2）运营管理：

项目锁定目标消费群，关注市场变化，发展多样化和差异化的产品及服务。

① 产品主要以果类农产品为主，要密切关注“三农”政策等政府出台的各种宏观经济政策，以适应企业的健康发展。

② 在经营方面，建立完善的激励机制，如股票期权奖励制度等，不断挖掘员工个人潜力，鼓励创新，给每个员工以发展空间，培养储备一批具有潜力的骨干队伍。主要是建立一套完整、严格的管理体系并按照现代化企业管理模式运行，超常发展阶段将从外部聘请职业经理人。

③ 在财务方面，用财务杠杆系数控制负债规模及比率，合理确定期限、还款方式及时间，做好还款计划和准备，建立风险预测体系。

④ 技术方面，要做多次测试，尽量减少用户使用困难的问题。

⑤ 农产品质量方面，要本着一切以实物为准的原则，为提供健康、安全、绿色的农产品不断进行实地考察，提供符合国家各项质量安全标准的农产品。

（来源：根据网络相关资料整理）

案例思考题

1. 根据本章学习的知识，谈谈电子商务项目的特点。
2. 电子商务项目管理的内容有哪些?

第 2 章

电子商务项目构思

学习和实践目标

学习本章之前，学生需要学习一些知识，如创造性思维、创造技法等，最好也了解一些文艺创造灵感产生的常识，并且搜集一些网站创意的实例。

通过学习本章，学生应该掌握电子商务项目构思的相关知识，并能够撰写简单的创业项目创意方案，能够将所学的有关知识、思维和方法用于电子商务项目创意的诊断、建议。

实现目标的知识点

- 项目构思的意义、过程和主要内容。
- 电子商务项目构思的切入点。
- 电子商务项目构思中创造性思维、创新技法的应用。

2.1　项目构思概述

项目构思是指对未来项目的目标、功能、范围以及项目涉及的各主要因素和大体轮廓的设想与初步界定。项目构思属于可行性研究的初级阶段，它是机会研究的重要内容。

2.1.1　项目构思的意义

项目构思的意义在于：首先，项目构思是一种创造性的探索过程，是项目策划的基础和首要步骤，其实质在于挖掘企业可能捕捉到的市场机会；其次，项目构思的好坏，不仅直接影响到整个项目策划的成败，而且关系到项目策划过程的繁简、工作量的大小等，直接决定着项目的目标能否最终圆满地实现；最后，任何项目都从构思开始，项目构思常常来自项目的上层系统（即国家、部门、企业等）的现实需求、战略、问题和可能的变革。

2.1.2　项目构思的过程

项目构思是一个逐渐发展的递进过程。雷维兹（1952）、克雷西和克鲁菲尔德（1962）都认为创造过程活动可划分为四个阶段，分别是：准备期、酝酿期、灵感期、完善期。

1．项目构思的准备期

项目构思的准备阶段即进行项目构思的各种准备工作，一般来说它包括如下工作：

（1）明确拟定构思项目的性质和范围。

（2）调查研究、收集资料和信息。

（3）初步整理资料、信息。

（4）研究资料和信息，通过分类、组合、演绎、归纳、分析等多种方法，从所获取的资料和信息中心挖掘出有用的信息和资源。

这一阶段项目构思者的状态：高度紧张、全神贯注，努力对研究对象进行广泛的思考。

2．项目构思的酝酿期或潜伏期

潜伏过程的实质就是要将创造性活动的重点从意识区转向非意识区，就是把所拥有的资料和信息与所需构思的项目联系起来，经过反复的发散性思维和比较，但思考必须做到神态放松、精神松弛。因此本阶段也叫作“创造的短时休息时间”“暂时搁置项目”。

这一阶段项目构思者的状态：或者养神休息、睡觉，或者通过运动或散步“散心”。

3．项目构思的灵感期

灵感迸发阶段大体包括创意出现、构思诞生两个子过程。

（1）创意出现就是在大量思维过程中出现的与项目有关的、具有一定的独特新意，但又不完全成熟或全面的某些想法或构思。这个过程也可以看作是以人大脑中的信息、知识和智力为基础，通过综合、类比、借鉴、推理而得出某些想法和构思的逻辑思维过程。但在这一逻辑思维中，有关项目构思的某些细节还不十分清晰，有时有关项目的一些想法和构思只是灵机一闪，往往不能被人的意识所捕捉。因此，创意出现是项目构思这一活动中逻辑思维和非逻辑思维相结合的一种结果。

（2）构思诞生是指通过多次多方面的创意出现和反复思考，形成了项目的初步轮廓，并用语言、文字、图形等可记录的方式明确地表现出来。

项目构思的酝酿阶段是整个项目规划的基础，也是项目构思进一步深入的切入点。在这一阶段中，项目构思者能否捕捉到思维过程中随机出现的“灵机一闪”异常重要。许多成功项目的构思者在后来的回忆中说，正是这一瞬间之念，往往决定着整个项目的蓝图，或为整个项目的构思指明了方向。

这一阶段项目构思者的状态：豁然开朗、原来如此、我明白了。

4．项目构思的完善期或精炼期

项目构思的完善期或精炼期，就是从项目初步构思的诞生到项目构思完善的这一过程。这个阶段，意识功能又发挥作用了。

（1）调整阶段。本阶段的工作是将诞生的构思进行进一步的分析和设计，在外延和内涵上作进一步补充，使整个构思趋于完善。

（2）评估阶段。本阶段的工作是对已形成的项目构思进行分析评价，或是对形成的多个构思方案进行评价筛选。在这一过程中，需要聘请技术专家、顾问进行集体的会商和研究，力求使已形成的项目构思尽可能地完善或符合客观实际条件。

（3）定形阶段。通过以上两个阶段的工作，本阶段的任务是对已通过调整和评估的项目构思作进一步的调查分析，如是否能让客户满意、是否适合实际环境、资源是否充足、成本是否合理、实施后的项目能否取得预定的经济效益等。在此基础上，将项目的构思细化成具体可操作的项目方案。在细化过程中，如发现有不完善或不合理之处，应立即进行改进、修正和完善。至此，整个项目构思或项目方案得以定型。

这一阶段项目构思者的状态：为了准确阐明问题，全力以赴、锲而不舍、不倦思索和探求。

2.1.3 项目构思的内容

项目构思写在项目建议书中，主要内容大体包括以下要点：

（1）初步搜集、整理资料和信息，对实践中某些突出的现实问题进行思考。

（2）构思应该清醒、客观地认识项目的市场机会、市场前景。

（3）构思应该明确说明项目策划者对自身开发项目的知识、能力、素质的认知。

（4）构思应该简要说明自己对项目实施约束条件的初步认知。

（5）构思应该基于委托人的需求来确定项目的目的。

（6）从外部环境中，找到项目的合理切入点。

（7）策划者在项目目的和切入点之间架起思维的桥梁，展开丰富的联想，要让直觉、本能直观感受和经验充分发挥作用。

（8）对凭着直观感觉得到的草案进行理性地思考、修改、完善，但又不断地让理性逻辑与感性思维相互交融，而不能让理性逻辑思维压制感性思维或者相反。

（9）运用创造性思维、创造心理学的理论、技术和方法，让项目内容以合理的逻辑组织起来，并且多方面、多层次展开方案。

（10）突出项目的特色、卖点。

（11）构思不能闭门造车，应该不断、及时地吸收他人合理的意见、建议。

（12）在调整完善阶段，方案表述要便于他人理解和接受。

2.2 电子商务项目构思的切入点

企业所处的环境复杂多变，尤其是电子商务是一个处于高速发展阶段的行业。项目策划人员在进行项目构思的时候，需要化繁为简，找到解决问题的切入点。根据电子商务项目的特点和网络的特殊性，电子商务项目通常可以从以下几个方面切入。

2.2.1 市场需求切入

任何项目构思都需要经过市场需求的检验，现实的市场需求信息可以通过对相关行业、事件的持续关注和市场调研获得，但把握潜在的市场需求还需要项目构思者具备敏锐的直觉、深厚的行业经营经验和准确预判未来机会的能力。这种切入模式最常见的表现是跟进成熟的市场需求发展在线商务，不过也有人会通过新颖的经营策略去引领或创造市场需求，从而在未来获得大量客户的青睐。

案例："得物"App

据报道，每三个年轻人就有一个使用得物 App。当今社会，随着人们的消费升级和年轻人的消费主导，品质消费已成为大众的追求。兴趣消费产品持续渗透到新青年消费者生活中，拥有高颜值、IP 联名、高品质的好看、好玩、好用的产品在新青年消费者中的影响力较强。其中，球鞋是新青年消费的主要关注点之一。但是，由于国外潮流球鞋流入中国市场的数量少、国内品牌孵化周期长等原因，市面上的潮流产品相对有限。在供不应求的情况下，一级市场利用联名、限量等营销概念哄抬产品价格，二手潮流球鞋交易市场价格不透明、无法鉴别真伪，使得消费者难以买到心仪的球鞋。2020 年 8 月，得物 App 携手中国质量检验协会发布《运动鞋鉴别通用要求和判定方法》。这是国内首个鞋类鉴别团体标准，为鉴别服务提供了规范指引。

"得物"App 成立于 2015 年 9 月，是新一代潮流网购社区，拥有正品潮流电商和潮流生活社区两大核心服务。该平台以"品质"为核心，聚集新、潮、酷、炫的各类商品，保障年轻人的品质潮流消费体验。2022 年 11 月，中国质量检验协会与得物 App 达成鉴别合作战略升级，创立首个鉴别联合研究团队。同时，"得物"App 社区通过持续沉淀潮流话题内容，聚集大量热爱球鞋、潮品穿搭和潮流文化的年轻消费群体，逐步成为年轻用户的潮流风向标和发声阵地。该平台在传统电商模式的基础上增加鉴别真假与查验瑕疵的服务，首创"先鉴别，后发货"的购物流程，以"强中心化"的平台定位把控商品质量，为用户提供"多重鉴别，正品保障"的全新网购体验，探索出电商平台交易新模式。

（来源：根据网络资料整理）

2.2.2　畅销品牌切入

畅销产品本身就具有品牌效应和人气效应。由此作为切入点而构思的电子商务项目成功的可行性较强。名牌效应是指由名牌这个无形资产所引发的能够为其所有者或经营者带来新的经济效用的现象。名牌在市场开拓、资本扩张、人员内聚等方面给企业带来积极影响。如"小天鹅"洗衣机是国内著名品牌，在市场上受到消费者的青睐。

2.2.3　名人效应切入

虽说这种方式争议较大，但对具有偶像崇拜情结的群体具有很强的吸引力。名人效应是名人的出现所达成的引人注意、强化事物、扩大影响的效应，或人们模仿名人的心理现象的统称。比如，电商直播间聘请名人带货和宣传，使得销量激增,就是利用了名人的影响力。名人效应有可能随着顾客消费真实体验以及其消费理性日渐提升而逐渐降低。

2.2.4　发展趋势切入

发展趋势切入是将行业发展趋势作为构思项目的切入点。具有前瞻性的企业家，往往能够根据社会和行业发展趋势找到企业发展的机会，并由此找到新项目构思的切入点。阿里巴巴将 B2C 和 B2B 整合成 B2C2B 复合型电子商务模式，就是这种项目构思切入方法的成功典范。项目采用这种切入模式，意味着经营定位发生了重大的、根本性的转向或变革，而根据市场需求切入有可能只是盯住了有潜力的局部细分市场。

案例：拼多多摆脱国内内卷，开启海外征途

近年来，随着数字经济的快速发展，电子商务行业迎来了激烈的竞争和创新。尤其是在国内电子商务这片红海市场，降本增效、节衣缩食已不是国内电商们规避内卷的最优解，而应该寻找一块尚待开垦的新增长市场。

2022 年 9 月，与美团在社区团购市场激战正酣的拼多多，剑锋一转，指向海外市场，正式推出了其海外版电商平台——Temu，将国内制造企业生产的日常生活用品销往海外。Temu 在美国上线一个月后便登顶美国各大商店榜首，日均 GMV（gross merchandise volume，商品交易总额）则达到 150 万美元。在这场竞争中，拼多多凭借其独特的营销策略和高效的运营模式，成为了行业的一匹黑马，其市值一度超过阿里巴巴，成为美股最大的中国互联网公司。Temu 打着“Team Up, Price Down”的口号，在北美依旧奉行着拼多多在国内低价的策略。在营销上，将拼多多利用社交媒体营销的概念改良复制到海外，在 Facebook、Whatsapp、Instagram 等海外社交媒体上推出类似于国内“砍一刀”的线上折扣链接，吸引不少消费者“薅羊毛”。与此同时，Temu 花费重金与大量 KOL（key opinion leader，关键意见领袖）合作推广，并大规模铺设信息流广告。这种电商推荐模式，则被视为与亚马逊等传统电商平台进行差异化竞争的有效手段。从效果来看，这套打法已经得到了市场的验证。此外，拼多多启动了多多出海扶持计划，推出多多跨境的“全托管模式”，率先落地美国，助力中国制造业直连海外消费者，在为中国制造打下坚实基础的同时，也成为多多跨境重要的货源地。一方面，Temu 实行“全托管”模式。商家只需做好研发、生产的本职工作，平台为商家提供包括网站引流、店铺运营、跨境物流、法务知识产权等在内的一站式服务，帮助商品轻松出海。在海外消费者端，“全托管模式”要求平台负责商品质量和履约时效的保障，确保用户的购物体验。另一方面，Temu 实行“柔性供应”模式，即通过少量、多次的快速响应，识别、归集不同国家市场的消费需求，为平台商家提供长期、稳定的订单。

中国国际电子商务中心研究院院长认为，随着广告流量费、仓储配送费以及产品认证、专利申请等合规费用的上升，商家的运营成本也在不断提升，利润空间被压缩得越来越低。但 Temu 的新模式：“它是通过‘全托管模式’加上海外的拼购模式，既借鉴了拼多多在国内的成长路径，又在跨境电商这样一个相对竞争非常激烈的市场，闯出了一条新的路径。”

（来源：根据网络资料整理）

2.2.5 商业模式切入

企业与企业之间、企业的部门之间、企业与顾客之间、企业与渠道之间都存在各种各样的交易关系和联结方式，这些交易关系和联结方式称为商业模式。商业模式切入不是直接受市场需求拉动，而是体现了“以我为主”“供应链竞争与合作推动”“发挥自身优势”的理念。商业模式切入主要包括以下几种类型：

1．商品模式切入

例如，构思一个全新的 B2C 企业就需要考虑从商品选择到交易达成的全过程，包括：选择商品、如何实现信息发布、商品展示、交易实现、支付、物流及服务的全部流程。其中：选择商品

是最重要的切入口。例如，目前淘宝网商中有一部分就是做自己设计的、个性化的、客户可以参与制作的 DIY 商品而成功的，其构思切入点就是做别人没有的商品。

2．经营模式切入

商品模式注重对整体环节的设计和具体路径的选择，而经营模式则主要是考虑如何展开行动，实现业务模式各环节设想，促进预期目标达成的问题。这不仅包括选择各环节协作者、协作方式、分成方法，还包括非业务模式环节的市场开拓、广告宣传等事宜。

例如，为应对“互联网+”对整个供应链行业的推动变革以及为助力供给侧结构性改革提供新动能，怡亚通全面启动“O2O 供应链商业生态圈”战略，在中国率先构建全程供应链整合服务“星链平台”，将互联网新技术与供应链服务相结合，帮助不同产业链的合作伙伴提供从研发、采购、生产到分销营销、终端零售等各环节的全程供应链服务。这有助于中国社区商店转型升级，让企业更加专注核心竞争力建设。

3．技术模式切入

技术是电子商务项目开发过程中实现业务和经营模式的技术支撑系统。对于技术型企业和技术人员创业最好的切入点就是技术模式切入。例如，软件开发、网站建设及后期维护服务提供等都是电子商务实施和发展最具市场需求的可发展项目。

例如，抖音短视频是由今日头条孵化的一款音乐创意短视频社交软件，上线之初该软件是一个帮助用户表达自我、专注于年轻人、记录美好生活的音乐短视频平台。用户可以通过这款软件选择歌曲，拍摄音乐短视频，形成自己的作品，软件会根据用户的爱好来更新用户喜爱的视频。目前，抖音除了最基本的浏览视频、录制视频外，还加入了直播、电商等功能，不断探索新的商业模式。而抖音成功很大程度得益于互联网短视频技术的发展，抖音背后的公司是字节跳动，这是一家全球知名的互联网公司，以技术创新和内容分发为核心竞争力。字节跳动通过抖音这一平台，成功抓住了短视频技术发展的风口，迅速成为全球用户喜爱的应用。

4．服务模式切入

电子商务服务模式是指提供一定的服务以满足企业和市场对电子商务应用需求的业务范式。电子商务服务业包括两个概念：一是指一切通过网络或采用电子商务方式提供服务的企业的集合，以电子商务本身为服务工具，如网上医疗企业。例如，电子商务交易服务平台，专门提供网络营销、网上销售、网上采购和交易信息发布等交易服务，如阿里巴巴、慧聪网等。二是一切为电子商务应用服务的企业的集合，以电子商务为服务目的。例如，电子商务业务服务平台，提供基于网络的研发设计、现代物流、财务管理、人力资源、管理咨询和技能培训等服务，如金算盘全程电子商务平台等；电子商务技术服务平台，提供网络基础设施和技术支持以及基于网络的信息处理、数据托管和应用系统等 IT 外包服务，如中国万网等。还有，小型物流快递公司、网店装修、网店营销推广顾问、代购服务公司、其他咨询顾问服务公司，等等。

总之，电子商务是一个新兴的行业，将不断产生新的服务需求，有新的需求就可以产生创新型的服务模式。平安好医生是医疗服务产品化的重要代表，它成立于 2014 年，从最初的“平安好医生”到如今的“平安健康”App，平安健康医疗科技有限公司在互联网医疗平台上已走到了行业中绝对领先的地位。截至 2022 年 12 月底，累计服务企业客户数 978 家，建立了来自 23 个科室超 4.9 万名内外部医生团队。合作医院超 5 000 家，合作药店数达 22.4 万家，全国覆盖率超过 35%；在 88 座城市开通 7×24 小时送药服务；合作健康服务供应商超 10 万家，合作体检机构数达 2 000 多家，覆盖全国 300 多个城市。“平安健康”App 成为医疗领域中的国民级应用。无疑，面对巨大的电子商务市场，服务模式是最具有创新和需求的切入点。

2.3　电子商务项目构思的创造性思维和创造技法

电子商务项目构思，应该以创造学的理论和方法为指导。只有熟悉创造性心理学、创新与环境关系、创造系统工程管理并熟练掌握创新技法，才可能有较大把握成功地开发一个电子商务项目。项目构思的思维，不仅包含以兴趣、灵感、直觉和想象为基础的感性思维，更是感性思维、理性思维、逻辑思维和创造性思维的有机融合。在创新实践中，创造性思维表现为各种丰富灵活的创造技法。

2.3.1　创造性思维

创造性思维是在事务发展的不同层次上向纵、横、斜多方向空间延伸，通过想象、联想、类比、直觉等思维活动，把头脑中看来不相干的各种知识和信息，在灵感的激发下，排除逻辑思维的束缚，进行飞跃性组合，产生出新颖成果的思维形式。创新性思维具有独创性、联动性、多向性、综合性和跨越性。创造性思维体现了创新的原理。

1. 收敛思维

这种思维是使头脑中的许多创新思维集向某个中心点，向某一思维结点发起创新攻势。它的基本功能是抽象、概括和判断。这种创新是多侧面、多角度的，而且是连续不断的，具有去粗取精、去伪存真的功能和提纲挈领、收拢梳理、集中使用的作用。它可以使创新思路逐渐清晰，本质渐渐显露，最终在一点上取得突破。

2. 发散思维和联想思维

就是从某一研究和思考的对象出发，充分展开想象思维，从一点联想到多点。在对比联想、接近联想和相似联想的广阔领域中分别涉猎，从而形成项目构思的扇形格式，产生由此及彼的多项创新思维。

3. 逆向思维

人们一般采用的是顺向思维方式，而这种创新思维是反其道而行之，故有其独特性，且能获得独特的效果。例如，蒙牛的成功得益于创始人牛根生创业中的逆向思维，即“过程颠倒”——先建市场，再建工厂。按照一般创办企业的思路，首先要建厂房、进设备、生产产品，然后打广告、做促销，产品才有了知名度，才能有市场。如果按这样的思路运作，也许蒙牛今天仍然像一头牛在慢行，绝对不会跑出“火箭”的速度。但牛根生反其道而行之，提出了“先建市场，再建工厂”的思路，把有限的资金集中用于市场营销推广之中，然后把全国的工厂变成自己的加工车间。

4．超前思维

超前，就是让理想推动现实，实质是想象思维的一种。想象思维脱离现实，不受现实条件和习惯思维束缚，具有前瞻性、突破性。对某种趋势进行远景预测，确定一个远景目标，再考虑其所需求，设计出适合的产品和服务。这种方法建立在对客观趋势的正确判断基础上。例如，阿里巴巴在运行过程中发现了搜索引擎对电子商务企业的重要性，做出兼并“雅虎中国”的决策，因此为后来的阿里巴巴电子商务生态环境中的生态链建立获得重要的一环。

需要注意的是，在项目的实际运作过程中，很少有企业只用一种思维来进行项目策划与构思，通常都是以上常用思维的组合运用，以求达到满意的构思效果。

5．灵感思维

这种思维特别强调调动潜意识、本能、直觉，在思维的初期尤其强调不要让理想思维去压制感性思维。虽然这种思维常见于艺术与文学创作乃至科技发明，但网站设计或网络元素创新也时常用到它。比如：网络游戏中融入历史、神话、艺术、绘画、影视摄影的元素，而且形成故事情节和生动背景，这就是科学发明和艺术创作的有机融合。再比如：某些网站存在动画人物导航，就是吸收了现实生活中机器人具备人工智能的灵感。

2.3.2　创造技法

创造技法就是人们根据创造原理解决发明创造问题的创意，是促使发明创造活动完成的具体方法和实施技巧。它是将专业知识与各种创造性思维融会贯通并具体运用的结果。

1．组合技法

此种技法是联想思维、收敛思维、综合思维的具体体现。

1）信息杂合

将通过各种途径获取的信息整理后，把不同性质的信息进行相互“交合”“杂交”，可以生成创新构思。企业在构思电子商务项目时，会通过网络和市场调研获得大量信息，通过分析提取有用信息进行整合可以得出很好的构思。

2）项目组合

项目组合法，简单地说，就是把两个或两个以上项目相加，形成新项目，这是项目构思时常用的最简单方法。投资者（或客户）为适应市场需要，提高项目的整体效益和市场竞争力，依据项目特征和自身资源，往往将企业自有或社会中的几个相关项目联合形成一个项目。例如，电子商务项目的构思中，在网上调研时发现，可将两个或两个以上相关的成功项目合成一个，比如女士服装项目和饰品项目可以组合成一个项目。

3）项目复合

项目复合就是将两个以上的项目，根据市场需要，复合形成一个新的项目。它与项目组合不同的是，经过组合后的项目，基本上仍保留原被组合项目的性质，而项目经过复合后，则可能变成性质完全不同的新项目。例如，在电子商务项目构思中，企业应用一些成功项目案例，经过复合设计，形成一个新的项目。比如许多成功的网络游戏就是将成功的漫画影片和游戏复合成为新的流行游戏。这种方法的构思特点在于可以取其原项目的精华而形成创新型的新项目。

2. 比较技法

此种技法是联想思维、归纳思维、类比思维的具体体现。

这种方法是将现有项目从内涵和外延上进行研究和反复思考，因而比组合、复合法要复杂些，而且要求项目策划者具有一定的思维深度，掌握大量有价值的信息。

比较分析法中最常用的有方案比较法，即在进行方案策划时，对提出的多个方案可运用方案比较法选优。方案比较法的原理和应用如下：

（1）方案比较法是运用多方案评价的指标及综合评价方法，通过计算分析，对方案进行优选的统称，主要用于项目的机会选择和可行性研究的方案选择。在项目提出的初期，对于项目的构造和策划会提出多个方案，而项目的计划与实施必须是经优选后确定的一个方案。运用方案比较法可以在众多方案中选出技术先进适宜、经济合理可行的方案，作为详细论证的基础。方案比较法带有很强的选优性、预测性。

（2）方案比较法的可比原理。进行方案比较，首先必须使不同的方案具有可比性。方案可比性分为四个方面：需求目标可比，成本可比，价格可比，时间可比。

3. 逆向发明法

这种技法是逆向思维、灵感思维、想象思维的具体体现。

这种方法其思维方式是质疑。质疑已构思出的项目初步方案还存在这样或那样的缺陷，应该加以改进和完善。此方法是集中研究讨论项目构思中的不足问题并加以解决。因此，这种方法常常用于对已构思出的项目方案进行调整、修正和完善。

4. 集体创造技法

集体创造，就是通过团队中的信息、知识、思维的共享、互补和相互激发来提高团队的知识结构、存量以及改善思维模式。集体创造技法是一类方法，常见的有以下几种：

1）头脑风暴法

头脑风暴法又称脑力刺激法或智力激励法。创造过程的中心是“发现设想，提出新构思”。开展这种集体创造时，需要召集较多的人，一般 8 人～12 人为最好，共同讨论畅谈。畅谈会需要遵循两个原则和四条规定。

两个原则：一是讨论者应自由表达自己的想法，任何人暂时不要对别人的想法作出任何评价，以鼓励发言者畅所欲言；二是大家的想法中必定包含有价值的内容，畅谈会后要进行全面综合的评价，认真归纳总结，从中找出具有价值和新颖的设想。

四条规定：不许对他人的想法作出批评或表示吃惊；鼓励畅所欲言；鼓励多提设想和看法；追求综合改进。

头脑风暴法既可用来对整个项目方案进行构思，也可以用来解决项目中的某个具体问题或改进某个局部方案。

2）多学科法

根据所构思项目的性质和特征，选择有关行业的专家参加。对于那些技术性强、投资内容较多的大中型的综合项目，在项目构思阶段，一定要组织多学科专家共同研究讨论，这样才能做到取长补短，尽善尽美。多学科小组成员要由项目所属行业的技术专家、相关生产企业的负责人、市场营销经理、投资分析专家、金融专家、环保专家、行业管理部门负责人及本企业内部主要负责人共同构成，还须请外部专家担任小组组长，负责对小组各成员的意见、设想进行归纳整理，并提出建设性意见。

3）集体问卷法

给每位参加集体构思创造的人一份与项目构思相关的主要问题的问卷，要求他们每个人在一定的时间内将问题的解决办法，以及对项目投资的某些设想、看法记录在问卷上，然后将问卷收回，将内容汇集整理，并加以总结，再提交集体讨论会，作进一步讨论、研究、比较和筛选，最后形成一致的通过方案。这种方法将意见调查和头脑风暴法进行综合，效果较好，常被采用。

2.4　电子商务项目构思的成功案例

随着电子商务的迅速发展，电子商务项目不断涌现，虽然十年来成功的项目数不胜数，然而与此同时每天也有成百上千的项目，死掉。纵观成功的项目，都离不开前期成功的构思，成功的案例有大有小，大到国际知名网站，小到淘宝的小小网商，他们的成功以及贴近人们生活的巧妙的项目构思给应用电子商务的企业和个人创业者带来很多启示。

例如，国际最早成功的知名网站亚马逊第一个把图书零售搬上网络，其项目构思切入点是从商品切入。选择图书作为首选商品最直接的理由是图书的客户受众广、市场需求大而当时在美国还没有一家真正的书店业垄断商。而结合互联网的信息存储、搜索、发布、互动等优势又最适合图书网络营销。因此而诞生了国际第一家直接面向消费者的网上图书销售平台。

又例如，著名的雅虎搜索引擎的项目构思切入点来自市场需求和发展趋势，雅虎的第一个网站是卖机票的。创始者们发现普通网民如何在互联网上方便地找到自己所需要的信息是互联网发展迫切需要解决的问题，因此创建了这样一个目录搜索引擎网站并一举获得成功。

同样的切入点加上经验的借鉴，又使中国目前最大、最知名的中文搜索引擎——百度获得巨大成功。

本节还将介绍几个不同行业、不同模式的构思成功的网站和个人网商的案例。

1. 东方甄选："知识带货"打开直播电商新大门

在技术引领下，现代农业、农业数字化转型成为重要发展趋势。新东方于 2021 年 12 月推出"东方甄选"直播带货平台，将地理、历史、人文、英语等知识融入农产品直播带货，"知识带货"模式给直播电商行业带来了更多的可能性。

东方甄选的主播董宇辉（他已于 2024 年 7 月 25 日离开新东方）还带起了抖音"当代直播间才艺大赏"话题。例如，卖桃子时他说："美好的就如山泉，就如明月，就如穿过峡谷的风，就如仲夏夜的梦。"卖火腿时他说："（这）是风的味道，是盐的味道，是大自然的魔法和时光腌制而成。"卖玉米时他说："（小时候）那个玉米的味道你记不太清楚了，但你清楚记得是那些仲夏的夜里头，繁星点缀，树叶沙沙作响。"卖牛排时他说："离群索居的人，不是野兽就是神明。我贪心，我贪恋人间的烟火气，所以我决定留在这里。于时间无涯的荒野里，没有早一步，也没有晚一步，原来你也在这里。"卖鲥鱼时他提道："张爱玲说过，人生有三恨，一恨海棠无香，二恨鲥鱼有刺，三恨红楼未结。"卖水蜜桃时他突然开始讲课："再过 11 天，太阳将会到达地球的最北端，那个时候整个北半球会享受最慷慨的阳光，普照的阳光就如爱一样慷慨与自由，让万物竞相自由生长。”卖大米时他说：“我没有带你看过长白山皑皑的白雪，没有带你去感受过十月田间吹过我的微风，没有带你看过沉甸甸弯下腰犹如智者一般的谷穗。我没有带你去见证过这一切，但是亲爱的，我想让你品尝这样的大米。”这也引发了著名的“直播间四进四出买大米事件”。

央视网曾发文指出，在很多人的印象里，“三二一，上链接”“家人们，小心心点起来”“买它买它”是带货主播的标准用语。这种喊叫式的吆喝，已经难以满足人们更高层次的需求。东方甄选的出现，无疑让人们在直播间的诗意与浪漫当中思考：我们到底需要什么样的直播？是疯狂地喊着“买它买它”，还是“为知识付费”的购物？如今，董宇辉带来了不同的画风，让卖货有了文化意境，别具一格的带货画风让无数观众沉迷，反衬出民众对直播模式变革的期待。

东方甄选用“优质电商、价值直播”打破“低价营销”的怪圈。且不论“知识带货”的另类直播能否长青，对知识的追捧，必将是一件有益之事。

（来源：根据网络资料整理）

案例评述：

（1）本案例的构思切入点是迫切的商业转型需求和经营模式的结合。新东方作为教培行业的头部企业之一，随着“双减”政策的出台，需要找到新的发展方向改变企业发展现状。东方甄选以新东方行业背景为基础，跨界做农产品直播带货是在原有电商直播商业模式上的升级，是尚不完善的微型商业模式创新。

（2）该案例的成功引发了对传统直播带货模式的思考。网络时代，直播带货已成为重要的经营模式之一。但是“低价营销”似乎已成为直播带货的标签，“知识带货”在未来或许会拉高直播带货准入门槛，从单纯的“低价销售”变为“卖情怀”。

（3）该案例在短期内取得成功，是利用抖音平台流量资源加持、自有名师资源形成优质知识内容输出、原有粉丝用户转化为直播间顾客、企业家精神推动企业持续创新转型的结果。

2. 宜米多：“家居手艺人”技能共享平台

传统手艺人因缺乏精准的工作信息渠道，经常陷入“靠天吃饭”的困境。随着共享经济的到来，“宜米多”决心要改变这一现状。四川宜米多科技有限公司成立于2015年11月，结合丰富的互联网、家居、物流行业服务经验，借鉴网约车模式，打造“家居手艺人”技能共享平台。

“宜米多”创始人兼CEO郑启彬在结束军旅生活后来到成都，希望在车水马龙中找到属于自己的人生方向。一次偶然，他遇到扎堆的手艺人，他们有专业技能傍身，却无法准确获取工作信息，就只能采取最原始的方式——立交桥下等待工作。这一幕激发了郑启彬强烈的同理心，同样出生于农村的他，突然被赋予了一种使命感——要为传统艺人的就业问题找到解决办法。

郑启彬四处摸索，前后从事多个行业，直到2015年，郑启彬毅然辞职，随后创立四川宜米多科技有限公司。从家居安装服务售后开始，郑启彬搭建了“宜米多”的互联网服务平台。拥有家居服务技能的人员可以在平台上注册申请，通过宜米多的专业考核之后就可以在平台在线接单。

经过五年发展，“宜米多”手艺人家居服务O2O平台已集合家具家电送货、安装、售后一条龙服务，并通过移动互联网的方式革新整个家具家电行业配送、安装及售后模式。在线培训、就近服务、工作时限把控等人性化的服务和工作方式是郑启彬一直以来坚持的理念。军人出身的他也将军事化的严格条例融入企业的管理中，上门服务的着装要求、准时性、工作一次完成率、服务质量等，都有严格的规定。

郑启彬认为，“宜米多手艺人”做的就是基于 S2B2C 商业模式下的手艺人技能共享平台，打造家居后服务 SAAS 系统，为传统家居商家、家居电商助力，提升家居消费升级，让家居服务更便捷。建立家居售后服务创新模式，同时也让手艺人不再靠天吃饭，让手艺人获得更多的价值、尊重，以及更自由的工作时间。

（来源：根据网络资料整理）

案例评述：

（1）本案例的构思切入点是市场需求和商务模式的结合，传统手艺人工作信息渠道不畅通是家居市场存在的痛点问题。打造连通传统手艺人与消费者个体的平台是本案例的创新之处。

（2）案例的成功体现了信息整合的重要性。随着电子商务的高速发展，传统行业也能“电子商务化”，实现线上沟通需求、线下提供服务，为传统技能从业者提供了更多工作机会。

3．泉源堂：医药新零售打好出色“战疫”

泉源堂，成立于 2012 年，是一家以 B2C 医药电子商务为主要发展业务的医药零售企业。2016 年新零售概念一经提出，为包括药店行业在内的国内众多传统零售企业提出了转型升级的新方向。泉源堂凭借自身强大的医药电商基因，深刻洞察新的商业模式和健康消费环境，并于 2017 年全面启动医药新零售战略，通过数字化手段，以及完备的线上线下基础服务设置，快速跃升为新零售的医药担当，打造出泉源堂智慧药房“小店面、大品类、高频次、优服务”的行业口碑。

基于对医药新零售业态的有效探索和纯熟应用，泉源堂于 2019 年推出创新业务——新零售赋能计划，助力于广大药店实现线上线下一体化。“新零售赋能计划”主要依托泉源堂的平台、数字化、技术等多项优势为药店客户搭建起一整套的新零售数字化营运解决方案，从云数据中台管理、O2O 订单导入、供应链品种增强、专业服务支撑等多个层面为药店经营带来直接助力。

2020 年，各行各业都在经历一次残酷的“压力测试”，泉源堂则在这场考验中从容展示了自己的成色。疫情初期，成立应急工作管理组，电商、新零售、采购、药学服务、仓储等一线部门坚守岗位，保障防护物资和药品供应。采购到口罩后，泉源堂利用大数据科学评估各个地区的需求量，合理分配口罩。当时正逢春节，泉源堂在大年初二就全面恢复线上订单的发货。疫情期间，除了位于小区、商场内的门店，所有门店坚持营业，且 60%以上的门店保持 24 小时营业，实现 30 分钟送货上门。此外，针对药店门口出现的排长队买口罩情况，泉源堂紧急开发了口罩预约排队系统，并将清洗液、酒精、手套等防疫物资也纳入该系统，采用分时段预约的方式在满足客户需求的同时减少人群聚集，避免交叉感染风险。正所谓机遇伏于危机之中，疫情下的市场，释放出对医药健康消费的新需求。此背景下，泉源堂的线上线下一体化模式的优势逐渐显现。数据显示，自疫情发生以来，泉源堂 O2O 订单量同比增长超过 150%。

（来源：根据网络资料整理）

案例评述：

（1）本案例的构思切入点是传统医疗行业顺应时代发展趋势的转型升级，拓展了药企的医药销售渠道。

（2）案例的成功体现了在互联网背景下企业创新性发展的空间。药企布局电子商务市场，创新了医药行业商业模式。尤其是在疫情之下，药企新零售、线上排队预约采购系统在维持社会秩序、保护大众健康等方面发挥了重大作用。线上问诊、互联网购药等功能是顺应时代发展的必然趋势。

4．美团优选的新零售模式

2020年7月7日，美团发布组织调整公告称，将成立“优选事业部”推出美团优选，美团优选是美团旗下的社区团购业务，采取“预购+自提”的模式，赋能社区便利店，为社区家庭用户精选高性价比的蔬菜、水果、肉禽蛋、酒水零食、家居厨卫、速食冻品、粮油调味等品类商品，满足家庭日常三餐所需，价格普遍低于市场价。通过进入社区团购赛道，进一步探索社区生鲜零售业态，满足差异化消费需求，推动生鲜零售线上线下加速融合。

在美团优选上，用户下单预购，平台汇总数据，然后把用户所需商品发送到用户选择社区网点。用户可在每天0点到23点通过美团优选微信小程序下单，次日到门店或团长处自提，最早中午前就可收到商品。在购买、收货过程中遇到问题，用户都可通过团长解决，美团优选提供100%售后支持。美团优选在App设置了“邀请赚钱”“天天赚鸡蛋”“签到领钱”“边玩边赚”等娱乐项目栏目。在满足用户购物的同时也满足了用户社交、娱乐的需求。另外还设置了“菜谱”栏目，提供上百种简单易学的家常菜制作教程，以提高用户的使用频率。

（来源：根据网络资料整理）

案例评述：

（1）本案例的构思切入点是营销策略，美团优选在同城及生鲜供应链中积累的丰富经验，使其社区团购业务前期的开展非常顺利，并依托品牌号召力，实现用户快速增长。

（2）探索社区生鲜零售业态，满足差异化消费需求，推动生鲜零售线上线下加速融合。

5．鹭鲜生：厦航“拓荒”生鲜电商业务

鹭鲜生是厦门航空下属酒店管理公司孵化出的生鲜电商品牌。自2017年投入运营以来，鹭鲜生成为行业内首家内部创业成功的生鲜电商。

郑晖作为厦门航空下属的航空酒店管理有限公司的总经理，起初创建美食团购微群，只是为了利用厦航货运的空余货仓，同时解决员工福利、会员积分兑换等选品问题，也为自己的员工提供一个便捷、可靠的内购渠道。随着微信群在厦门本地口碑远播，群成员逐渐增多，甚至还有部分员工帮家人、朋友购买，由此发展出来数十个衍生的生鲜拼团群。于是，郑晖产生一个大胆的想法，能否把现有的这个美食团购微群拓展为一个专门的生鲜电商平台呢？为了抓住互联网行业的红利窗口，郑晖怀揣50万元启动资金成立鹭鲜生生鲜电商平台。他认为只要“精打细算”把资源与客户“拼”得巧，生鲜电商也照样可以做到“轻资产”“不烧钱”。

创业初期，鹭鲜生面临的难关是亟待解决的引流问题，如果不引入外部资本，那该如何另寻他途？郑晖认为：“引资‘吸粉’容易，‘溜粉’也很快，逐利导向的顾客不易留住。鹭鲜生的前身——团购微群前期积累了一定的职工粉、客户粉以及一部分拓展粉，这或许可以成为鹭鲜生‘吸粉’计划的第一步，依靠内部职工、客户发展粉丝形成基本盘，这或许更加稳妥。”此外，紧追互联网潮流的郑晖在抖音、微博等积攒了不少粉丝。以“学历最高的厨师”的形象运营抖音，通过自己一条条 Vlog 展示自己热爱生活、挑战新鲜事物的态度，能让更多“鹭粉”看到鹭鲜生对品质的极致追求。

此外，鹭鲜生更是依靠各个环节上的精细化管理模式打通整条供应链。例如，通过承包果园来降低成本。将果径较小的脐橙配送给员工食堂，作为餐后果；品相不佳但口感不错的，用于酒店榨取果汁；拣出优质果在平台售出。着眼于厦门航空既有的资源，物尽其用，尽可能节省开支。航材仓库闲置时，可以改造成生鲜冷仓。此外，平时采用预售模式，节省库存，实现库存滞销最小化。利用厦门航空的舱位运力资源，将新疆蟠桃等全国各地的一些应季特色农产品空运过来，不仅能够解决物流问题，还能在一些独特的生鲜产品上夺“鲜”。强大的航空物流保障可以使鹭鲜生优于目前市场上的其他生鲜电商品牌。

（来源：根据网络资料整理）

案例评述：

（1）本案例的构思切入点是最大化利用已有资源，突破传统航空公司行业发展模式，实现业务领域拓展。在生鲜电商的红海市场中探索适合鹭鲜生发展的商业模式。

（2）本案例的成功关键在于利用厦门航空强大的客源优势和物流航运资源优势，进军生鲜领域，建立鹭鲜生自己的生态圈。

习　　题

一、简答题

1. 项目构思的意义是什么？
2. 简述什么是创造思维，什么是创造技法。
3. 根据电子商务项目的特点和网络的特殊性，电子商务项目构思通常可以考虑从哪几个方面切入？
4. 简述项目的构思有几个阶段，每个阶段的主要内容是什么？

二、单项选择题

1. 项目构思是指对未来项目的目标、功能、(　　)，以及项目涉及的各主要因素和大体轮廓的设想与初步界定。

   A. 关系　　B. 竞争力　　C. 范围　　D. 资源

2. 项目构思的酝酿阶段是整个项目规划的基础，也是项目构思进一步深入的切入点。在这一阶段中，项目构思者能否捕捉到思维过程中随机出现的（　　）异常重要。

   A. 头脑风暴　　B. 灵机一闪　　C. 经典创意　　D. 天马行空

3. 需要注意的是，在项目的实际运作过程中，很少有企业只用一种方法来进行项目策划与构思，通常都是本章介绍的常用方法（　　），以求达到满意的构思效果。

   A. 组合运用　　B. 结合企业战略目标制定

   C. 配合和市场机会分析　　D. 交叉运用

4. 18 世纪科幻作家凡尔纳写出了 104 部科幻小说，书中写到的直升机、导弹、电视台等在 20 世纪都已实现。凡尔纳幻想的事物 70%如今已成为现实，这足以证明（　　）是科学创造的前导。

A. 形象思维　　B. 想象思维　　C. 联想思维　　D. 灵感思维

5. 项目构思的酝酿阶段一般包括（　　）、创意出现、构思诞生三个小过程。

A. 思考　　B. 调查　　C. 分析　　D. 潜伏

6. 洗衣机与抽水马桶组合在一起，让洗衣机的水冲马桶是运用了（　　）的方法。

A. 同类组合　　B. 异类组合　　C. 材料组合　　D. 文字组合

三、操作题

设想你是一个电子商务个人创业者或者是一个企业项目经理，请做出一个简单可行的有创意的电子商务项目构思，并阐述你的构思切入点。

案例分析：电子商优秀项目成功案例集锦

优秀电子商务项目离不开信息技术支撑及商业模式、运营模式等“微创新”。随着电子商务发展逐步走深走实，电子商务创新创意运营模式显得尤为重要。为此，本章列举了六个电子商务创新成功项目案例，以期对各位读者有所帮助。

1. 艺福堂：茶叶领军品牌电商运营创商业奇迹

2007年，艺福堂CEO李晓军在淘宝网上开店，发现网购茶叶有两个“障碍”：首先是没有“眼见为实”的体验；其次是当产品价格实惠了，可如何取得消费者的信任。李晓军兵行险招，推出了“买茶零风险”规则，不仅牢牢把握住了消费者心理。同时，他颠覆传统茶行业思维方式，让龙井茶走下神坛，推动“小产量，高价格”的传统茶行业经营模式转向“优价格，高产量”的模式，使茶叶产品变成集群化的大型产业。

2009年，按照国家规定，任何在商场、超市销售的茶叶，必须拥有符合国家标准的生产线，且每道工序都要通过检验。具有战略性和前瞻性眼光的李晓军，认为这是行业前行的大势所趋，他开创性地开始自建生产线，并成为首家茶产品通过质量安全认证的茶叶网商。同时，李晓军还注册了茶叶商标“艺福堂”，成为首家拥有生产线并通过质量安全认证的茶叶网商。

2. 茵曼：“电商+门店+社群”模式

茵曼作为广州市汇美时尚集团股份有限公司（简称“汇美集团”）旗下品牌，是汇美集团第一个从线上走向线下的女装品牌。截至2021年，茵曼已在全国200个城市开设超过600家线下体验店，成为中国女装新零售的创新标杆。

2015年，汇美集团正式开始新零售的尝试。作为互联网品牌出身的茵曼，根基里本就流淌着流量思维。在互联网时代，线上线下现在已经全面进入大融合时代。在新零售实践布局上，茵曼的重心也与其他传统女装品牌大有不同。通过“电商+门店+社群”的模式，茵曼新零售重心是通过搭建可长效经营的品牌私域阵地，模糊线上线下分化的概念，通过打通客户与渠道，为特殊时期的风险抵御筑建坚实壁垒。现在，茵曼已经从服饰品牌演变成一种生活方式，涵盖了女装、鞋子、包包、家居，沿着慢生活的方式延长品类，让消费者在茵曼买到合适的产品。茵曼希望消费者不仅买到衣服，还可以买到这些生活方式。

3. 三只小山羊：全域兴趣电商助力传统制造业企业转型升级

三只小山羊是一家20年匠心专注羊绒大衣的企业，入驻抖音之前，公司主业是为线下许多一线国际品牌企业做原始设计制造业务。互联网信息具有更新快、传输快、易传播、不受空间限制的特点。兴趣电商为大量新创品牌提供了低成本、高效率的新传播途径，通过实时直播等方式，弱化传统媒体不足，将商品背后的产业链各环节清晰、透明、生动地展现给消费者，增进消费者了解产品及产品背后的品牌理念和品牌文化。“三只小山羊”通过抖音短视频和直播的内容连接目标人群，给顾客分享羊绒大衣的专业知识，让更多顾客了解产品和服务。具体到羊绒产业而言，羊绒原料的昂贵成本决定了高品质羊绒大衣的价格具有一定门槛，但消费者通过短视频和直播，了解到公司想要传递的品牌价值和理念，消费者用实际的消费行动为品牌和产品“投票”。通过品牌与消费者之间的频繁互动，“三只小山羊”品牌账号收获了超过 50 万粉丝，2022 年的电商销售总额突破了 1.9 亿元，并获得了抖音平台大衣类目的年度金榜。

4．途风网：深耕境外，打造跨境 O2O

途风网通过网站平台和移动平台向全球华人用户提供世界各地的旅游资源查询和预订服务，与全球数家大、中、小型提供各类旅游服务的旅行社联系，为客户提供旅游巴士、导游、景点门票、接送服务、购物陪同、私人订制等全方位的自由行用户行程服务。

在途风的眼中，用户的服务体验至关重要。为此，途风独立研发出“途风网”平台，该平台集合了 PC 端官方网站、手机移动端和途风 App、途风微信公众号、途风飞猪官方旗舰店等多种渠道和媒介，形成了联合线上、线下，连接 B 端客户和 C 端客户，遍布 PC 端和移动端的跨渠道多样化平台功能。此外，途风投入了大量的资源和人力物力用于用户和市场调研，以支撑用户体验的持续优化，并对“风行出票系统”进行了专利申请。该系统主要运用于景点门票，明显优于过去的人工出票方式，实现平均约 3 秒出票。

此外，途风还进行了全球中、英、西文商业信息系统开发，服务全球中小型旅行社，并进行产品内容升级，保证在美国、加拿大、新西兰、澳大利亚、法国、英国、意大利、墨西哥等国家有特色主题及探索体验类产品，提升产品的多样化，进一步拓展市场。

5．pandapia：实现大熊猫文化平台电商带货

pandapia 所属的成都潘达比尔科技有限公司，多年致力于大熊猫文化传播推广、大熊猫文创产品销售，开发“有故事的大熊猫文创产品”。在线上强势布局，打造出大熊猫文化矩阵，已成为全球大熊猫信息整合最全面、最丰富的平台，聚集海量大熊猫粉丝。并通过淘宝、京东、微店等渠道推广，精准进入熊猫粉丝、游客，乃至诸多知名人士的生活中。

pandapia 大熊猫文化矩阵平台项目是全球大熊猫信息整合最全面、最丰富的平台，其拥有海量的大熊猫视频、图片数据内容，是全球大熊猫粉丝的聚集地。该平台集大熊猫的图文、视频、主题社区、旅游景区智慧服务、文创商城等功能于一体，可提供国内外大熊猫生活的饲养单位、动物园等精准导航，以及熊猫园区语音介绍等服务功能，平台同时还可支持随时随地查询大熊猫资料库、守护心上熊、观看国宝直播。在 pandapia 大熊猫文化矩阵平台中，还开设了粉丝社区功能，就如一个“熊猫爱好者俱乐部”，用户可以和其他熊猫粉丝共享熊猫信息，交流喜爱大熊猫的心得体会。

6．朴朴超市：智能供应链与创新交易

朴朴超市是一家 30 分钟即时配送的移动互联网购物平台，品类包含水果蔬菜、肉禽蛋奶、粮油调味、酒水饮料、休闲食品、个人护理、化妆品、清洁用品、日用百货等，日常生活所需品类一应俱全，一站式购齐，用户足不出户，手机上随时随地搞定日常生活所需。朴朴前置仓模式加自营配送员模式，给实体零售商超造成了巨大的冲击。短短7年时间，合计231家门店，2022年的营收为203.6亿元，同比增长28%。

朴朴超市在创立之初，凭借其创新的商业模式和供应链策略，成功实现了“价格”破局。与传统超市不同，朴朴超市采取了“保证不退货”的政策，通过与供应商共享销售数据，实施“以销定产”的模式，精准预测销量，降低库存积压。此外，朴朴超市为供应商提供低门槛入驻政策，以及3%～5%的物流服务费，降低了供应商的成本，获取更有竞争力的商品报价。这使朴朴超市能够以低价吸引消费者，为用户带来实惠的购物体验。

（来源：根据网络资料整理）

案例思考题

1. 上述案例对你有什么启示？
2. 请你选择其中两个案例，深入分析其项目成功的原因。

第 3 章

电子商务项目的可行性研究

学习和实践目标

通过本章，可学到对电子商务项目立项与可行性分析所需要的核心知识，掌握需求分析、战略分析、可行性分析与评价的方法，了解项目评估的内容。

通过对本章内容的学习，学生应该能够结合简单的网站项目，撰写需求分析报告、可行性分析报告并且灵活运用战略分析、财务评价、不确定性分析等定量方法，提高自身的专业综合分析能力。

实现目标的知识点

- 需求分析的具体内容及其与软件功能需求的区别。
- 项目立项的一般流程和资料准备。
- 电子商务项目战略分析的内容，供选学。
- 电子商务项目可行性论证的理论依据、工具、方法和步骤，其中，不确定性分析供选学。
- 电子商务项目报告的评估。
- 电子商务项目可行性分析报告的编制。

项目立项和可行性论证是项目正式实施之前不可缺少的程序。IT 产业的规范化演进、IT 项目经营环境的不确定性加剧，让越来越多的公司重视做好项目立项的论证工作：项目的目标是否明确？业界相关的电子商务系统有哪些？哪些是真正适合需求的？需求是否合理？是否有必要启动项目？是否值得花费大量的时间完成这个项目？项目完成的可能性有多大？项目可能带来的影响是什么？可能的投入有多大？取得的效益有多大？当前的管理模式是否能支撑？如果不能，要在哪些方面做好变革的准备？等等。项目立项，一般要先经过机会研究（就是项目切入点）、项目可行性研究、项目论证与评估等几个阶段。

3.1 项目立项与可行性研究概述

项目立项是一个十分重要的阶段，它关系到一个项目能否成功实施，能否达到项目干系人的期望，并能有效获得项目干系人的支持。项目的立项是正式认可一个新项目的开始，项目立项的核心是要相应的管理机构认可项目的确立。在立项过程中，可行性研究报告首先解决了项目是否可以做，解决方案初步提出了项目的一揽子计划和关键技术。

3.1.1 项目立项、启动

1. 项目常见的立项模式

一般情况下，当项目发包方（行政主管部门、企业、政府采购机关或投资机构）根据自己的工作（工程）需要，以甲方的方式通过书面或网络、报刊、电台及多种媒体可向社会发布项目需求、期望项目承担方（乙方）对项目有初步的了解，并能介入项目投标，项目承担方在很短的时间内将组织力量分析研究，给项目发包方提出解决方案或可行性研究报告，以多种方式参加投标，由项目发包方组织资深专家对项目解决方案或可行性研究报告进行评审，选择最佳方案或最佳可行性研究报告。如果乙方解决方案或可行性研究报告获得通过，项目发包方就会与项目承担方合作并提供相关文件，如签发承包合同、合作协议、政府部门的专门文件等。项目发包方将项目相关环境，包括场地、相关资料、人员、启动资金、设备等向其项目承担方交割，项目承担方成立专门的项目机构，这时该项目就正式启动了。即立项一般程序：发布项目需求→以解决方案竞标→方案评审→签订合同→环境交割→成立机构→启动项目。

IT 项目的启动（立项）一般与企业的中长期目标联系在一起，所以启动项目首先要从组织整体环境和战略计划上进行考虑。

项目启动（立项）应该重点考虑以下几个方面：

（1）企业战略目标。

（2）项目选择的标准。

（3）项目建设的目的。

（4）项目成果说明书。

（5）与项目相关的历史资料。

项目一旦立项，就必须成立相应的项目办公室，选拔项目经理，组成项目团队。

2. 解决方案

为了获得项目，IT 公司常常通过提供解决方案作为取得项目立项的基础依据，“解决方案”一方面作为 IT 公司展示自己实力的表征，同时也是项目发包者组织项目中标评审的重要依据。有各种各样的解决方案，且没有固定的编写程式，解决方案建议书的内容包括技术方案、实施方案（初步的项目计划）、项目成本估算，随后提交给客户，由客户进行评审、立项。内容大致包括项目的需求分析，通过项目背景及现状描述，从中找出系统中存在的问题，确定建设目标、建设任务与需求、建设的基本原则；项目的技术解决方案中重点是阐述业务的系统构架、工作流的描述和软件环境与应用构架，对其关键技术要做详细的描述，显示方案的特点和价值；实施方案主要是针对需求分析和技术方案提出项目的实施步骤、机构组成、进度安排、资源及设备配置、沟通管理方式、成本与质量管理规范、售后服务承诺、培训及测试验收、报价等。

3. 项目目标的确定

项目目标必须包含进度、成本和质量三个方面的目标。项目目标的确定是根据项目可行性研究和项目评审在立项后确定的。确定项目目标是为了保证最终产出的项目成果能够盈利，能够为企业或客户带来实际的价值。项目目标最主要的来源仍然是商业目标驱动的，我们做项目的目的仍然是为企业创造效益。真正理解了商业目标，才可能在进度、质量、成本、范围发生冲突时知道如何去平衡多方的关系。

4．项目启动

项目启动是项目范围规划之前的必要活动，成功启动项目是有效进行项目范围管理的前提。在项目启动的过程中，项目经理应该熟悉项目背景，了解项目干系人，研究项目的商业需求和用户需求，初步确定项目范围，给出项目预算，制订项目章程。真正的项目启动应该包含三个方面的重要内容：一是项目或产品初步范围已经确定，二是项目的目标已经确定，三是已经选择并委任了项目经理。这几个方面的内容都应该在项目章程中得到体现。

启动 IT 项目时需要掌握的技术信息：

（1）采用新技术将会怎样影响使用者。

（2）采用新技术会对其他软件造成什么影响。

（3）采用新技术和正在使用的系统的兼容性。

（4）采用新技术的风险大小。

（5）采用新技术的供应商在行业中的业绩如何。

（6）网络建设情况如何，过去使用情况如何。

5．项目章程

项目章程宣告一个项目的正式启动、项目经理的任命，所规定的是一些比较大的、原则性的问题：对项目的目标、范围、项目经理权力、主要可交付成果、主要制约因素与主要假设条件等进行总体性描述，描述不能太抽象并且也不能太具体。通常由高级管理层签发项目章程，并分发给与项目有关的所有组织、部门和人员。当项目目标发生变化，需要对项目章程进行修改时，遵循“谁签发，谁有权修改”的原则。项目章程用来体现高级管理层对项目的原则性要求，授权项目经理为实施项目而动用组织资源。项目章程是项目经理寻求各主要干系人支持的依据。主要内容包括：

（1）概括性的项目描述和项目产品描述。

（2）项目目的或批准项目的理由，即为什么要做这个项目。

（3）项目的总体要求，包括项目的总体范围和总体质量要求。

（4）可测量的项目目标和相关的成功标准。

（5）项目的主要风险，如项目的主要风险类别。

（6）总体里程碑进度计划。

（7）总体预算。

（8）项目审批要求，即在项目规划、执行、监控和收尾过程中，应该由谁来做出哪种批准。

（9）委派的项目经理及其职责和职权。

（10）发起人或其他批准项目章程的人员的姓名和职权。

3.1.2　可行性研究的含义、目的和阶段划分

可行性研究是一种系统决策的科学方法，指在项目投资决策之前，对拟建项目应用多学科成

果和方法来论证项目的经济效果的一门学科，它通过对项目有关工程技术、经济、社会等方面的条件和情况进行调查、研究分析，对各种可能的技术方案进行比较论证，并对投资项目建成后的经济效益进行预测和评价，以考查项目在技术上的先进性和通用性，在经济上的合理性和盈利性，以及建设上的可能性和可行性，继而确定项目投资建设是否可行，为项目决策提供直接和可靠的依据。

电子商务项目的可行性研究需同时兼顾可能性、效益性和必要性。可能性指技术、物资、人力资源、资金和领导支持等方面的可行性，效益性是从投入产出的视角来对一个项目实施所能带来的收益与投资额的比较，而必要性则指社会竞争、行业发展趋势、领导期望、开发商宣传、系统自身升级换代需要等推动项目开发的主客观因素。

可行性研究的目的是避免盲目决策而给企业带来损失，减少投资失误。建设一个电子商务项目通常需要较长的开发周期和大量人力、物力的支持，电子商务网站或系统建成后，还需要不断地维护和管理，所以在完成了项目的需求分析，确认企业有必要开展电子商务的前提下，还必须对拟建的电子商务项目在投资前涉及的各方面的因素进行全面分析，主要是对项目技术经济条件进行综合分析，系统地论证项目的可能性、有效性和合理性，以确定现阶段项目的投资条件是否成熟，技术水平是否适宜，经济上投入产出是否合算，怎样可以规避风险、达到最佳效益，以避免造成资金、人力和时间的浪费。

按照国际惯例，可行性研究一般分为四个阶段，包括机会研究、初步可行性研究、详细可行性研究及评估和决策阶段。前三个阶段的分析一般依次进行，从而构成了一个从粗到精、由表及里、逐步深化的过程。实际工作中，在项目立项阶段，机会研究相当于编制项目建议书前所进行的研究，报告即为项目建议书。通常根据项目大小、繁简来确定进行哪一种可行性研究以及初步与详细可行性研究是否分开进行。小型项目可直接进行可行性研究；对风险较大的中型项目则应先进行机会研究，再转入可行性研究；对重大项目三阶段均应进行。

1. 机会研究

在项目需求识别、构思和策划阶段进行的可行性研究称为机会研究。其中项目构思在第 2 章已经讲述。机会研究是以项目业主的某种需求为动因，通过自然资源、社会和市场的调查和预测来确定项目，识别并分析项目的投资机会、鉴别投资方向。项目业主基于特定的需要和期望，通过占有大量的信息，经过分析比较，从错综复杂的事务中鉴别发展机会，这是鉴定并选择投资机会、明确需求、定义问题的过程。机会研究比较粗略，主要依靠情报资料的估计，而不是详细的计算，是从相类似的情况中取得的比较数据，而不是在调查基础上的详细计算。特点是需时短、费用少。

对于电子商务项目应侧重于研究企业对电子商务的需求和引入电子商务的市场机遇，对拟建的电子商务项目的机会做粗略的研究和估计，最终形成确切的项目发展方向或投资领域的过程（或称投资项目意向），并将投资意向转变为概括的项目提案或项目建议，将研究结果编制成项目建议书。可从市场需求、技术发展、政策和产业导向乃至特定事件中寻找项目机会。

在此阶段，分析的精确程度大约为±30%；研究费用占总比例的地百分比约为 0.2%～1.0%。

2. 初步可行性研究

对拟定的项目进行了机会研究后，就要对项目方案作初步的论证估计，提出较完整的投资设想，这就是初步可行性研究。初步可行性研究一般要对提出的方案进行投资费用、成本、销售、价格、利润等方面的计算。所以进行这项研究比机会研究要详细，而且时间长、费用多。

电子商务初步可行性研究的主要内容是：企业所属行业的电子商务发展趋势预测，拟投资的电子商务项目的技术构成和规模，需要投入的资金规模及能否筹集到足够的资金，项目的完成时间，需要多少人力物力资源，系统建成以后企业的竞争优势分析等。此阶段不能像机会研究那样停留在以定性为主的研究上，而是要对投资项目的各个方面进行一些定量测算。经过初步可行性研究，可以形成初步可行性研究报告，该报告虽然比详细可行性报告粗略，但对项目已有了较全面的描述、分析和论证。对于一些规模不大的项目，由于其内容与详细可行性研究相差不大，仅是详细和精确程度不同，因而往往把这一阶段工作与详细可行性研究一并进行。本阶段的研究结果形成初步可行性研究报告。

在此阶段，分析的精确程度为±20%；研究费用占总比例的百分比为 0.25%～1.25%。

3．详细可行性研究

对大型复杂的项目，在经过机会研究、初步可行性研究以后，经过专家论证认为可行，还要花费更大的力量进行更精确的可行性研究，称之为详细可行性研究。详细可行性研究又称为项目的技术经济可行性研究或项目最终可行性研究，是项目可行性研究阶段甚至是整个项目概念阶段的一项重要工作，其研究结果的广度和深度、准确性和精确度应该满足审批机关确定投资决策的要求。

详细可行性研究是在项目决策前对项目有关的工程、技术、经济等各方面条件和情况进行详尽、系统、全面的调查、研究和分析，对各种可能的建设方案和技术方案进行详细的比较论证，并对项目的市场前景、建成后的经济效益、国民经济和社会效益进行预测和评价的一种科学分析过程和方法，是项目进行评估和决策的依据。电子商务项目的详细可行性研究，要为项目提供技术、经济等方面更为充足的依据，提出具体的支出预算数字，提供实施计划的详细进度，并对投资的回收做出比较精确的预测。

本阶段的研究结果形成详细可行性研究报告。

在此阶段，分析的精确程度为±10%；研究费用占总比例的百分比为大项目 0.8%～1.0%、中小项目 0.8%～3.0%。

4．评估和决策

本阶段的工作主要是对前三个阶段研究结果形成的可行性报告进行评估和全面审核，分析判断可行性研究报告的可靠性和真实性，提出项目评估报告，为投资决策提供依据，决定项目取舍和选择最佳方案。

在此阶段，分析的精确程度大约为±10%。

3.1.3　电子商务项目建设方式

在电子商务项目的可行性研究中，项目的建设方式将涉及技术的可行和经济的可行问题，确定项目的建设方式是一项工作。电子商务项目的建设方式包括以下工作：

1. 选择建设模式

（1）企业自行建设模式。如果企业自身有一定的实力和技术力量，该项目也有部分成熟的软硬件可以外购。企业可以主要依靠自身力量开发和建设电子商务系统。

这种模式的优势是在项目建设过程中，企业容易控制项目建设过程、开发出的系统适合本企业需求、后期维护方便、有利于组织队伍的培养和建设。

不利之处在于企业的传统观念和传统管理方式以及原有组织结构和人员结构的不合理会对项目的建设产生制约，有可能会影响项目的顺利开展和按进度进行，以及项目的未来的发展。

（2）外包（outsourcing）的建设模式。电子商务项目建设的外包模式是指企业将项目建设交给其他专业组织来实施。外包是企业利用其外部优秀的专业化资源来达到降低成本、提高效率和维护企业自身核心竞争力的一种管理模式。外包模式在电子商务项目建设中应用比较多，因为不是每个企业都具备与电子商务涉及的技术相关的人才和设备。

电子商务项目的建设外包有以下三个过程：外包决策过程，决定是否采用外包模式；外包商的选择过程，要首先确定选择依据和标准，还需确定选择一个或者多个外包商；外包商的管理过程，包括对外包商的监控、评价和激励等。

外包的优势是企业可以降低成本，并通过和外包商的合作获取其先进的管理理念和技术，通过建立长期合作关系，可以延长系统的生命周期，也可以方便将来的系统升级、换代和新项目的开发建设。

不利之处在于风险较大，例如监控失控的风险、企业自身的学习能力和应变能力减弱等风险。所以在外包决策管理中要注意风险防范与管理。

（3）ASP 模式。ASP（application service provider，应用服务提供商）为电子商务应用客户提供各种互联网服务。

ASP 是向企业用户提供因特网应用服务的服务机构。用户可以把自己所需要的因特网应用服务交给 ASP 组织，称为“托管”，用户只需要具有网络终端和与网络连接的线路，就可以从 ASP 那里得到自己所需的因特网应用服务。ASP 拥有自己的网络资源、资金和网络技术专业人才，用户只要提出自己需要的业务模式和数据源，ASP 就能为该企业用户开发适合其需要的应用系统。

在双方共同签署的外包协议的基础上（协议内容可以包含价格、服务水平、商业机密等），用户将其部分或全部与业务流程相关的应用委托给服务商，由服务商保证这些业务流程的平滑运作。这种模式的优势是：服务商将应用程序及相关服务打包，通过网络交付，使其以最小的成本被高效执行，对用户来说，与整个运行相关的风险可以被分摊，IT 应用技术也可及时更新。

ASP 业务流程外包的区别在于：在外包模式中，外包合同需要涵盖整个业务流程的管理（包括人力资源、财务等），而 ASP 则以应用程序为中心，出租单个或成套应用程序的使用许可并加以管理。典型的业务流程外包主要是在一对一的基础上提供服务，而 ASP 模式提供的是“一对多”的服务，服务商是在资源共享的基础上出租软件使用权，且 ASP 的服务产品更多的是打包化的和标准化的（而并非客户化或为少数人服务）。可以说，ASP 这种“一对多”的服务交付形式正是分工合作、规模经济的体现。

ASP 一般有这样一些“成员”：电信运营商、传统 IT 服务厂商、互联网络接入服务商（ISP）、独立软件供应商（ISV）、系统集成商和单纯的 ASP 公司。

随着互联网络的普及和应用的深入，企业用户可以随时随地直接租用 ASP 的服务器和软件系统来进行自己的业务管理，这样做的好处在于；第一，企业可以节省大笔用于 IT 建设方面的资金，大幅度降低企业管理信息化的成本。第二，ASP 的用户可以采用各种方式获得应用和服务，软件类服务产品完全可以通过网络在非常短的时间内组成一个完善、高效、先进的企业管理系统，迅速获得企业一体化的运营管理方案。

综上所述，企业电子商务项目的建设模式的选择需要根据企业自身的需要，综合考虑企业自身的实力、信息化应用程度、外部市场情况来选择适合企业的方案。

2. 选择技术产品的原则

选择技术产品的原则如下：

（1）符合各种主流的技术标准和符合未来技术的发展方向。

（2）符合各种主流的技术标准并符合未来技术方向的有代表性技术产品将使构造的电子商务系统方便得到技术支持和便于将来升级和扩充，以保证系统具有生命力。

（3）符合企业信息化的整体技术战略。在选择产品时要考虑企业总体战略。

（4）要根据将来电子商务应用发展方向来考虑选择合适企业的产品。

（5）满足开放、可扩充的要求，与现行的应用具有良好的兼容性。

（6）具有成功的应用实例。优秀的产品一般会得到广泛的应用和用户的认可。

（7）可根据产品的市场占有率、产品的口碑来选择好的产品。这样可以减小系统的风险。

3. 技术解决方案的比较与分析

可考虑如下原则：

（1）要考虑是采用自建服务器，还是租用虚拟主机或主机托管的方式。

（2）选择操作系统，是用 UNIX，Linux 还是 Window 系列的操作系统。分析投入成本、功能、稳定性和安全性等。

（3）确定是采用系统性的解决方案还是自行开发。

（4）网站安全性措施，防火墙选择，防黑客、防病毒方案的分析和比较。

4. 选择服务器的搭建方式

当项目系统建成后，需要建立网站时，通常可选择的方式有：租用或者自建。在租用的方式中又可细分为虚拟服务器（即虚拟主机）与服务器托管两种；而自建服务器需要采购联网设备并租用专线。

（1）虚拟主机。虚拟主机是使用特殊的软硬件技术，把一台网站服务器划分为若干个“虚拟”的主机。每个虚拟主机都可以是一个独立的网站，可以具有独立的域名，具有完整的 Internet 服务器功能（WWW、FTP、Email 等）。同一台主机上的虚拟主机之间是完全独立的，而且每一台虚拟主机和一台独立的主机（采用服务器托管、专线上网等方式建立的服务器）完全一样。

使用虚拟主机方案构建企业网络，网站服务器管理简单，诸如软件配置、防病毒、防攻击等安全措施都由专业服务商提供，大大简化了服务器管理的复杂性。并且相对于购买独立服务器，网站建设的费用大大降低，为普及中小型网站提供了极大便利。

通常情况下，网站建设完成后虚拟主机的开通时间也比较短。因为现在主要的服务商都已经实现了整个业务流程的电子商务化，选择适合自己需要的虚拟主机，在线付款之后马上就可开通，非常方便快捷。

对于一些处于发展初期的小型企业来说，网站内容比较少，功能简单，访问量也不大，虚拟主机的建站方便迅速、服务器管理简单等特点就非常适合这类企业的需要。而且选用虚拟主机方案也可大大降低小型企业在网站人力、财力等方面的投入成本，并可获得专业的维护、更好的性能而无须维护人员与昂贵的电源系统支持。此方式也被形象地称为“外包”。

（2）主机托管或租用。通常也称其为服务器托管。指在专门的服务器托管公司环境里放置一台服务器，或向其租用一台服务器，然后通过远程控制的方式实现服务器的管理。此类方式比较显著的特点就是可以提供自己的硬件服务器，也可选择自行提供软件系统或者由服务提供商来提供，享受专业的服务器托管服务，包括稳定的网络带宽，恒温、防尘、防火、防潮、防静电。网站建立后，企业拥有对网站服务器完全的控制权限，可自主决定运行的系统和从事的业务。

由于采用的专门服务器，使得企业通过此种方式建立的企业网站，具有更大、更强的功能，并且在灵活性上也更便于掌控。其实它的基本形态就是租用专门的服务器托管公司的网络线路、自己选择服务器配置及服务应用软件，然后由专门的服务器托管公司负责维护。

在服务器的确定上，可以采用主机租用和主机托管两种方式。其中，主机租用即是说由服务提供商提供硬件，负责基本软件的安装、配置，负责服务器上基本服务功能的正常运行；用户独享服务器的资源，并服务其自行开发运行的程序。而主机托管就是用户自备服务器硬件，自己安装软件，由服务提供商负责该机器能够连接到网络上，并在该机器死机时帮助其重启。

（3）自建服务器。自建服务器是指企业自己准备硬件资源，自己安装服务软件，并自行维护。这就需要有水平较高的专业技术人员，还得投入较大的资金购置较好性能的服务器，并且日常维护工作量也非常大。此类方式完整的构建流程包括：申请互联网接入线路、申请网站域名、购置网站服务器、安排专门的技术人员管理与维护，其投入成本相当大。

虽然此类方式在投入成本方面大大高于虚拟主机以及服务器托管，但其体现的优势也是十分显著的。企业自己组建网站服务器，一方面可以根据企业实际情况配置服务器，安装适合企业运作的管理软件，更快地获得市场商机、加强与客户的沟通；同时，可通过企业网站服务器建立内部局域网，加强员工之间的交流，也方便了企业对员工工作的监控与管理。

目前，成熟的大中型企业，或是只是为了实现单纯的文件共享或是访问量不大的 Web 需求的中小型企业，通常采用此类网站建设方式。其完整的网站管理环境可让企业更好地利用互联网为自己服务，同时也加强了企业自身的建设。

3.1.4 电子商务项目的需求分析

在软件项目启动和立项中，所有的项目风险承担者都对需求分析阶段倍感兴趣。处理好这部分工作，能开发出很优秀的软件产品，同时也会令客户满意。若处理不好，则会导致误解、障碍以及潜在的质量和业务价值上的威胁。就是说，需求分析奠定了软件工程和项目管理的基础。电子商务项目需求分析按各自所属项目建设生命周期阶段的不同，按时间顺序分为业务需求分析、功能需求分析、系统需求分析三种，后一种以前一种为基础并由前一种转化而来。三种需求的比较见表 3-1。

表 3-1　三种需求分析的比较

比较指标	三种类型		
	业务需求分析	功能需求分析	系统需求分析
定义	基于对所在行业、客户、企业自身以及竞争对手开展业务的调查，分析出他们具有哪些电子商务或电子服务需求，以确定本企业是否有必要开展电子商务，即“为什么要做系统项目”	规划人员准确理解用户和项目的功能、性能、可靠性等具体要求，将用户非形式的需求表述转化为完整的需求定义，从而确定系统必须做什么的过程	确定系统功能、性能参数、可靠性参数和接口标准等要求，进行数据流程分析，提出初步的系统逻辑模型，即“功能如何实现”
内容	（1）行业需求：电子商务在本行业扮演怎样的角色以及基于行业发展趋势来预测电子商务的应用的前景。 （2）企业运营需求：明确电子商务是否构成企业的核心竞争力、电子商务能为本企业带来的现实好处以及通过哪些方式可开展电子商务。 （3）客户需求：分析现实客户和潜在客户的市场特点及其对通信技术、网购、电子服务、个性化创业的需求及价格敏感度、文化特点。 （4）竞争对手需求：概述竞争对手现实采用的电子商务种类及其正负效果、对其增强竞争力的好处、对本企业的影响、经验教训	（1）目标需求：反映了组织机构或客户对系统、产品高层次的目标要求，通常在项目定义与范围文档中予以说明。 （2）任务需求：描述了用户使用产品必须要完成的任务。 （3）功能需求：定义了开发人员必须实现的软件功能，使用户利用系统能够完成他们的任务，从而满足了业务需求。 （4）性能需求：描述了系统展现的性能，包括产品必须遵从的标准、规范和约束，操作界面的具体细节和构造上的限制。 （5）外部需求：所提供的分析报告充分描述了项目所应具有的外部行为。“需求分析报告”在开发、测试、质量保证、项目管理以及相关项目功能中起着重要作用	（1）绘制系统上下文范围关系图。 （2）创建用户接口原型。 （3）分析需求的可行性。 （4）确定需求的优先级。 （5）为需求建立分析模型。 （6）创建数据字典——所有数据项和结构定义 （7）使用质量功能展开（QFD），在质量展开的基础上进行技术展开、可靠性展开和成本展开，将产品功能、系统属性和用户要求结合起来
执行者	市场调研人员、项目规划人员	项目规划人员	技术开发人员
工作方法	市场调查、统计分析、统计处理	可行性论证、质量测量和评价	初步设计：结构化分析方法、面向对象分析方法、问题域分析方法以及软系统方法
在生命周期中的位置	概念阶段	规划阶段	分析设计阶段
知识应用	商务营销知识及统计调查与统计报告撰写等技能	网站及电子服务测评的工具方法以及实证分析技能、网站规划QFD	软件工程知识，如：数据模型、行为模型、功能模型的专业表示；工程质量控制
工作成果	业务需求调查及分析报告	网站功能描述书	软件需求规格说明书
转化方式	市场需求的归纳概括法等：将自然语言转化为需求描述规范语言	QFD 的质量屋：将市场需求转化为系统功能	QFD 的技术展开、可靠性展开

案例：网上订餐系统需求分析报告（部分）

1．业务需求分析

某校园食堂开发网络订餐平台 App，让许多人足不出户而吃到各种美食，不需要排队并且有充足的选餐时间。外卖软件已经成为了人们生活中重要的必需品。在我国，学生因为上课地点离食堂较远，下课后食堂人非常多，并且去晚了经常会没有自己想吃的食物，于是订购外卖渐渐成为了一种习惯。很多上班族要花时间在通勤及用餐的高峰期的等待上，使得休息时间缩水。运用外卖 App 可达到三赢的效果：消费者足不出户买商品、商家免费打广告、平台可以获得盈利。

2. 功能需求分析

基本功能包括用户登录注册、菜单浏览、购物车、订单系统。此外，高级功能如下：

（1）抢红包。抢红包功能让用户下单之后可以分发 10 个红包到朋友圈，红包金额从 0.5 元到 2 元不等，在下一次点餐时可以使用。还可以设置一个 10 元的大红包，但是只有一个人可以抢到，这样可以激发用户抢红包的热情。

（2）后台管理。管理员可以对餐厅网上订餐系统上的菜单进行添加、删除和修改，比如更改菜单的图片、价格、描述，以及更换新品、添加新菜等。当用户下订单时，由管理员确认后交给商家。

管理员模块的功能包括菜品管理、订单管理、用户信息管理三大功能。其中，在菜品管理中可以对菜品信息进行添加、修改和查询操作；在订单管理中可以通过未确认、已确认、已下单三种形式进行管理，也可查看所有订单信息；会员信息管理中，可以添加用户信息和修改用户信息。

3. 系统需求分析

（1）性能需求分析：操作简单、界面友好，即时可见。系统运行应该快速、稳定、高效和可靠；在结构上应具有很好的可扩展性，便于将来的功能扩展和维护。

（2）构件图如图 3-1 所示，图中虚线代表网站信息流，实线代表线下工作流。

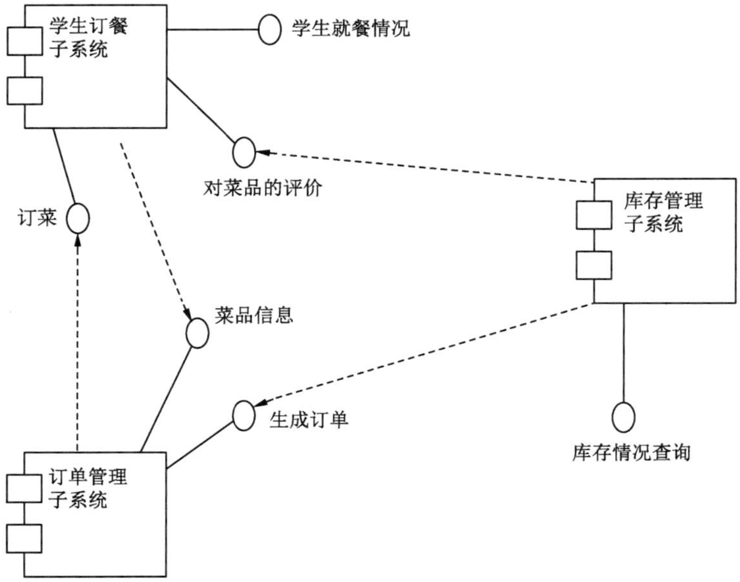

图 3-1　食堂订餐外卖网站的构件图

（3）上下文关系图如图 3-2 所示。

（4）类图如图 3-3 所示。

（5）用例图如图 3-4 所示。

（6）数据库需求。考虑到学校的管理特点：要求具有能存储大量数据的能力，并且能够对大量数据处理有快速的响应时间。鉴于开发条件有限，我们采用 MySQL 数据库。

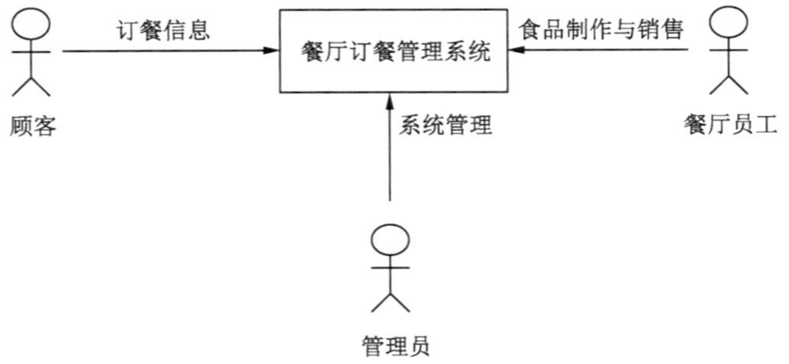

图 3-2　食堂订餐外卖网站的上下文关系图

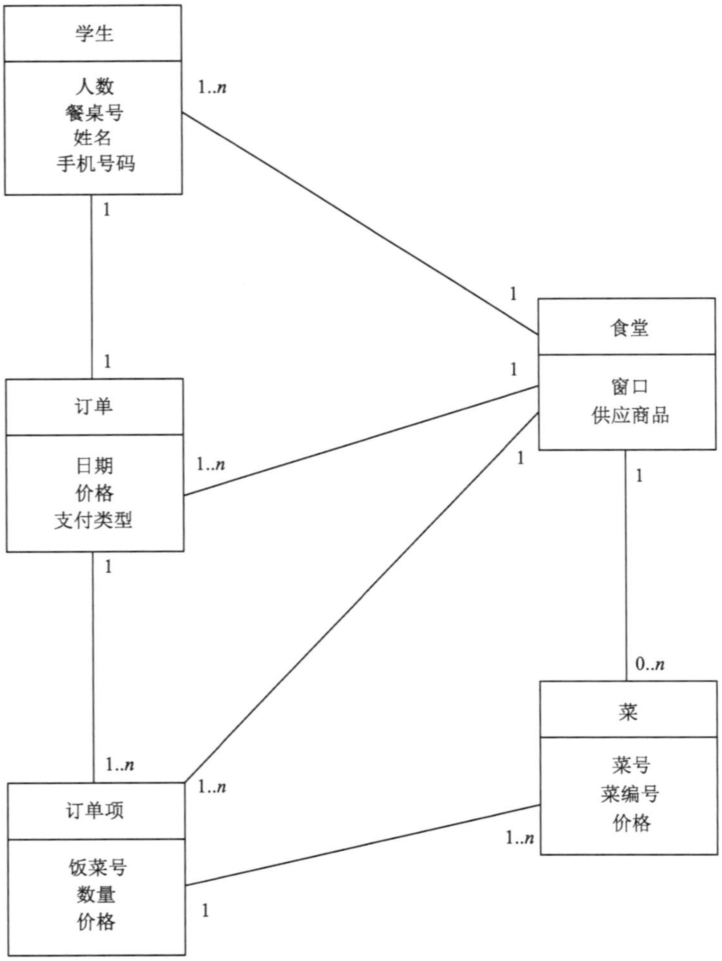

注：“1..n”或“0..n”是数据库中表示类与类之间对应关系的标准用法，是表示 1 对多或 0 对多的关系。

图 3-3　食堂订餐外卖网站的类图

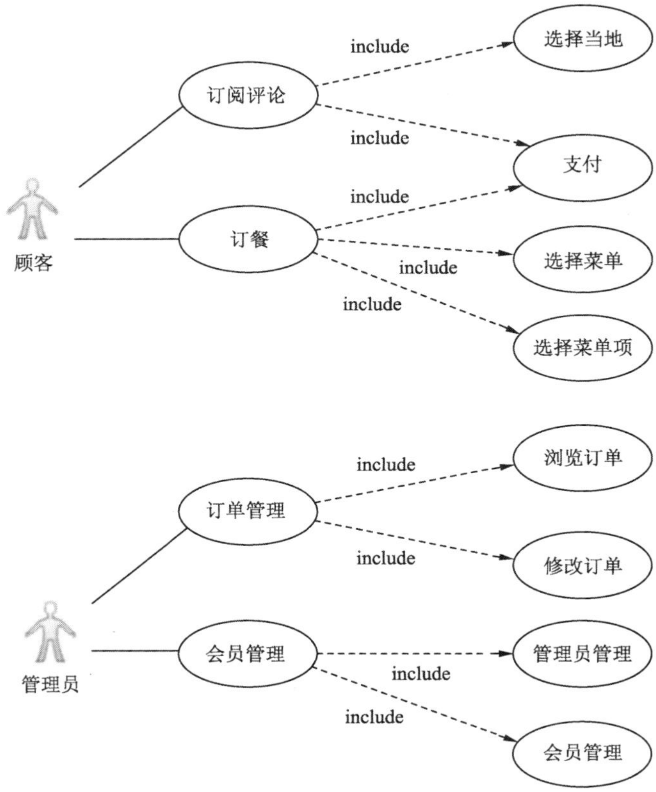

图 3-4　食堂订餐外卖网站的用例图

（7）设计约束：

① 其他标准的约束。编码人员技术不成熟、编程语言限制为 Java、时间仓促，在完善软件功能上还有些欠缺。

② 硬件约束。硬件配置的特点；内存储器和辅助存储器的容量。

（8）外部接口需求：

① 用户接口。本系统用户界面统一使用网页格式提供，使用 Adobe Dreamweaver CS6 所提供的标准控件。控件排列格式简洁整齐。用户界面：网站界面要求美观、友好、易操作。菜单使用弹出式下拉菜单。输入输出时间使用“YYYY-MM-DD”，无功能键设置。

② 硬件接口。服务器端硬件最低配置：intel E5，内存 32 GB；客户端无限制。

③ 软件接口。所有外部软件有：Windows 11 或该版本以上的操作系统、tomcat10.0.21、SQL2023、IE11.0 及其以上版本。所有软件均运行于操作系统上。IE 与 tomcat 接口：将 IE 请求数据传送给服务器。Tomcat 与订餐系统接口：将 IE 请求转送给订餐系统。所有软件均运行于操作系统上。订餐系统与 SQL 接口：交互数据。订餐系统与 IT 接口：将响应发送给 IE。

④ 通信接口。客户端访问服务器端采用 HTTP 协议。

……

（来源：根据网络资料整理）

3.1.5　电子商务项目可行性研究的依据与步骤

可行性研究的依据主要有：

（1）国家经济和社会发展的长期规划，部门与地区规划，经济建设的指导方针、任务、产业政策、投资政策和技术经济政策，以及国家和地方性法规等。

（2）经批准的项目建议书和在项目建议书批准后签订的意向性协议等。

（3）由国家批准的资源报告与国土开发整治规划、区域规划和工业基地规划。

（4）国家进出口贸易政策和关税政策。

（5）拟建厂址当地的自然、经济、社会等基础资料。

（6）有关国家、地区和行业的工程技术，经济方面的法令、法规、标准定额资料等。

可行性研究的一般步骤如下：

（1）复查系统规模和目标。

（2）研究目前正在使用的系统。

（3）导出新系统的高层逻辑模型。

（4）进一步定义问题。

（5）导出和评价供选择的解法。

（6）推荐行动方针。

（7）草拟开发计划。

（8）书写文档提交审查。

3.2　电子商务项目可行性战略分析基础

项目构思，主要是从项目自身的特点和项目策划者自身的优势来思考，一般不进行全面系统的战略分析。不过，可行性研究必须以战略分析为前提。在项目可行性评价之前，最好运用战略管理的某些工具方法来对项目所在外部环境中的机会和威胁、项目组自身的优势和劣势以及内外部环境的综合形势做出一个比较全面、系统的分析。战略分析的数据、方法和结论为可行性研究奠定了基础，而可行性研究可以看成是战略分析的深化或者具体应用。

3.2.1　战略分析的总体框架

从未来发展的角度来看，战略表现为一种计划（plan）；从过去发展历程的角度来看，战略则表现为一种模式（pattern）；如果从产业层次来看，战略表现为一种定位（position）；从企业层次来看，战略则表现为一种观念（perspective）。此外，战略也表现为一个组织在竞争中采用的一种谋略（ploy）。这就是著名的 5P 模型。战略管理，主要是指战略制定和战略实施的过程，包含四个关键要素：战略分析、战略选择、战略实施、战略评价和调整。战略分析包括三个主要方面：确定企业的使命和目标；了解企业所处的环境正在发生的变化给企业带来的机会和威胁；内部条件分析，了解企业自身所处的相对地位、具有的资源以及战略能力，以及利益相关者的利益期望。

1. 战略管理的一般过程

战略管理过程一般包括七个步骤，战略分析主要指阶段性工作 2、3 和 4，如图 3-5 所示。

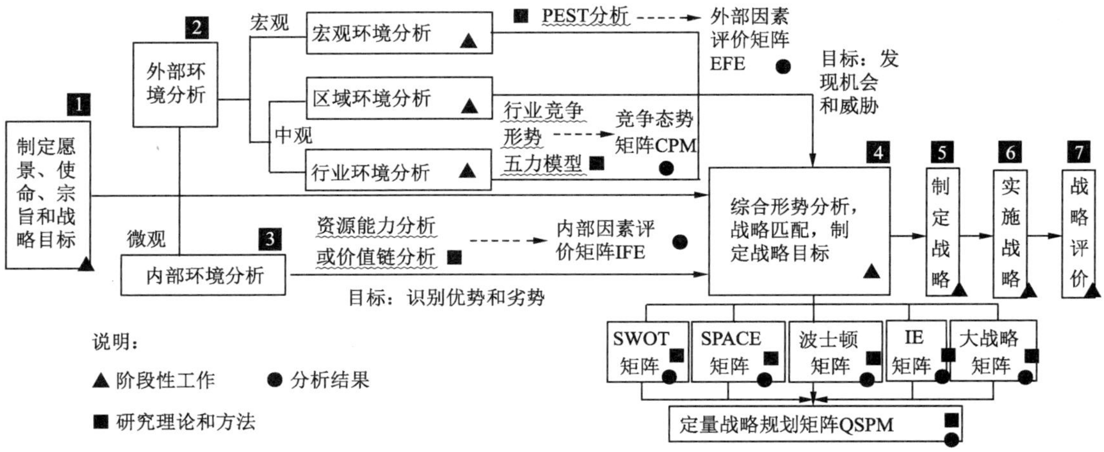

注：五力模型即迈克尔·波特提出的五种力量分析，此为战略管理的基本内容，不再展开。

图 3-5　战略管理一般过程框架图

2. 战略分析的内容要点

（1）确定组织当前的愿景、使命、宗旨。愿景是指企业的长期愿望及未来状况，是企业的发展方向及战略定位的体现。使命主要考虑的是对目标领域、特定客户或社会人在某确定方面的供需关系的经济行为及行为效果，是企业愿景的一个方面。宗旨就是对客户的服务标准。

（2）分析外部环境。环境在很大程度上规定了战略选择。环境分析的重点是分析环境中哪些机会可以利用以及可能面临的威胁，其中，关键因素是竞争者行为、消费者行为、供应商行为和劳动力供应。要密切关注技术进步、经济因素、法律-政治因素以及社会变迁等一般环境因素，把握环境的变化和发展趋势。还必须考虑利益集团、债权人、自然资源以及有潜力的竞争领域。工具：PEST 分析模型、波特竞争五力分析模型以及 EFE、CPM 两个矩阵等。

（3）分析组织内部环境。要从生产制造、人力资源、财务管理、行政管理、信息管理、研发、企业文化等职能视角，分析雇员的技能、组织的现金状况、研发水平、公众质量反馈、信息管理和知识管理水平，等等。通过对资源和能力方面的分析或各种二手资料，识别可积极实现组织目标的优势和抑制或约束组织目标实现的劣势。工具：价值链、职能部门分析表、IFE 矩阵等。

（4）战略匹配。以外部因素评价矩阵、内部因素评价矩阵和竞争态势矩阵为输入信息，重新评价组织既定的宗旨和目标是否合理。将外部机会、威胁和内部优势、劣势综合起来进行匹配并据此确定合理战略目标的工具有：优势-劣势-机会-威胁矩阵（SWOT）、波士顿矩阵（BCG）、战略地位与行动矩阵（SPACE）、内部-外部矩阵（IE）和大战略矩阵（GSM），然后用定量战略规划矩阵（QSPM）对前述矩阵得到的备选战略做出客观评价。

3.2.2　宏观环境分析及相应的工具方法简介

PEST 分析是指对宏观环境的分析。宏观环境是指影响一切行业和企业的各种宏观力量，可以从政治（political）、经济（economic）、社会（social）和技术（technological），即 PEST 这四大方面分析影响企业的主要外部机会和威胁。

1．PEST 分析模型框架

PEST 分析框架见图 3-6 所示。分析尽可能使用专业术语，应用专业知识。

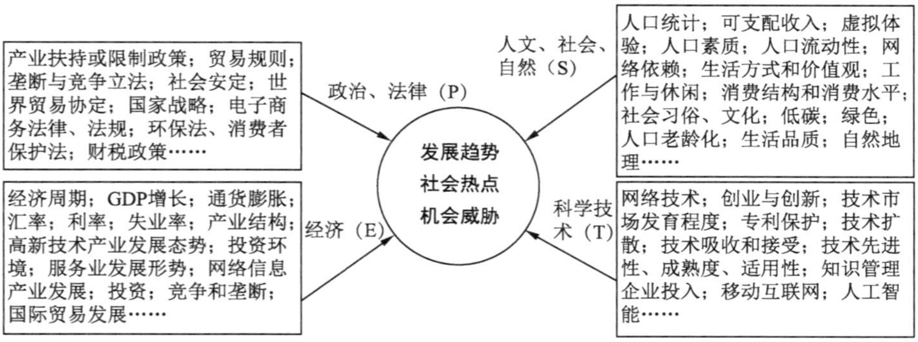

图 3-6　PEST 分析模型框架

2．PEST 分析要点说明

（1）政治、法律环境。国家的政治的稳定性、国际关系、法律政策体系都是政治因素中对企业有重大影响的内容。

（2）经济环境。经济因素主要指国民经济发展的总概况、国际和国内经济形势和经济发展趋势等，具体包括国家和地方经济发展状况、速度、国民经济结构、通货膨胀率大小、市场机制的完善程度、利率水平的高低等。这些既可能形成企业的发展机会，也可能对企业造成威胁。

（3）社会文化、自然环境。社会文化、自然环境主要包括有关的社会结构、人口、社会风俗和习惯、人的价值观念、文化传统等。其中，人口环境又主要包括人口总量、增长趋势、老龄化趋势、家庭规模的变化等。对社会的分析是为了了解和把握社会发展现状及未来趋势对企业的影响。自然资源的短缺、污染以及人们观念的转变正日益受到关注。

（4）科技环境。在竞争中生存和发展，必须密切关注科技发展的新动向，并掌握和研究新技术、新工艺、新材料，这样才能保持自己的竞争优势。

3．PEST 分析结果——外部因素评价矩阵

外部因素评价矩阵（external factor evaluation，EFE）是一种有效地分析外部机会和威胁的工具。它的主要元素有机会因素、威胁因素、权重、评分，以及在此基础上所形成的加权分数和分数加总。EFE 可以帮助战略制定者归纳和评价经济、社会、文化、人口、环境、法律、技术以及竞争等方面的信息。

建立 EFE 通常有如下五个步骤：

（1）列出在外部分析过程中所确认的外部因素，包括影响企业和其所在产业的机会和威胁。

（2）依据重要程度，赋予每个因素以权重（0.0～1.0）。权重标志着该因素在企业在发展过程中取得成功的相对重要程度。

（3）按照企业现行战略对各个关键因素的有效反应程度为各个关键因素打分，范围为 0～4 分，“4”代表反应很好，“1”代表反应很差。

（4）用每个因素的权重乘以它的评分，即得到每个因素的加权分数。

（5）将所有因素的加权分数相加，以得到企业的总加权分数。

总加权分数为 4.0，说明企业在整个产业中对现有机会与威胁作出了最出色的反应，企业有效利用了现有的机会并将外部威胁的不利影响降到最低；总加权分数为 1.0，则说明企业的战略不能利用外部机会或回避外部威胁。

按照这五个步骤，对携程旅行网进行外部因素分析，即可制作出 EFE 矩阵，见表 3-2。

表 3-2　携程旅行网宏观环境分析的 EFE 矩阵

关键外部因素		权　重	评　分	加权分数
机会	1. 政府支持	0.05	2	0.10
	2. 网络基础条件发展	0.05	2	0.10
	3. 国民生活方式转变	0.1	4	0.40
	4. 国民出行意愿提高	0.05	3	0.15
	5. 自助旅游在我国的增长	0.1	4	0.40
	6. 技术支持及软件开发应用	0.15	4	0.60
	7. 中国经济快速增长	0.05	3	0.15
	8. 电子支付手段兴起	0.1	3	0.30
威胁	1. 同行业竞争激烈	0.15	4	0.60
	2. 替代品的替代能力	0.05	2	0.10
	3. 电子支付手段漏洞依然存在	0.05	3	0.15
	4. 传统消费方式的根深蒂固	0.1	3	0.30
合　计		1	—	3.35

表 3-2 中评分值代表抓住机会或回避威胁的能力。可以看出：平均总加权分数为 3.35，明显高于 2.50。说明携程旅行网对有效地利用了现有的机会，而且降低了外部威胁所造成的潜在不利影响。

3.2.3　中观环境分析及相应的工具方法

中观环境就是指一个企业所在的特定地域环境、具体行业环境或业务合作环境。中观环境分析同样属于外部环境，完全可以将多数企业共同面临的中观层次的机会、威胁以 PEST 模型进行分析并通过 EFE 矩阵加以反映。不过，中观环境分析的理论基础也和宏观环境分析不尽相同，主要是依据区域经济学和产业经济学。中观环境分析的结果，如果反映企业内在素质能力，可写入 IFE 矩阵。关于竞争形势的分析，还可以专门用竞争态势矩阵 CPM 来表述。

1. 中观环境分析的内容要点

1）区域环境分析

区域环境主要指企业所处区域的地理环境、气候、人口数量、文化素质、收入水平、劳动力状况、礼仪风俗、交通运输、行政分布、市政规划、地方政策等自然资源条件和人文形态。研究区域环境能让企业熟悉地理环境，融入地域文化，有针对性地选择经营策略。

（1）区域发展条件分析。区域发展的自然条件及社会经济背景条件主要指区域自然条件和自然资源、人口与劳动力、科学技术条件、基础设施条件及政策、管理、法治等社会因素。分析的主要目的是明确区域发展的基础、评估潜力，为选择区域发展的方向、调整区域产业结构和空间结构提供依据。

（2）区域经济分析。区域经济分析主要是从经济发展的角度对区域经济发展的水平及所处的发展阶段、区域产业结构和空间结构进行分析。它是在区域自然条件分析的基础上，进一步对区域经济发展的现状作一个全面的考察、评估，为下一步区域发展分析打好基础。

（3）区域发展分析。区域发展分析是在区域发展的自然条件和经济分析的基础上，通过发展预测、结构优化和方案比较，确定区域发展的方向，制定区域发展的政策并分析预测其实施效应。区域发展的分析也应包括经济、社会和生态环境三个方面，并以三者综合效益作为区域发展分析中判断是非的标准。

2）行业分析

行业分析解释某个行业本身所处的发展阶段及其在国民经济中的地位，分析影响其发展的各种因素以及判断影响力度，预测该行业的未来发展趋势，并判断该行业的投资价值。

（1）行业稳定性分析。一个行业的兴衰受到技术进步、产业政策、产业组织创新、社会习惯改变和经济全球化等因素影响。分析须判断某个行业是幼稚产业、先导产业、支柱产业、夕阳产业中的哪一种，这关系到国家政府对该行业的重视程度和产业政策。

（2）行业的生命周期分析。从行业规模、产出增长率、利润率水平、技术进步和成熟度、资本进退、从业人员的职业化和收入水平，判断电子商务经营所在的行业处于幼稚期、成长期、成熟期和衰退期中哪一个阶段，鉴别行业是朝阳产业还是夕阳产业，从而评估行业的成长潜力。

（3）市场类型和行业集中度分析。判断电子商务经营所在的行业是接近完全竞争、垄断竞争、完全垄断还是寡头垄断中的哪一种类型。行业集中度体现了市场的竞争和垄断程度，经常使用行业集中率（CRn 指数）、赫尔芬达尔-赫希曼指数（HHI）等指标测量行业垄断程度。

（4）行业的经济周期分析。周期性行业的运动状态直接与经济周期相关。增长型行业的运动状态与经济活动总水平的周期及其振幅无关，这些行业主要依靠技术的进步、新产品推出及更优质的服务实现增长。防守型行业的产品需求相对稳定，不受经济周期的影响。

（5）行业结构分析。以系统化的市场结构-市场行为-市场绩效的分析框架，目的是识别行业的各细分市场的变化情况，以揭示出在变化中所蕴含的机会与威胁。分析内容主要包括：各产品的容量及结构变化、各地区的容量及结构变化、各消费群的容量及结构变化。波特产业竞争“五力分析模型”就是基于这种框架来分析企业在产业环境中面临的竞争态势。

（6）业务环境分析。即产业链分析、跨产业价值链分析，分析同企业经营活动（涉及产、供、销、人、财、物、信息等）相关联或产生影响的各种关系及状态，主要涉及顾客、供应商、联盟伙伴、竞争对手及其他关系环境。产业生态分析就是这方面的分析。

（7）要素集中度分析。资本密集型行业是需要大量的资本投入的产业。技术密集型行业的技术含量较高。劳动密集型企业则主要依赖劳动力。知识密集型行业更多依靠创意设计等智慧投入来谋利，很多高新技术产业属于这种类型。资源密集型企业的运营特别依赖资源消耗。

（8）产业关联分析。用投入产出法分析一个产业的产品供需、资金投向、技术提供等方面的变化，通过产业链的后向关联、前向关联、旁侧关联对其他产业部门产生的影响，分别用影响力系数、感应度系数、诱发系数来衡量。

（9）行业的收益性和成长性分析。主要依据净资产收益率、主营业务利润率、主营净利润增长率等财务指标来分析。

2．应用波特“五力模型”来分析行业竞争形势

五力分析模型是迈克尔·波特于 20 世纪 80 年代初提出，用于竞争战略的分析，分析客户所在的行业竞争环境。五种力量的不同组合变化，最终影响行业利润潜力变化。

（1）供应商的议价能力。供方主要通过提高投入要素价格与降低单位价值质量的能力来影响行业中现有企业的盈利能力与产品竞争力。一般来说，满足如下条件的供方集团会具有比较强大的讨价还价力量：①供方行业为一些具有比较稳固市场地位而不受市场激烈竞争困扰的企业所控制，其产品的买主很多，以至于每一单个买主都不可能成为供方的重要客户；②供方各企业的产品各具有一定特色，以至于买主难以转换或转换成本太高，或者很难找到可与供方企业产品相竞争的替代品；③供方能够方便地实行前向联合或一体化，而买主难以进行后向联合或一体化（如：店大欺客）。

（2）购买者的议价能力。购买者主要通过压价与要求提供较高的产品或服务质量，来影响行业中现有企业的盈利能力。其购买者议价能力影响主要有以下原因：①购买者的总数较少，而每个购买者的购买量较大，占了卖方销售量的很大比例；②卖方行业由大量相对来说规模较小的企业所组成；③购买者所购买的基本上同是一种标准化产品，同时向多个卖主购买产品在经济上也完全可行；④购买者有能力实现后向一体化，而卖主不可能实现前向一体化。

（3）新进入者的威胁。新进入者有可能会与现有企业发生原材料与市场份额的竞争。最终导致行业中现有企业盈利水平降低，严重的话还有可能危及企业的生存。进入障碍主要包括规模经济、产品差异、资本需要、转换成本、销售渠道开拓、政府行为与政策（如国家综合平衡统一建设的石化企业）、不受规模支配的成本劣势（如商业秘密、产供销关系、学习与经验曲线效应等）、自然资源（如冶金业对矿产的拥有）、地理环境（如造船厂只能建在海滨城市）等方面，其中有些障碍是很难借助复制或仿造的方式来突破的。

（4）替代品的威胁。源自于替代品的竞争会以各种形式影响行业中现有企业的竞争战略：①现有企业产品售价以及获利潜力的提高，将由于存在着能被用户方便接受的替代品而受到限制；②由于替代品生产者的侵入，使得现有企业必须提高产品质量，或者通过降低成本来降低售价，或者使其产品具有特色，否则其销量与利润增长的目标就有可能受挫；③源自替代品生产者的竞争强度，受产品买主转换成本高低的影响。

（5）同业竞争者的竞争程度。出现下述情况将意味着行业中现有企业之间竞争的加剧，这就是：行业进入障碍较低，势均力敌的竞争对手较多，竞争参与者范围广泛；市场趋于成熟，产品需求增长缓慢；竞争者企图采用降价等手段促销；竞争者提供几乎相同的产品或服务，用户转换成本很低；一个战略行动如果取得成功，其收入相当可观；行业外部实力强大的公司在接收了行业中实力薄弱的企业后，发起进攻性行动，结果使得刚被接收的企业成为市场的主要竞争者；退出障碍较高，即退出竞争要比继续参与竞争代价更高。

3．竞争态势矩阵 CPM

竞争态势矩阵是指用于确认企业的主要竞争对手及相对于该企业的战略地位，以及主要竞争对手的特定优势与弱点。表 3-3 是 A 企业微博与 B 企业微博的竞争态势比较，分值 1～4 从低到

高表示评价对象关于某评价指标的表现或能力的等级从劣到优。

表 3-3　A 企业微博与 B 企业微博的竞争态势矩阵

关键因素		权值	A 企业微博		B 企业微博	
			评分	加权评分	评分	加权评分
微博软实力（35%）	注册用户数	0.15	3	0.45	4	0.6
	活跃用户数	0.2	2	0.4	4	0.8
微博硬实力（55%）	App 应用数量	0.2	4	0.8	2	0.4
	API 接口数	0.15	3	0.45	4	0.6
	数据完整性	0.1	3	0.3	2	0.2
	请求限制	0.1	2	0.2	4	0.4
微博关注度（10%）	用户/媒体关注度	0.1	4	0.4	1	0.1
合计		1	—	3.00	—	3.10

A 企业微博的总加权数为 3.00，而 B 企业微博为 3.10，说明 B 企业微博的总体竞争力与 A 企业微博基本相等。B 企业微博由于背靠原有的强大用户资源，注册用户数与活跃用户数都占有明显优势，具有更强的微博软实力。微博硬实力上，A 企业微博在 App 应用数、数据完整性上优于 B 企业微博，但 API 接口数与请求限制方面却略显落后。微博关注度上，A 企业微博一直领先于 B 企业微博，虽然表现有所起伏，但并不影响其绝对优势地位。

3.2.4　微观环境分析及相应的工具方法

前述宏观环境和中观环境可称为外部环境。本小节的微观环境专指企业内部环境，包括一个组织的物质环境和文化环境，也可称为内部条件分析。分析目的在于掌握组织实力现状，找出影响组织运营的关键因素，辨别自身的优势和劣势。外部环境提供了可以利用的机会、造成了威胁，那么内部条件则是抓住和利用机会、应对或回避威胁的关键。

1．基于资源基础观、企业能力理论的微观环境分析要点

1）资源分析

（1）人力资源。分析的具体内容有各类人员（包括生产操作人员、技术人员、管理人员）的数量、技术水平、知识结构、能力结构、年龄结构、专业结构；各类人员的配备情况、合理使用情况；各类人员的学习能力及培训情况；企业员工管理制度分析等。

（2）物料资源。研究企业生产经营活动需要的物质条件的拥有情况以及利用程度。

（3）财务资源。分析包括企业资金的拥有情况、构成情况、筹措渠道和利用情况，具体包括财务管理分析、财务比率分析、经济效益分析等。

（4）技术资源。主要分析企业的技术现状，包括设备和各种工艺装备的水平、测试及计量仪器的水平、技术人员和技术工人的水平及其能级结构等。

（5）信息资源。信息资源包括的内容很多，如各种情报资料、统计数据、规章制度、计划指令等。信息资源分析现有信息渠道是否合理、畅通，各种相关信息是否掌握充分，企业组织现状、企业组织及其管理存在的问题及原因等。

2）文化分析

从精神文化、制度文化、物质文化的不同层面，分析、评价组织文化的导向功能、凝聚功能、约束功能和辐射功能的实现情况。

3）能力分析

能力是指有效地利用资源的素质和表现，包括职能能力、跨职能能力。

（1）研发能力。分析研发计划、研发组织、研发过程、研发效果。

（2）运营管理能力。分析生产或运作过程、运营能力、库存管理、人力管理、质量管理。

（3）营销能力。分析产品竞争能力、销售活动能力、市场决策能力。

（4）财务能力。分析融资能力、资金运用能力。

（5）组织管理能力。分析职能管理体系的任务分工、岗位责任、集权和分权情况、组织结构、管理层次与管理范围的匹配。

（以上为职能能力，体现职业差异性；以下为跨职能能力，即所有职业要求的共同能力。）

（6）学习能力。分析学习氛围、企业通过实践学习的能力、自适应能力。

（7）创新能力。分析创新组织与管理能力、创新意识与创新氛围、创新效果与效率。

（8）战略谋划能力。分析对形势的研判能力、审时度势的决断力、战略视野。

（9）整合能力。分析自组织能力，资源的发现、整合、调度和优化能力，战略联盟效果，供应链整合能力。

（10）领导能力。分析变革管理能力、危机管理能力、企业文化建设、跨文化领导能力。

更重要的是分析上述能力的整合是否形成了核心能力，即考查整合能力是否具有：价值优越性、稀缺性、难以模仿性、不可替代性、延展性和可持续性。

2．虚拟价值链视野中的组织内部条件分析

虚拟价值链（virtual value chain）的概念最早是由哈佛商学院的杰弗里·F.雷鲍特和约翰·J.斯维奥克拉这两位学者于 1995 年在《开发虚拟价值链》一文中首次提出的。不同于波特的传统价值链只将信息视为价值增值过程的辅助成分，虚拟价值链将信息看作是一种为顾客重新创造价值的关键生产要素或最重要生产要素，为提供新产品、新服务和开拓新市场机会做贡献，这个观点能够更好地解释电子商务创造价值以及推进传统产业升级、产业整合的作用。传统价值链上每一价值活动的信息都可以通过收集、组织、挑选、合成和分配这五个步骤的加工过程来构成虚拟价值链上相应的信息增值活动。

虚拟价值链视野中的组织内部优势、劣势评价，可分析某组织如下指标的表现：

（1）信息硬实力。指网上库存管理、网上供货管理、信息技术平台以及虚拟生产的准时生产与精益制造等价值活动在市场空间中的价值创造能力。主要体现为信息技术平台领先水平、组织工作效率、组织系统协调能力等指标。

（2）信息软实力。指技术开发、智力资本等价值在市场空间中的价值创造能力。主要体现为员工知识技能水平、创新能力、团队归属感等指标。

（3）虚拟运营能力。指以虚拟企业方式运营（主要包括网上采购、虚拟生产的外包业务、第三方物流等价值活动）的能力综合，是虚拟联盟原则的综合性体现。虚拟运营能力的影响要素主要包括柔性、敏捷性、与合作伙伴关系等内容。具体体现为适应产品交付日期变化的能力、适应市场变化的反应速度、员工沟通协调能力等指标。

（4）网络营销与在线服务能力。指网络营销与在线服务这两项价值活动在市场空间中综合体现的价值创造能力，体现为与顾客互动能力、个性化营销与服务能力、顾客满意度等指标。

案例：电子商务环境下的民航运输业虚拟价值链

图 3-7 所示为电子商务环境下的民航运输业虚拟价值链。

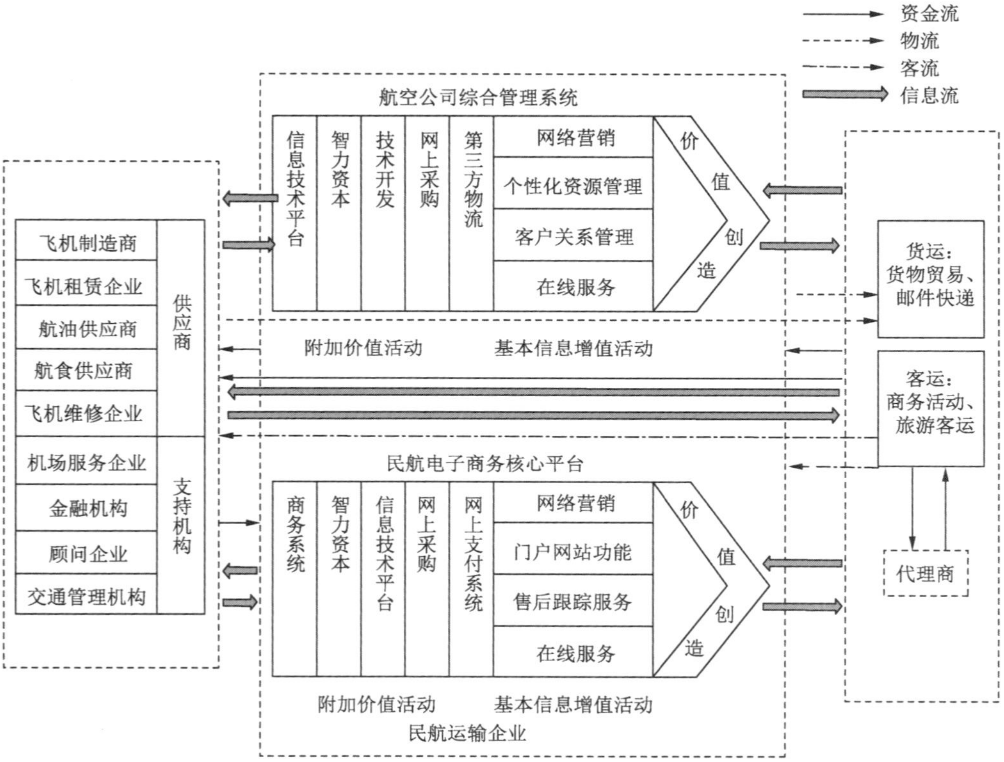

图 3-7　民航运输业虚拟价值链的构成

信息创造价值。借助于图 3-9 中的两个平台，民航运输企业能够更加快速、高效地从上游供应商以及支持机构获取技术信息、采购信息、航情信息等，从下游代理商以及客户获取市场信息、消费者信息等，使民航运输企业在开拓市场、采购、客户管理等方面大大降低了成本，同时为顾客创造了更大的价值，实现了民航产品在民航运输业各个环节的价值增值。

价值链环节缩短。航空公司自建门户网站、发行电子客票，替代了绝大部分实体代理商，大大缩短了价值链环节，直销成本还不到票价的 1%。另外，民航运输企业通过互联网高效、直接地与客户沟通，与民航企业、航材、航油、飞机等供应商进行市场交易活动，使得更为了解客户需求，交易更为透明公正，大大降低了管理成本、交易成本等，显著提高了市场效率。

凸显以顾客为中心。网上值机、网上选座以及网上选餐等系统，为顾客提供了多样化、自由化的选择，让顾客体验到更适合、更优质的服务。航空公司通过客户管理系统，可以了解顾客的不同需求，为顾客制订经济、合理的旅行计划，提供相应的优惠措施以及其他相关服务。这些举措，大大提高了公司的经济效益和社会效益，而且提高了客户满意度和竞争力。

竞争趋于多样化。通过电子商务平台，达到一定数量的团体乘客可以直接与飞机租赁公司或者包机公司进行包机交易，而不需要通过航空公司，这就是跨价值链环节的竞争。当然，竞争也可能来自价值链之外。除了在价值链中获取利益外，一些周边相关企业也可能通过网络建立新的产品与服务流。总之，竞争者以及良性竞争形式的多样化，促使各个企业增强了自身实力。

（来源：根据网络资料整理）

3. 微观环境分析结果——内部因素评价矩阵

内部因素评价矩阵（internal factor evaluation，IFE）从优势和劣势两个方面找出影响组织未来发展的关键因素，根据各个因素影响程度的大小确定权数，再按组织对各关键因素的有效反应程度对各关键因素进行评分，最后算出企业的总加权分数。IFE 刻画的是组织竞争力。其建立步骤与 EFE 大致相同，不过打分规定不同：1 分代表重要弱点；2 分代表次要弱点；3 分代表次要优势；4 分代表重要优势。评分以公司为基准，而权重则以产业为基准。

表 3-4 是某图书销售网站的内部因素评价矩阵。

表 3-4　某图书销售网站的内部因素评价矩阵（IFE）

内部优势	权重	评分	加权得分
快捷：搜索功能省去找书环节、客户购书耗时短、周转快	0.05	4	0.20
便宜：大部分图书 6 至 7 折	0.07	4	0.28
全面：拥有最全的图书种类，提供有关图书的额外信息（书评、记录偏好并推荐相关主题、相关作者的图书）	0.05	3	0.15
可靠：按时送达（支持多种付款方式）	0.04	4	0.16
领先进入电子图书市场，品牌知名度和美誉度较高	0.07	4	0.28
重视人才资源和 IT 资源投入，拥有懂信息系统的员工	0.04	4	0.16
供应商议价能力低	0.04	4	0.16
成熟的网络技术和营销系统，以及客户关系管理系统	0.07	4	0.28
创新能力（体现在客户体验提升方面）	0.04	3	0.12
顾客群的忠诚度	0.03	3	0.09
小　　计	0.50		1.88
内部劣势	权重	评分	加权得分
依靠网络，无形中排斥了非网络用户	0.07	1	0.07
客户议价能力很强	0.02	2	0.04
仅是一种交易，缺少增值服务	0.07	1	0.07
依赖供应商的仓储物流配合，不是每一个供应商都能做到	0.04	2	0.08
依赖成熟高效的物流网络，不是每一个国家和地区都有	0.03	2	0.06
没有为移动设备提供安全又好的购物窗口	0.07	2	0.14
销售缺乏互动	0.03	1	0.03
跨国收购的本土化问题	0.02	2	0.04

续表

内部劣势	权重	评分	加权得分
全产品经营要求更多的人力、财力以及管理复杂性上升	0.03	2	0.06
基础设施和 MIS 等的不断完善需要大量资金投入，增加了成本	0.07	2	0.14
全球扩张增加了资金周转风险	0.05	2	0.10
小　计	0.50		0.83
合　计	1		2.71

因为总加权分 2.71 大于平均分 2.50，所以该图书网站内部资源和能力整体水平较高。其中对优势的利用[1.88/（4×0.5）=0.94]比对劣势的应对[0.83/（2×0.5）=0.83]表现更为积极。

3.2.5　战略匹配及相应的工具方法

战略匹配就是以外部因素评价（EFE）矩阵、内部因素评价（IFE）矩阵和竞争态势矩阵（CPM）作为输入，采用某种模型对企业内部、外部环境中的关键战略要素（即最主要的机会、威胁、优势、劣势）进行搭配组合，生成若干具有可行性的备选方案。限于篇幅，本书仅仅讲述 SWOT 分析模型，更多的战略匹配模型请看战略管理教材。

1．战略匹配解读

外部环境中的某些机会、威胁因素与组织内部条件中的某些优势、劣势因素进行搭配组合，就可以产生合乎实际、现实可行的备选战略方案。当然，如何匹配才合理，并没有唯一的、绝对的答案，但备选方案的提出一定得以内外部环境因素为客观依据。战略匹配举例见表 3-5。

表 3-5　战略匹配的四个实例

关键内部因素	关键外部因素	战略方案
小张具有较扎实的网站开发知识基础和技能（内部优势）	+小张所在的学校图书馆要进行网站升级和局部新开发（外部机会）	=小张决定参加招标，争取学校图书馆网站开发项目
A 网站具备充足的研发资金（内部优势）	+竞争对手已经在网站互动技术、多媒体技术方面居于领先（外部威胁）	=A 网站投资改进网站的互动性和动态展示功能
B 公司网站维护和开发人员素质不强（内部劣势）	+B 公司附近已经有实力很强的网络维护和数据管理公司 C（外部机会）	=B 公司将网站维护和数据管理业务外包给 C 公司
网络影城 D 缺乏高水平技术开发人员且经营不善、处于亏损（内部劣势）	+D 网站所在行业领域已经有技术实力、管理能力都超强的同行对手且较长时期之内很难赶上（外部威胁）	=D 网站放弃网络影院业务而转行

2．优势-劣势-机会-威胁（SWOT）分析

SWOT 分析法，20 世纪 80 年代初由美国旧金山大学的管理学教授韦里克提出，是将一个组织的战略与其内部条件、外部环境有机结合的分析方法。其中，S 代表 strength（优势），W 代表 weakness（弱势），O 代表 opportunity（机会），T 代表 threat（威胁）。SWOT 模型的框架，其中包含结构、分析步骤和四种战略，见表 3-6。战略匹配和战略提出具有较强主观性，其合理性、完整性同决策者的素质密切相关。因素、战略每条都要言简意赅、表意单纯。

表 3-6　SWOT 模型的框架

—	优势（S） 第三步：将 IFE 矩阵、CPM 矩阵中的最主要的几条优势写在这一格。 S1：（填写优势概述） S2：××× ……	劣势（W） 第四步：将 IFE 矩阵、CPM 矩阵中的最主要的几条劣势写在这一格。 W1：（填写劣势概述） W2：××× ……
机会（O） 第一步：将 EFE 矩阵、CPM 矩阵中的最主要的几条机会写在这一格。 O1：（填写机会概述） O2：××× ……	SO 战略（增长型战略） 第五步，将某些机会和某些优势进行匹配，据此提出发挥优势以抓住机会的 SO 战略。 1.（概述战略内容）（依据） 2：××× ……	WO 战略（扭转型战略） 第六步，将某些机会和某些劣势进行匹配，据此提出利用机会以弥补劣势的 WO 战略。 1.（概述战略内容）（依据） 2：××× ……
威胁（T） 第二步：将 EFE 矩阵、CPM 矩阵中的最主要的几条威胁写在这一格。 T1：（填写威胁概述） T2：××× ……	ST 战略（多种经营战略） 第七步，将某些威胁和某些优势进行匹配，据此提出发挥优势以降低威胁的 ST 战略。 1.（概述战略内容）（依据） 2：××× ……	WT 战略（防御型战略） 第八步，将某些威胁和某些劣势进行匹配，据此提出减少劣势、回避威胁的 ST 战略。 1.（概述战略内容）（依据） 2：××× ……

3.3　电子商务项目可行性研究的核心内容

电子商务项目可行性研究的内容主要包括：技术可行性、经济可行性、组织和社会环境的可行性。

3.3.1　电子商务项目的技术可行性分析

技术可行性分析是从技术角度出发，确定产品的技术指标、结构方案、工艺方案与现有生产技术基础的差距，并评价其先进或适用程度、开发的规模及实现的可能性，使项目得到可靠的技术保证。

电子商务项目技术可行性分析的主要任务是对电子商务系统构建与运行涉及的硬件、软件及相关技术进行分析，从总体上鉴别和选择能满足项目需要的技术系统，论证是否具备项目实施所必须具备的技术条件，并给出技术上是否可行的结论。

1. 常用的电子商务技术

要进行电子商务项目的技术可行性分析，首先要了解、熟悉常用的电子商务技术有哪些种类。电子商务技术就是网络和信息技术在电子商务方面的应用。根据电子商务系统构建和发展的要求，可将电子商务技术划分为以下几大类：

（1）网络技术。计算机网络作为基础设施，将分散在各地的计算机系统连接起来，使得计算机之间的通信在商务活动中发挥了重要的作用。网络技术是电子商务技术中最底层、最基础的技术，包括 TCP/IP 等协议和路由器、交换机等相应的网络互联设备。

（2）网页设计与制作技术。网页设计（web design，又称为 Web UI design、WUI design、WUI）

是根据企业希望向浏览者传递的信息（包括产品、服务、理念、文化），进行网站功能策划，然后进行页面的颜色、字体、图片、样式等设计美化工作，目的是尽可能给予用户完美的视觉体验，甚至会考虑到通过声光、交互等来实现更好的试听感受。一般分为三种大类：功能型网页设计（服务网站&B/S 软件用户端）、形象型网页设计（品牌形象站）、信息型网页设计（门户站）。静态网页是运行于客户端的程序、网页、插件、组件，一般采用静态的 HTML 语言、JavaScript、VBScript、图片处理技术和 CSS 等技术。动态网页在服务器端运行，它们生成前端的代码发送给客户端（浏览器），会随不同客户、不同时间返回不同的网页。采用动态网页技术的网站可以实现更多的功能，如用户注册、用户登录、在线调查、用户管理、订单管理等。早期使用 CGI 语言，后来最常用的包括 ASP、ASP.NET、PHP，JSP、XML 和 WebServices 等语言。基于 JSP 技术的应用程序比基于 ASP 的应用程序易于维护和管理，更适合用来开发电子商务网站。

（3）数据库技术。数据库是企业管理信息系统中用来管理信息的工具，所以数据库技术是渗透在企业信息化中，无处不在的。数据库技术对电子商务的支持是全方位的，电子商务作为新型的商务模式，从底层的数据基础到上层的应用都涉及数据库技术，主要包括 Web 数据库技术、数据仓库（DW）技术、联机分析处理（OLAP）技术、数据挖掘（DM）技术和商务智能（BI)技术。数据库技术正在为推进电子商务应用发挥巨大的作用。

（4）EDI 技术。EDI（electronic data interchange）即“电子数据交换”，是一种在贸易伙伴之间传输订单、发票等电子文件的技术手段。它通过计算机通信网络将贸易、运输、保险、银行和海关等部门连接起来，并使用国际公认的标准格式，实现贸易信息在各有关部门或公司与企业之间的数据交换与处理，并完成以贸易为中心的全部过程。它是 20 世纪 80 年代发展起来的一种电子化贸易工具，是计算机、通信和现代管理技术相结合的产物。

（5）WWW 技术。WWW（world wide web）俗称“万维网”、3W、Web，Web 采用超文本、超媒体的信息链接方式，使 Internet 上的用户不仅能从一个文本跳到另一个文本，而且可以激活一段声音、显示一个图形，甚至可以播放一段动画，从而将信息的链接扩展到整个 Internet 上。WWW 是电子商务中的基本技术，广泛应用于企业的信息检索、信息浏览、信息发布、信息处理和电子商务平台构建。

（6）电子商务安全技术。安全技术是保证电子商务系统安全运行的最基本、关键的技术，主要包括防火墙技术、入侵检测技术、虚拟专用网技术和病毒防治技术等保障网络安全的核心技术以及基本加密技术、数字信封技术、数字签名技术、身份认证技术以及安全电子交易协议等电子商务交易安全管理手段。利用这些安全技术可以保证信息传输的安全性、完整性，同时可以完成交易各方的身份认证并防止交易中的抵赖行为发生。

（7）多媒体技术、虚拟现实技术、增强现实技术。多媒体技术（multimedia technology）是利用计算机对文本、图形、图像、声音、动画、视频等多种信息综合处理、建立逻辑关系和人机交互作用的技术。它具有多维性、集成性、智能性、实时交互性和易扩展性，使计算机具有数字化全动态、全视频的播放、编辑和创作多媒体信息功能，也具有控制和传输多媒体电子邮件、视频会议等视频传输功能。多媒体技术在电子商务的产品推广、合同执行、支付结算中都有着广泛的应用。例如，在基于银行业务的自动银行系统和基于商业交易的电子货币交易系统中，多媒体技术的引入，可以使得客户界面细腻生动，便于用户理解和操作。另外，在网上营销中，触摸屏技术的引入使得制造商和客户能够轻松地参与电子支付和清算。

虚拟现实、增强现实是多媒体技术领域中更加强调交互功能的分支。虚拟现实技术（virtual reality，VR）利用三维图形生成技术、传感器技术、高清晰分辨技术以及仿真技术，生成一个逼真的听觉、视觉、触觉及嗅觉等构成的虚拟世界，让用户使用传感设备进入虚拟空间进行实时交互、感知和操作虚拟世界中的各种对象，从而获得身临其境的感受。增强现实技术（augmented reality，AR）一般是指将计算机系统生成的虚拟信息或物体覆盖、叠加到真实场景中，从而达到对现实世界增强、补充的一种技术。此技术的特点在于虚实空间的一致性结合以及实时交互，具体包括 3D 物体的注册技术、显示技术、跟踪和定位技术、多媒体和三维建模以及场景融合等新的技术和手段。二者的区别在于前者强调对虚拟环境的沉浸体验，实质是脱离现实；而后者则将虚拟环境与真实环境相对照，并且引入虚拟信息的目的是更好地提升人们现实的工作、学习和生活能力。但这两种技术目前的应用存在不少挑战，如不成熟，用户使用体验有待提高；设备成本高昂；商品信息录入和三维建模过程复杂。

（8）移动互联网。移动互联网（mobile Internet，MI）是一种通过智能移动终端，采用移动无线通信方式获取业务和服务的新兴业务，包含终端、软件和应用三个层面。它使人们可以在任何时间、任何地点进行手机银行、购物、股票交易、订票、娱乐、无线医疗等服务。终端层包括智能手机、平板电脑、PDA 等；软件包括操作系统、中间件、数据库和安全软件等。应用层（即 App）包括休闲娱乐类、工具媒体类、商务财经类等不同应用与服务，由相应的应用软件来实现。实现移动电子商务的技术（协议）包括：无线应用协议（WAP）、通用分组无线业务（GPRS）、移动 IP 技术、蓝牙（Bluetooth）技术、移动定位系统技术、移动通信系统、二维码技术、PFID 射频识别技术，以及云计算、大数据与物联网技术等。然而，MI 在移动终端、接入网络、应用服务、安全与隐私保护等方面面临着一系列的挑战。

（9）物联网。物联网（the Internet of things，IoT）通过射频识别、红外感应器、全球定位系统、激光扫描器等信息传感设备，按约定的协议，把任何物品与互联网相连接，进行信息交换和通信，以实现对物品的智能化识别、定位、跟踪、监控和管理的一种网络。它的关键技术包括射频识别技术、传感网、M2M 系统框架、云计算。物联网对电子商务运营管理的影响主要有：支付方式实现多样化与智能化；电子商务各方参与者可以通过 M2M 技术平台收集各方信息，充分了解到彼此的信用水平及诚信行为；构建物联网智能物流系统，基于面向服务的架构（SOA）系统辅助第四方物流统筹决策；采用 RFID 技术可以让电子商务企业在线上与线下的销售获得及时的库存信息，并且能够利用该技术实现线上与线下之间的库存协调。

（10）Web 数据挖掘。Web 挖掘（Web data mining）是指从与 Web 相关的资源和行为中抽取感兴趣的、有用的模式和隐含知识。它综合运用了统计学、计算机网络、数据库与数据仓库、可视化等众多领域的技术，主要包含 Web 结构挖掘、Web 内容挖掘和 Web 使用挖掘三大内容体系。电子商务中的 Web 数据挖掘主要是对客户信息以及客户在网站上的浏览和查找信息的挖掘，其目的是得到对用户的访问模式及浏览行为的分析，从而为市场决策提供有用的信息。电子商务中常用的数据挖掘技术有频繁访问路径分析、关联规则挖掘、聚类分析和分类分析等，在客户关系管理、网站设计优化和网络营销中有着广泛的应用，可起到发掘潜在客户、定制个性化服务、优化 Web 站点、进行商业信用评估以及通过获取可靠信息来降低运营成本费用的作用。

（11）云计算。云计算（cloud computing）指的是通过网络“云”将巨大的数据计算处理程序分解成无数个小程序，然后，通过多部服务器组成的系统进行处理和分析这些小程序得到结果并快速返回给用户，从而实现各种强大的网络服务。它是分布式计算、效用计算、负载均衡、并行计算、网络存储、热备份冗余和虚拟化等计算机技术混合演进并跃升的结果。它的服务类型分为基础设施即服务（IaaS，提供虚拟化计算资源，如虚拟机、存储、网络和操作系统）、平台即服务（PaaS，为开发、测试和管理软件应用程序提供按需开发环境）和软件即服务（SaaS，通过互联网提供软件按需付费的应用程序以供访问）三种类型。在电子商务服务的行业应用实践中，诞生了存储云、医疗云、金融云和教育云等，不过也存在数据完整性、技术保密性、访问权限的突出问题。云计算通过物联网，能够有效地应对海量订单的处理、客户浏览点的需求以及海量的交付款行为等；其虚拟化功能还能够为电子商务企业提供扩充的服务器设施、增加存储容量，针对 TB 或者 PB 级别的海量数据能够进行快速并且有效的处理；云环境下的大数据产生降低了消费者和电商之间的信息不对称程度，能够促进电子商务消费与生产。

2. 技术可行性分析的内容

电子商务项目技术可行性分析主要是分析拟建的电子商务系统在当前的技术水平下能否实现。确定所涉及的技术的成熟度、安全性、可靠性。确定电子商务系统建设所需的技术条件，是否具备或能否得到所需要的资源。

主要包括以下几方面的内容：

1）技术先进性和成熟性分析

随着信息技术的发展，各种各样的新技术也在不断地涌现，支持着电子商务的应用。电子商务系统建设必须要选用具备先进性的技术。

所谓先进性是指系统设计应当立足先进的技术，采用最新的技术成果，从而使系统具有一个较高的技术起点。之所以要选择先进的技术，是因为电子商务系统的实现技术发展升级很快，而系统的建造则需要一定时间，如果在设计的开始阶段，没有在技术上领先，将对企业电子商务的竞争能力产生不利影响。因此电子商务项目采用的技术应对推动生产、推广应用、拓展市场、满足需要等方面具有适应能力，不应该采用即将淘汰的技术。

电子商务系统建设在注重先进性的同时还要注重成熟性。因为一方面技术相对于项目本身的需求过于超前会导致费用升高，造成浪费，另一方面过于超前的技术未必稳定成熟。

所谓技术的成熟性是指建设系统时应选用符合标准的或者是受到市场欢迎并广泛认同的技术。电子商务项目实施是一项复杂的工程，如果选用的技术不注重标准化，将难以保证系统运行的稳定可靠，可能给企业带来损失，对企业的服务、形象等方面带来不利的影响。

因而企业的电子商务在技术上应坚持先进性和成熟性并举的原则，一方面要选择先进的技术，在满足需求的基础上要适度超前并具备良好的可扩充性，以保证系统建成后的性能和应用周期，另一方面要选择一些比较成熟的技术，以确保采用技术的可实现性以及日后系统运行的可靠性。

2）技术支持度分析

电子商务系统构建的目标决定了其功能，不同的功能需求所要求的技术支持程度是不同的。这个技术支持程度体现在两个方面：

一是项目建设的技术支持度，分析满足应用功能需要使用哪些技术以及这些技术的可得性。首先在技术的选择上要充分考虑对系统功能实现的支持程度，要选择能够充分支持功能需求的技术。其次，在满足需求的基础上，要选择市场支持程度充分、企业能够得到而且容易得到的技术。例如，企业要对异地的分支机构网络进行安全互联，需要实现远程移动办公，使用 VPN 虚拟专用网技术是可行的。如果企业建立商务网站的目标是在网上销售商品并与供应商、合作伙伴等进行网上的信息交流，那么网站的主要功能包括信息浏览、信息检索、信息反馈、网上支付、网上认证等，为此可能需要配备包括 WWW 服务器、数据库服务器、邮件服务与认证服务器、防火墙／代理服务器、中间组件、网络服务操作系统等在内的软硬件，还需要开发商务应用系统。

经分析以上需求可分为平台构建和应用系统开发两大部分，目前市场对这些技术的支持程度是充分的，其中平台构建部分可在众多厂家的产品中进行优选并集成，应用系统开发部分如果本身没有技术力量，可采用外包的方式开发。

二是项目运行的技术支持度，分析项目建成后，企业是否具备足够的技术力量维持系统的正常运行。例如上面以网上销售为目的的商务网站，建设方案从性能、开放性方面考虑选择了小型机和 UNIX 系统，如果企业没有相配套的 UNIX 运行维护队伍，那么系统投入运行后的技术支持程度就会成问题。这种情况下要么调整采用的技术以满足技术支持要求，要么建设与系统运行相配套的技术支持体系，如投入资金培训 UNIX 维护人员或服务外包。

3）与原有技术或资源衔接程度分析

很多企业为了提高生产和管理的需要，在电子商务系统建设之前已经建立了相关的信息系统，并制定或者建立了信息技术政策。因而在考虑采用技术时，企业现有的技术运作情况也是一个十分重要的因素。选择电子商务技术的原则是在能满足商务应用的前提下，优先选择与企业原有技术衔接程度高的技术。如果企业原有的技术运作良好，那么在原有商业或技术的基础上开展电子商务无疑可以节省大量人力、物力和财力等方面的开支。例如，从操作系统的体系结构上看，目前主流的产品分成 UNIX 和 Microsoft 两大家族，产品所要求的硬件环境、开发手段和维护都有所不同。如果企业准备建设在线销售网站，原先的内部信息系统是基于 Windows 体系建设的，那么在功能、性能满足要求的前提下，网站建设应首选 Windows 架构，以便于利用现有技术资源，并方便日后的系统集成。

案例：使用 JSP 开发 Java EE 架构网上书店的技术可行性分析

本系统希望通过构建一个 Java EE 架构的电子商务网站，利用日益繁荣的互联网为传统的书店打造一个新的销售平台。这个网上书店基于 Internet/Intranet 及 Web 技术，以 Browser/Server 为结构模式、以数据库为后台核心应用、以服务销售为目。

功能：对书店的图书信息和用户（书店工作人员、网站注册用户即潜在购书者）信息进行有效的管理，对图书的进存销等环节进行信息化管理，实现读者网上浏览图书、网上购书，通过论坛同读者进行有效的沟通，通过聊天室实现作者和读者的实时交流，处理读者网上的投诉和建议。

性能：数据库的录入；图书检索；用户信息查询；图书信息查询；论坛和聊天室互动；网上购书。

安全与保密要求：书店中所有的图书能够供用户随时查阅用户的个人信息，可以由用户自己修改，书店图书信息只能由书店管理人员添加、修改，所有注册用户信息只能由书店管理人员查询。

服务器端：操作系统：Windows、Linux、UNIX 及任何能运行 Java 虚拟机的平台；Java Runtime Environment：version8.0 以上。WebServer：Tomcat。

客户端：操作系统，任何 PC 平台；浏览器，Internet Explorer、Netscape Navigator。

JSP（Java server pages）技术是在 HTML 语言的基础上，使用脚本语言对网页的对象模型进行编程，由 SunMicrosystems 公司提出、许多公司参与建立的一种动态网页技术标准。它目前在国内外已经广泛使用，较 ASP 是很先进、比较成熟的技术。

（1）作为 Java 平台的一部分，JSP 拥有 Java 编程语言“一次编写，各处运行”的特点。一次写入之后，可以运行在任何具有符合 Java 语法结构的环境，取代过去单一平台开发。ASP 主要工作环境是微软的 IIS 应用程序结构，又因 Activex 对象具有平台特性，所以 ASP 技术不能很容易地实现在跨平台的 Web 服务器的工作。

（2）从开发人员的角度来看，其区别在于：ASP 仅支持组件对象模型 COM，而 JSP 技术提供的组件都是基于 Javabean 技术或 JSP 标签库。

（3）JSP 标签可扩充性。JSP 技术能够使用开发者扩展 JSP 标签，JSP 开发者能定制标签库，减少对脚本语言的依赖。

（4）生成可重用的组件。JSP 基于组件的技术方法加速了总体开发过程，JSP 组件（Javabean 或定制的 JSP 标签）是跨平台可重用的，Javabean 组件可以访问数据库，并能以分布式系统模式工作于 UNIX 和 Windows 平台。

（5）易于维护性。基于 JSP 技术的应用程序比基于 ASP 的应用程序易于维护和管理，JSP 突出的组件技术使修改内容而不影响逻辑或修改逻辑而不影响内容变得很容易实现。

由上述比较不难看出，JSP 技术编写的程序运用要更加灵活、可扩展性即衔接度更强，在现有技术条件下能够完成功能目的即技术支持度很高。

（来源：根据网络资料整理）

3.3.2　电子商务项目的经济可行性

经济可行性研究是对项目的经济效果和国民经济效果进行评估。国民经济效果评估则考察一个拟办的项目在国民经济中的作用和贡献，从国民经济角度对项目所付出的代价（成本）和所获得的效益进行分析，属于宏观经济评价范畴，度量指标是投资项目对社会所提供的净产值，即新创造的可供消费和积累用的社会财富的总和。

1. 项目盈利能力评价的方法

经济研究，也称财务评价，是从企业的角度分析项目的微观经济效益，估算和评价项目的贷款偿还和获利能力，考察工程项目投资的可靠性，从而判断该项目在财务上是否可行。判断项目在经济上是否可行即盈利能力的财务评价方法主要包括投资回报率、净现值、差额内部收益率、投资回收期等。

1）投资回报率

投资回报率（return on investment，ROI）表示投资的净收益与投入金额的比率。在系统建设规划中，电子商务项目商务模型规划的优劣直接影响到企业的投资回报率。对电子商务项目投资回报率进行分析的目的，是创建一个框架来理解、明晰一个电子商务项目的潜在效益。针对大型企业电子商务项目的较大规模的特点，在项目计划启动阶段建立可信的 ROI 模型对整个项目的论证、投资都十分重要。通过 ROI 模型的建立，分析投资与回报，可以帮助建筑企业选择最佳的商务模型，有效规避项目风险，降低项目超期、投资超出等风险，保证项目顺利完成。

ROI 计算基本公式为 ROI =（收益-投资）÷投资×100%。比如：某投资理财平台当前客户满意度较好，其年化收益率为 13%，但某个投资项目还增加了平台贴息 1%。某投资者如果将 10 万元的资金投向此项目，那么 9 个月投资期（不妨假定为从 4 月到 12 月）期满后，投资回报率为[10×（13%+1%）×275÷365]÷10×100%=10.55%。

困难之处在于如何确定应用电子商务项目的费用与收益，并进一步量化。由于在电子商务项目中涉及的应用和环节很多，似乎很难准确衡量商务模型的 ROI。

2）净现值

净现值（net present value，NPV）是把所有预期的未来现金流入与流出都折算成现值，以计算一个项目预期的净货币收益与损失。它衡量该项目创造的对社会财富的净增加。

其公式为

$$\text{NPV}=\sum_{t=0}^{n}(\text{CI}-\text{CO})_t(1+i_c)^{-t}=\sum_{t=0}^{n}(\text{CI}-\text{CO})_t(P/F,i_c,t)$$

式中，NPV 为净现值；CI 为现金流入量；CO 为现金流出量；（CI−CO）$_t$为第 t 年的净现金流量（net cash flow，NFC）；n 为计算期；i_c为标准折现率。P、F 分别代表现值和将来值。如果一个项目的净现值 NPV 是正值，该项目就是可取的；在投资资金充足的情况下，净现值越大的方案越优。

如果期初（t=0）时无现金流入，而以后各期（t≥1）的现金流入量 CI 相等、现金流出量 CO 相等，则各期 CI−CO 相等，即各期年金 A 相等。那么，以上公式可简化为

$$\text{NPV}=-\text{CO}_0+(\text{CI}-\text{CO})\cdot(P/A,i_c,n)$$

【例 3-1】某些大学生联合创业，投资建设一个销售保健品的网站项目，初始投资为 35 万元。预计项目建成以后前三年每年收入、年费用支出分别为 120 万元和 42 万元、150 万元和 50 万元、200 万元和 60 万元。假定标准折现率为 10%。于是，这三年该项目的投资净现值 NPV=−35+（120−42）÷（1+10%）+（150−50）÷（1+10%）^{2}+（200−60）÷（1+10%）^{3}=−35+（120−42）×（P/F,10%,1）+（150−50）×（P/F,10%,2）+（200−60）×（P/F,10%,3）=223.74（万元）>0（万元），因此可认为投资该项目是可取的。若假定每年的收入、费用支出都分别是 150 万元和 50 万元，三年后投资者打算终止项目且项目清算残值预计为 8 万元，则三年内该项目投资 NPV=−35+（150−50）×（P/A,10%,3）+8×（P/F,10%,3）=219.70（万元）。或者在 Excel 单元格中输入函数表达式：=−35+（150−50）*PV（10%,3,−1）+8*PV（10%,3,，−1），可得到结果约为 219.70（万元）。

3）差额内部收益率（ΔIRR）

内部收益率（internal rate of return，IRR），也被称为时间调整收益，是指在当前现金流入值与初期投资完全相等时的折扣率。即内部折扣率就是在当前净值等于零时的折扣率。差额内部收益率法的公式如下：

$$\sum_{t=0}^{n}\left[(\text{CI}_t-\text{CO}_t)_2-(\text{CI}_t-\text{CO}_t)_1\right](P/F,\Delta\text{IRR},t)=0$$

当各方案运营期每年的 CI_t、CO_t 都是常数时，上述公式可转换为

$$-\text{CI}_{10}+(\text{CI}-\text{CO})_1(P/A,\Delta\text{IRR}_{12},n)=-\text{CI}_{20}+(\text{CI}-\text{CO})_2(P/A,\Delta\text{IRR}_{12},n)$$

式中，ΔIRR 为差额投资内部收益率；（CI−CO）$_2$为投资大的方案净现金流量；（CI−CO）$_1$为投资小的方案净现金流量。应用该方法有一个前提：初始投资额大的方案其年均净现金流量、生命周期都大于或等于初始投资额小的方案的这两个参数值。首先分别计算各个方案的 IRR，然后将 IRR≥i_c 的方案按投资额由小到大依次排列。计算排在最前面的两个方案的差额收益率ΔIRR，若ΔIRR≥i_c，则说明投资大的方案优于投资小的方案。反之，若ΔIRR≤i_c，投资小的方案优于投资大的方案。最后，将保留的较优方案分别与其他备选方案两两比较，最后保留的方案为最佳。

【例 3-2】某社区生活服务网站的建设运营有三个互斥方案。方案 1：完全由投资方自建网站系统并自己承担运营维护，生命周期为 5 年。方案 2：网站开发部分工作外包且部分运营维护外包。方案 3：网站开发及网站维护都完全外包。方案 2 和方案 3 的生命周期都是 3 年。三个方案的初始投资分别为 46.5 万元、34 万元、30 万元。网站建成以后预计 5 年内每年的销售收入都是 25 万元，但每年运营维护费用三个方案分别为 6 万元、8 万元和 10 万元。假定网站开发外包、网站运营维护外包投资方和社会上公司的工作质量基本相同，投资者最低可接受收益率 i_c=10%。请用差额内部收益率法确定上述三个方案谁是最佳投资方案。

解　第一步：计算出三个方案的内部收益率。

比如方案 1，由−46.5+（25−6）×（P/A,IRR$_1$,5）=0 求出（P/A,IRR$_1$,5）=2.447 4。查“复利系数表”得：（P/A,25%,5）=2.689 3、（P/A,30%,5）=2.435 6。由线性插值法可推算 IRR$_1$=25%+（30%−25%）/（2.435 6−2.689 3）×（2.447 4−2.689 3）=29.77%>i_c=10%。同样，可求出 IRR$_2$≈23%>i_c、IRR$_3$≈23%>i_c。因此三个方案都可行。

第二步：将可行方案按投资额从小到大排序，计算差额内部收益率。由−30+（25−10）（P/A,ΔIRR$_{23}$,3）=−34+（25−8）（P/A,ΔIRR$_{23}$,3）得到：（P/A,ΔIRR$_{23}$,3）=2。通过查表可判断ΔIRR$_{23}$>23%>i_c，可见应选择投资额相对更大的方案 2。或者由投资额相对更大、生命周期相对更长的方案 1 的年均净现金流量 9.7（=−46.5/5+25−6）大于方案 2 的年均净现金流量 5.67（=−34/3+25−8），因此可用差额内部收益率法比选此二方案，于是由−34×（A/P,ΔIRR$_{12}$,3）+（25−8）=−46.5×（A/P,ΔIRR$_{12}$,5）+（25−6）得到ΔIRR$_{12}$<1%<i_c，可见应选择年均净现金流相对较小的方案 2。

因此，根据差额内部收益率确定方案 2 是最佳方案。

4）考虑了资金时间价值的投资回收期 N_D 和动态追加投资回收期 ΔT

回收期（payback period）是用项目各年净收入回收总投资所需的时间。动态投资回收期考虑了资金的净现值，它是用各期收益的累计净现值去回收累计投资现值所需的时间。与行业基准投资回收期对比，如果实际投资回收期相对更短，则投资方案是可行的。

根据上述定义，动态投资回收期 N_D（这里假定单位为年）应该满足如下公式：

$$\sum_{t=1}^{N_D}(\mathrm{CI}-\mathrm{CO})_t(P/F,i,t)=0$$

因此，动态投资回收期 N_D 的计算公式如下：

N_D=累计净现金流量现值开始出现正值的年份数−1+|上年累计净现金流量现值|÷当年净现金流量现值

若 N_D≤基准投资回收期为 N_c，则接受项目，否则拒绝。

【例 3-3】设某保健用品网络销售及理疗服务电子商务项目有关数据为：前三年每年年初投资额分别为 30 万元、200 万元、100 万元，从第 3 年到第 6 年每年年末预计营业收入分别为 100 万元、200 万元、250 万元、200 万元。假设年贴现率 i_c=8%，基准投资回收期为 6 年，试计算该项目的动态投资回收期。

解　列表计算第 i 年末累计净现金流量（NCF）现值 V_i（i=1,2,3,4,5,6），结果如下：

第 1 年末：V_1=−30−200×（P/F,8%,1）=−30−200×0.925 9≈−215.2（万元）

第 2 年末：V_2=−215.2−100×（P/F,8%,2）=−215.2−100×0.857 3≈−300.9（万元）

第 3 年末：V_3=−300.9+100×（P/F,8%,3）=−300.9+100×0.793 8≈−221.5（万元）

第 4 年末：V_4=−221.5+200×（P/F,8%,4）=−221.5+200×0.735 0≈−74.5（万元）

第 5 年末：V_5=−74.5+250×（P/F,8%,5）=−74.5+250×0.680 6=−74.5+170.1≈95.6（万元）

可见，动态投资回收期 N_D 大于 4 年而小于 5 年，代入公式可求得：

N_D=5−1+|−74.5|/170.1=4.44（年）

因为 N_D=4.44≤N_c=5，所以该电子商务项目可以被接受。

动态投资回收期的优点在于经济意义明确、直观、计算较简便；同时，它考虑了资金的时间价值，较静态投资回收期更优。

动态投资回收期的缺点主要有：只考虑投资回收之前的效果，未反映回收之后盈利和期末残值，无法准确衡量项目在整个计算期内的经济效益。

动态追加投资回收期ΔT是指在考虑资金时间价值的条件下，投资额大的方案用年经营成本的节约额ΔC或年净收益的增加额ΔR补偿其投资增量所需要的时间。应用此法的前提条件是要求被比较的两个方案中投资较大的那个方案年经营成本相对更小或年净收益更大，否则二者的相对优劣不言而喻。

动态追加投资回收期ΔT 主要用于互斥方案的优劣比较，其判别标准是：若$\Delta T \leqslant T_b$（T_b 为项目的标准投资回收期），则投资额大、经营成本低（或年净收益高）的方案较优；若$\Delta T > T_b$，则投资额小、经营成本高（或年净收益低）的方案较优。同样，较优方案在经济上是否可行，仍需另作判别。

计算公式：

$$\Delta T = \frac{\ln \Delta C - \ln(\Delta C - i_c \Delta I)}{\ln(1+i_c)}$$

或

$$\Delta T = \frac{\ln \Delta R - \ln(\Delta R - i_c \Delta I)}{\ln(1+i_c)}$$

【例 3-4】某电子商务工程项目有两个可供选择的技术方案。方案 A 采用传统技术，投资额为 15 万元，年经营成本为 10 万元；方案 B 采用先进技术，投资额为 40 万元，但年经营成本为 5 万元。假设年贴现率 i_c=8%，标准投资回收期为 8 年，试用动态追加投资回收期选择较优方案。

解 因为 I_1=15，I_2=40，C_1=10，C_2=5，ΔI=25，ΔC=5，T_b=6 且满足前提条件 $I_2>I_1$，$C_2<C_1$。

所以

$$\Delta T = \frac{\ln 5 - \ln(5 - 8\% \times 25)}{\ln(1+8\%)} = 6.64\text{（年）} \leqslant T_b = 8\text{（年）}$$

因此，选择投资相对更大的方案 B。

当然，不用公式而比照例 3-3 那样用净现金流现值累计并结合线性插值法求ΔT，也可以。

追加投资回收期指标多用于两个相互替代技术方案的经济比较，衡量两个技术方案之间的相对经济性，但不能决定一个方案比另一个方案到底好多少。另外，当ΔI 和ΔC（ΔR）都很小时，此指标值ΔT 很大，极容易造成假象（比如：I_1=10.0 万元，I_2=10.1 万元，C_1=1.01 万元/年，C_2=1 万元/年，标准投资回收期 T_b=5 年，算出ΔT = 20.92 ≫ T_b，然而两方案经济性是差不多的）。

2．项目偿债能力评价的方法

电子商务项目的偿债能力分析主要是考察项目计算期内各年的财务状况及债务清偿能力。为此，需要编制借款还本付息估算表、资金来源与运用表、资产负债表等财务报表。短期偿债能力是指企业流动资产对流动负债及时足额偿还的保证程度，是衡量企业当期财务能力，特别是流动资产变现能力的重要标志。一般情况下，流动比率和速动比率越高，说明企业偿还流动负债的能力越强。长期偿债能力，是指企业偿还长期负债的能力，可通过资产负债率和产权比率衡量。

流动比率=（流动资产÷流动负债）×100%

分析：一般情况下，流动比率越高，说明企业短期偿债能力越强，债权人的权益越有保障。国际上通常认为，流动比率的下限为 100%；而流动比率等于 200%时较为适当。

速动比率=（速动资产÷流动负债）×100%

式中：速动资产，是指流动资产减去变现能力较差且不稳定的存货、预付账款、一年内到期的非流动资产和其他流动资产等之后的余额。速动资产=货币资金+交易性金融资产+应收账款+应收票据=流动资产-存货-预付账款-一年内到期的非流动资产-其他流动资产

分析：一般情况下，速动比率越高，说明企业偿还流动负债的能力越强。国际上通常认为，速动比率等于 100%时较为适当。如果速动比率小于 100%，必使企业面临很大的偿债风险。但速动比率过高（大于 100%），表明企业会因现金及应收账款占用过多，而大大增加企业的机会成本，会影响企业的获利能力。

资产负债率（又称负债比率）=（负债总额÷资产总额）×100%

分析：对债权人来说，该指标越小越好，这样企业偿债越有保证。对企业所有者来说，如果该指标较大，说明利用较少的自有资本投资形成较多的生产经营用资产，不仅扩大了生产经营规模，而且为获得较多投资利润创造了条件。但也不能过大，否则企业的债务负担过重，一旦经营不善，企业有破产倒闭的危险。保守的观点认为资产负债率不应高于 50%，而国际上通常认为资产负债率等于 60%时较为适当。

产权比率=（负债总额÷所有者权益）×100%

分析：产权比率则侧重于揭示财务结构的稳健程度以及自有资金对偿债风险的承受能力。产权比率越低，说明企业长期偿债能力越强，债权人的权益保障程度越高，承担的风险越小。

【例 3-5】查阅某网站股份有限公司 2023 年 12 月 31 日发布的合并资产负债表（这里略去），得知：流动资产合计为 2 336 167 632.22 元，一年内到期的非流动资产为 0 元，存货为 1 749 121.43 元，预付款项为 19 184 085.77 元，其他流动资产为 0 元，流动负债为 257 571 281.97 元，资产总计为 2 444 838 047.36 元，负债合计为 257 893 669.97 元，所有股东权益合计为 2 186 944 377.39 元。请计算偿债能力指标并得出结论（注：一般要用 3～5 年的报表。这里只用 2023 年的报表进行分析，只是为了简化问题）。

解　（1）流动比率=2 336 167 632.22÷257 571 281.97=9.07>2

结论：该网站短期偿债能力越强，资产流动性好，债权人的权益越有保障。

（2）速动比率=（2 336 167 632.22-1 749 121.43-19 184 085.77-0-0）÷257 571 281.97=8.99>1

结论：同（1）。另外，速动比率明显大于 100%，表明该网站短期内可能存在现金或存款过多闲置，而没有使其进入投资流通循环而增值获利。

（3）资产负债率=257 893 669.97÷2 444 838 047.36=0.105 5<0.6

结论：该网站长期偿债能力较强，债权人的权益很有保障；但不敢提高资产负债率即举债经营，可能限制了公司发展并丧失了很多获利机会。

（4）产权比率=257 893 669.97÷2 186 944 377.39=0.117 9 < 0.6

结论：同（3）。

考虑到本书读者大多为非财会专业学生，如果希望通过各种会计报表和会计账目进行更为规范、专业的财务评价，请看财务管理、会计学有关书籍。

3．项目投资的不确定性分析

可行性分析所用的数据，如投资额、工期、经营成本、销售收入、投资收益率等，都是通过预测和估计获得的，可能不完全准确；而且，未来的经营环境变化导致上述变量不断变化，从而影响到评价指标（如投资净现值），有的影响很大，有的则不大。对这些风险性因素对评价指标的影响程度进行测算，可找出潜在风险，有助于提高投资决策的可靠性和投资项目的风险防范能力。通常不确定性分析可分为盈亏平衡分析、敏感性分析和概率分析，本章介绍前两种。

1）盈亏平衡分析

盈亏平衡分析又称量本利分析。它是通过对成本、利润、业务规模之间因果关系的分析，来测算系统在应用后的盈亏平衡点。项目规模只要达到这一点的水平，就能使该项目既不盈也不亏。低于这一水平，就会发生亏损。这一分析方法可以对项目的风险情况及项目对各个因素不确定性的承受能力进行科学的判断。

盈亏平衡分析有以下假定条件：

（1）服务规模可用收入 B（$B=PQ$，多产品情况下 $B=\sum P_iQ_i$）描述。

（2）总固定费用 F 不变。

（3）可变成本 C_vQ 随服务规模变化而成比例的变化。

（4）单位产品或服务价格 P、单位可变成本 C_v 保持不变（这里假定收入函数、成本函数都是只关于产量 Q 的线性函数，当然非线性盈亏平衡分析不必如此）。

（5）采取某一正常年度的数据。

（6）生产量等于销售量。

设边际贡献 $m=P-C_v$，边际贡献率 $m'=m/P$。

这里只介绍多产品（$i=1,2,\cdots,n$）盈亏平衡分析，主要计算公式如下：

第 i 种产品的销售比重 a_i=某种产品的销售收入 P_iQ_i÷企业的销售收入总额 B

加权边际贡献率 $M'=\sum$（第 i 种产品的边际贡献率 m'_i×第 i 种产品的销售比重 a_i）

盈亏平衡点综合销售额 B^*=固定成本 F÷加权边际贡献率 M'

盈亏平衡点第 i 种产品销售额 B_i^*=盈亏平衡点综合销售额 B^*×第 i 种产品的销售比重 a_i

【例 3-6】假设某茶叶网店销售三种高档茶叶，资料见表 3-7 前三列，固定成本为 50 000 元。销售量为“两”（50 g），单价为“元”，请计算盈亏平衡点的综合销售额和该茶叶的保本销售额。

表 3-7　三种需求分析的比较

茶叶品种	计算指标					
	销售量（两）	单价（元/两）	单位变动成本（元）	销售收入（元）	销售收入比重	边际贡献率
“露凝香”	10 000	25	15	250 000	0.248 5	0.4
“仙玉眉”	12 000	30	22	360 000	0.357 9	0.266 7
“梅映雪”	18 000	22	10	396 000	0.393 6	0.545 5
合计				1 006 000	1	

解　三种茶叶的销售收入、销售收入比重 a_i、边际贡献率 m'_i 计算结果见表 3-6 最后三列，计算举例：P_1Q_1=10 000×25=250 000（元），a_1=250 000/（250 000+360 000+396 000）≈0.248 5，m'_i=（25−15）/25=0.4。

加权边际贡献率 $M'=\sum m'_i a_i$=0.248 5×0.4+0.357 9×0.266 7+0.393 6×0.5≈0.409 6

所示该网店盈亏平衡点的销售额 $B^*=F/M'$=50 000/0.409 6=122 082.02（元）

“露凝香”茶叶的保本销售额 $B_i^*=B^*\cdot a_i$=122 082.02×0.248 5=30 337.38（元）

2）敏感性分析

所谓敏感性分析，就是研究项目的主要因素如产品售价、产量、经营成本、投资、建设期、汇率、物价上涨指数等发生变化时，项目经济效果评价指标（内部收益率、净现值等指标）随之发生变化的程度。如果一个因素在较大的范围内变化时，引起指标的变化幅度并不大，则称其为非敏感性因素；如果某因素在很小范围变化时就引起指标很大的变化，则称为敏感性因素。通过分析可以判断项目对不确定性因素的承受能力，从而对项目风险的大小进行估计，为可行性论证提供依据。对那些敏感性大的风险因素，要高度重视、严加控制和掌握；反之，稍加控制即可。

【例 3-7】某海外代购网站，期初投资 I=390 万元，年销售量 Q 大约为 7 000 套，每套产品销售价格 P 为 420 元，单套产品的变动成本 C 为 300 元，本网站暂考虑经营期 n 为 8 年，基准收益率 i_c 为 9%，试着就净现值指标进行单因素敏感性分析、价格和期初投资的双因素敏感性分析，以及价格、期初投资和销售量的三因素敏感性分析。

解　（1）单因素敏感性分析（只有一个因素在变动而其他因素保持不变，观察该因素对经济效果评价指标如 NPV 影响）。

NPV=−期初投资+（价格−单位变动成本）×销售量×（$P/A,i_c,n$）=−3 900 000+（420−300）×7 000×（P/A,9%,8）=749 248.06（元）

计算 I、P、C、Q、n、i_c 每个风险变量分别发生−20%、−10%、0、10%、20%的变动时，对经济效果评价指标 NPV 的影响，见表 3-8。

表 3-8　因素变化对净现值 NPV 的影响

不确定因素	变动率					
	−20%	−10%	0	10%	20%	敏感度系数（评价敏感度）
期初投资（I）	1 529 248.06	1 139 248.06	749 248.06	359 248.06	−30 751.94	5.21
总价格（P）	−2 505 225.58	−877 988.76	749 248.06	2 376 484.88	4 003 721.7	21.72
单位变动成本（C）	3 073 872.08	1 911 560.07	749 248.06	−413 063.96	−1 575 375.97	15.51
销售量（Q）	−180 601.55	284 323.25	749 248.06	1 214 172.86	1 679 097.67	6.21
生命周期（n）	56 739.99	414 925.05	749 248.06	1 061 298.69	1 352 560.72	4.32
基准收益率（i_c）	1 077 246.01	908 911.68	749 248.06	597 698.69	453 748.67	2.08

举例：−3 900 000+[(420−300×(1−10%)]×7 000×(P/A,9%,8)≈1 911 560.07

计算每一个不确定因素的敏感度系数，结果见表 3-8 最后一列，举例如下：

价格的敏感度系数=[|4 003 721.7−(−2 505 225.58)|÷749 248.06]÷[20%−(−20%)]≈21.72

按照敏感度系数从大到小排序，可得出：价格>单位变动成本 > 销售量>期初投资>生命周期>基准收益率。显然价格是最敏感因素，应该高度重视其变动带来的经营风险。

计算各变动因素的临界值，以价格的变动临界值计算为例，举例如下：

设价格的临界值为 x，则

$-3\ 900\ 000+(x-300)\times 7\ 000\times(P/A,9\%,8)=-3\ 900\ 000+(x-300)\times 7\ 000\times 5.534\ 8=0$

解得：$x=400.66$（元/套）

价格的临界变化率=（400.66−420）÷420=−4.60%。

同样可求得 I、C、Q、n、i_c 的变动临界值分别为：4 649 232 元、319.34（元/套）、5 871.94（套）、6.278 2（年）、13.974%，临界变化率分别为：19.21%、6.45%、−16.12%、−21.50%、55.22%。根据变量临界变化率绝对值从小到大排序，得出：价格、单位变动成本、销售量、期初投资、寿命期、基准收益率。同样得出：价格是最敏感因素。

（2）双因素敏感性分析（分析所有不确定变量中有两个发生变动而其余不变，这时经济效果评价指标如 NPV 受到的影响）。

假设价格、期初投资同时变动而其他变量不变为例，设二者变动率分别为 x、y。

令 NPV=−期初投资×（1+y）+[价格×（1+x）−单位变动成本]×销售量×（$P/A,i_c,n$）=−3 900 000×（1+y）+[420×(1+x)−300]×7 000×（P/A,9%,8）=0，整理得到：$y=4.172\ 4x+0.192\ 1$。该方程对应图 3-18 中的直线。

图 3-18 表明：直线为盈亏平衡的临界直线，位于直线上的变动率（x,y）刚好使得 NPV=0；当此二因素变化范围位于直线下方时，NPV>0，这是投资可行的区域；当位于直线上方时，NPV<0，这时项目一旦投资就会亏损。当 x=10%时，求出 y=60.93%。即表明当化妆品每套价格增加 10%时，只要期初投资增加率不超过 60.93%，那么该海外代购电商项目仍然可实现盈利。

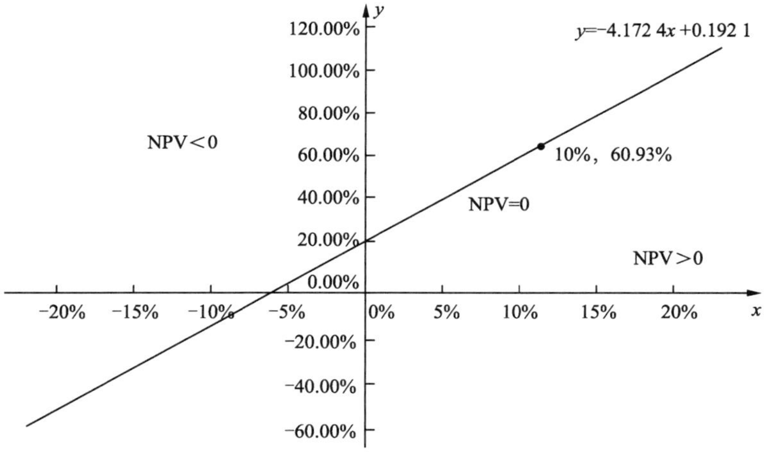

图 3-8 双因素敏感性分析图

（3）多因素敏感性分析（分析所有不确定变量中有三个或多个发生变动而其余不变，这时经济效果评价指标如 NPV 受到的影响）。

假设价格、期初投资、销售量三者变动率分别为 x、y、z，其余变量不变。

令 NPV=−期初投资×（1+y）+[价格×（1+x）−单位变动成本]×销售量×（1+z）×（$P/A,i_c,n$）=−3 900 000×（1+y）+[420（1+x）−300] ×7 000×（1+ z）×（P/A,9%,8）=0。依次选择 z=−20%，−10%，0，10%，20%，则：

当 z=−20%时，$y=3.337\ 9x-0.046\ 3$；当 z=−10%时，$y=3.755\ 2x+0.072\ 9$；当 z=0 时，$y=4.172\ 4x+0.192\ 1$；

z=+10%时，y=4.589 6x+0.311 3；z=+20%时，y=5.006 9x+0.430 5。

将上述这五个方程画在二维坐标系中，对应着一组不平行的直线，如图 3-9 所示。只要销售量的变化率 z 不低于-10%，方案就具有一定的抗风险能力。从该图可以看出：随着销售量的变化率提高，将导致临界直线向上方移动，使 NPV>0 的区域（或称经营安全区域）扩大；反之，使得经营安全区域缩小。

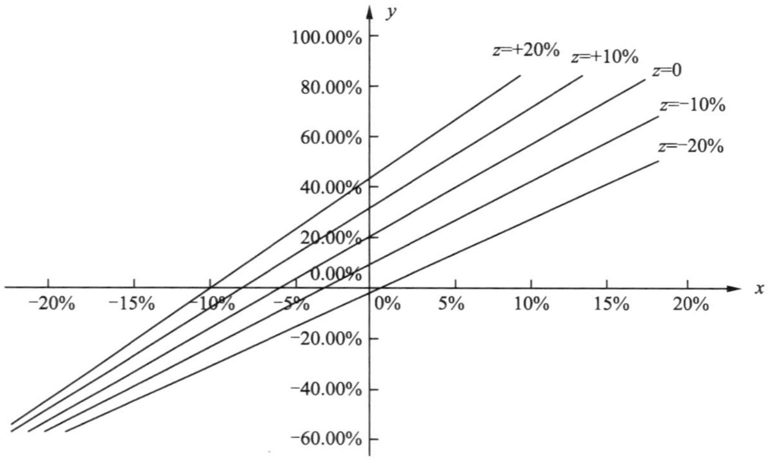

图 3-9　三因素敏感性分析图

敏感性分析的局限性在于：①假定各个不确定变量是互不无关的，计算分析时没有考虑它们的相关性，导致这一方法多少有些不符合实际；②对多于三个因素的敏感性分析不能绘图，处理起来非常麻烦；③敏感性变量选择及其变化幅度选择受到人的控制，主观性较强，科学性受到影响；④没有考虑各种不确定性因素在未来发生各种变化的可能性，以及这种可能性对经济评价指标的影响程度，这种局限性必须借助于概率分析来弥补。

关于财务可行性分析评价的其他方法如国民经济评价，请参考财务管理、技术经济学或工程经济学相关教材。如果电子商务项目对社会就业、社会民众身心健康、社会运行效率有显著影响，或者具有改善民生的意义，如电子政务网站大大提高办事效率和节约客户签字盖章时间、精力，以及农村电子商务对扶贫和推广农产品具有重大意义，那么这些网站就需要进行国民经济评价。否则，对社会、他人影响不大，就不必进行。

4．电子商务项目的成本效益分析

成本效益分析是电子商务项目可行性研究中的一个关键活动，成本效益分析是通过比较项目的成本和效益来评估项目价值的一种方法。成本效益分析作为一种经济决策方法，将成本费用分析法运用于项目计划决策之中，以寻求在投资决策上如何以最小的成本获得最大的收益。

1）项目投入成本估算

电子商务项目在整个生命周期的概念、规划、实施和收尾各个阶段以及项目建成后的运营过程中需要投人大量的人力、物力和财力。人员、技术、设备和材料等的投入构成了电子商务的成本。根据信息系统成本分析的方法，可以将电子商务系统的成本分为规划建设成本和运行管理成本两部分，见表 3-9。

表 3-9　电子商务系统的成本

规划建设成本	系统规划费用	需求调查
		方案设计
规划建设成本	系统建设费用	软硬件购置费用
		ISP 服务费用
		系统开发费用
运行管理成本	运行费用	网站推广费用
		人员费用
		耗材费用
		域名、通信费用
		安全费用
	管理费用	系统完善费用
		系统纠错费用
		数据更新费用
		岗位培训费用

2）项目产出效益评估

企业通过电子商务项目获得的效益可以从直接经济效益和间接经济效益两方面进行分析：

（1）直接经济效益是指电子商务系统建成运行后所产生的经济效益。电子商务的直接经济效益主要包括以下几部分：

① 降低管理成本。电子商务通过使用电子手段、电子货币等，大大降低了管理的费用。

② 降低库存成本。大量的库存意味着企业流动资金占用、仓储面积的增加。利用电子商务可以有效地管理企业库存，降低库存成本，这是电子商务企业的生产和销售环节中最突出的一个特点。

③ 降低采购成本。利用电子商务进行采购，可以提高劳动效率和降低采购成本。

④ 降低交易成本。虽然企业从事电子商务需要一定的投入，如域名、软件系统、硬件系统的维护费用，但是与其他销售形式相比，使用电子商务进行交易的成本将会大大降低。

⑤ 时效效益。通过电子商务能够使商务周期加快，使商家提前回笼资金，加快资金周转，使单位时间内一笔资金能从事多次交易，从而增加年利润。

⑥ 扩大销售量。通过电子商务，企业的产品可以打破地域的限制，有更多的市场空间和交易机会，能够扩大销售量，为企业获取更多的利润。

⑦ 销售广告版位。电子商务系统的网站可以出售广告版位来获得利润，这需要电子商务系统的网站知名度高。

（2）间接经济效益是指电子商务系统通过对相关业务的积极影响而获取的收益。间接经济效益的估算要困难得多。因为电子商务系统通过提高管理水平、增强反应和应变能力等方式，使企业的许多部门和岗位都受益，这其中有的是有形的，有的是无形的，要对此做出准确估计的难度相当大。

电子商务的间接效益主要包括以下几个方面：

① 提高工作效率和管理水平所带来的综合效益。包括促进业务增长和技术创新、实现企业资源的整合、提高企业的运营和管理水平。

② 提高企业品牌知名度所带来的综合效益。实施电子商务后，由于信息迅速、准确地传递而获得的收益包括客户数量的增加、市场占有率的增加等。

③ 企业运营成本的降低和客户满意度的提高。企业通过互联网为客户提供产品的技术支持，一方面可以为企业节约客户服务费用，另一方面可以提高客户服务水平和质量。

案例：××创业网的经济可行性分析

××创业网是××市经委在互联网上为本地区创业者和创业企业建设的创业服务门户型网站，通过技术手段实现创业信息互动和创业资源共享，为××地区创业者和投资者提供全面优质的服务。致力于优化××创业服务环境，推动"创业富民"工程，为××建设"创业之都"构筑网络支撑平台。

本项目投入包括网站前期开发建设和后续营运费用，资金用途如下：

网站开发建设费用，为一次性前期投入，包括：①网页设计、制作；②程序及数据库开发、系统测试；③服务器空间购买；④主机托管；⑤创业中心现有网站创业服务功能模块升级改版；⑥其他费用，包括管理费用、安装与调试等。机构运营费用，包括：①场地、设备、办公费用；②人员费用，包括工资、福利、保险等；③服务支撑体系构建，包括外围服务渠道、创业辅导团队构建等；④宣传推广费用。

经估算网站第一年总投入为 200 万元，用于完成网站整体开发建设，进行启动期的宣传推广和外围服务团队构建和相关办公、设备支出等，具体资金使用计划见表 3-10。

表 3-10　第一年投资构成表

项　　目	投资额（万元）	项　　目	投资额（万元）
一、网站开发建设费用		二、机构营运费用	
1. 网页设计、制作费用	25	1. 场地、设备、办公费用	45
2. 程序及数据库开发、系统测试费用	45	2. 人员费用	15
3. 服务器空间购买费用	6	3. 服务支撑体系构建费用	10
4. 主机托管费用	4	4. 宣传推广费用	10
5. 现有创业服务网站功能升级改造	15	总计	200
6. 其他费用	25		

该项目第一年完成整体开发建设共需投资 200 万元，计划申请上级政府支持 80 万元，中心自筹经费 120 万元，其中高新区管委会支持 50 万元，中心列支 70 万元。

网站盈利模式。根据××创业网作为公共服务平台的公益性网站属性，该网站的大多数服务，尤其是针对初级会员的服务内容都坚持免费。预计可通过以下模式产生直接的经济效益：

（1）政府财税返还：根据网站每年通过创业辅导和服务促成新增的创业企业数量和成长绩效，向所属政府产业部门申请一定比例的财税返还。

（2）会员信息收入：对于网站投、融资项目信息需求，按创业者和投资者身份收取网站会员不同标准的费用，按网站会员的等级对有深层次需求的高级会员进行收费。

（3）创业培训收入：组织培训机构面向创业者与创业企业开展各种培训，获得收益。

（4）中介服务收入：在网络平台的基础上开展咨询服务工作，向各类创业服务中介机构收取中介费获得收益。

（5）项目服务收入：指为项目后续服务的增值服务收入，例如在项目的进行中，由外围服务机构为进行财务代理和其他项目服务获得收入。

（6）广告收入：在网站影响力不断扩大的基础上，适量开展互联网广告业务，取得收益。

直接经济效益分析。预计在网站建成进入良好的运营态势后，上述各项收益将会逐年增加，见表3-11，预计网站运行第三年后可基本达到收支平衡，第四年初步实现盈利，实现可持续良性发展。

表3-11　初期经营效益预测　　单位：万元

收　支	年　度				
	2018年	2019年	2020年	2021年	2022年
收入	0	20	100	170	270
财税返还收入	0	10	30	40	60
会员信息收入	0	0	10	20	40
创业培训收入	0	5	20	30	40
中介服务收入	0	5	25	40	60
项目服务收入	0	0	10	30	50
广告收入	0	0	5	10	20
支出	200	100	100	110	120
常年费用	80	35	35	40	45
业务成本	120	65	65	70	75
盈余	-200	-80	0	60	150

间接经济效益分析。①通过创业辅导和创业培训，每年新增创业企业300家，新增个体工商户8 000户，新增2亿元以上销售额，提供不少于10 000个创业机会；②促进社会就业，每年提供1万就业岗位信息；加速人才培养，每年提供1 000人次培训机会，提高人力资源水平和创业企业管理水平；③更加及时、准确地掌握本地区创业环境与创业活动的发展状况，为制定创业扶持政策提供依据；④每年提供不少于200个投、融资项目信息，通过推动创业投融资服务，拓宽本地区全民创业的融资渠道，扶持创业企业成长壮大。

（来源：根据网络资料整理）

3.3.3　电子商务项目的组织和社会环境的可行性

电子商务项目的组织及社会环境的可行性主要可以从组织内部管理和外部社会环境两个方面加以分析。

1. 内部管理可行性

内部管理可行性是确定企业是否在内部管理方面具有电子商务系统开发和运行的基础条件，可考虑的因素包括：

（1）企业领导、部门主管对电子商务项目建设是否支持，态度是否坚决。

（2）业务管理基础工作如何，企业现行业务流程是否规范。

（3）电子商务系统的开发运行可能导致企业部门利益调整。如它降低了某个部门的贡献，而目前的激励机制是基于部门的，那么这些部门能否接受，是否配合，会产生多大的阻力。

（4）企业管理人员和业务人员对电子商务的应用能力和认可程度如何，新系统的开发运行导致业务模式、数据处理方式及工作习惯的改变，他们能否接受。

2．外部环境可行性

电子商务系统是在社会环境中运行的，除了技术因素与经济因素之外，还有许多社会环境因素对项目的发展起着制约的作用。因此还要从外部环境上分析电子商务项目的可行性。

外部环境可行性分析可考虑的因素包括：

（1）社会环境可行性主要包括社会法律、政策、文化、经济等条件的限制。例如准备开发的系统是否可能违反法律，比如有些商务活动在一个国家是合法的，但在另外一个国家就可能是非法的，在不同的国家开展电子商务时，需要了解不同国家的法律；确认拟建项目是否符合政府法规或行业规范要求。

由商务部、中央网信办、发展改革委发布的《电子商务“十四五”发展规划》提出，到 2025 年，我国电子商务高质量发展取得显著成效。电子商务新业态新模式蓬勃发展，企业核心竞争力大幅增强，网络零售持续引领消费增长，高品质的数字化生活方式基本形成。电子商务与一二三产业加速融合，全面促进产业链、供应链数字化改造，成为助力传统产业转型升级和乡村振兴的重要力量。电子商务深度链接国内国际市场，企业国际化水平显著提升，统筹全球资源能力进一步增强，“丝路电商”带动电子商务国际合作持续走深走实。电子商务法治化、精细化、智能化治理能力显著增强。电子商务成为经济社会全面数字化转型的重要引擎，成为就业创业的重要渠道，成为居民收入增长的重要来源，在更好满足人民美好生活需要方面发挥重要作用。

（2）考虑外部环境的可能变化对准备开发系统的影响，例如世界性经济危机对项目成功的影响。

（3）大众的消费心理和习惯以及文化背景对电子商务项目成败的影响；网上客户对系统提供的功能、性能和内容各方面的满意程度等。

（4）企业合作伙伴（供应商、代理商）对本企业开展电子商务是否支持，合作伙伴的利益是否受到影响，是正面还是负面影响，程度如何。如果是负面影响，他们可能采取什么行动，反过来又会对本企业产生哪些副作用，怎样避免或降低这些副作用。比如企业开展网上销售，不可避免会面临网上渠道和网下渠道的冲突问题等。

案例：某水果网站项目实施可行性分析

从实施的角度分析：

1．市场需求分析

水果的市场需求可以说是相当大，水果里含有丰富的维生素，有益于身体健康。从具体水果品种而言：国外水果品种在不断被人们接受，越来越多的超市、水果店在销售这些水果。国内水果品种由于交通的便利也不会存在地方差异，在任何一个地方都会出现各个地方特产。现今人们对水果的需求已经向实在、营养、时尚的方向发展，天然果种、果味鲜美、价格适中是人们的首选。由于网络营销的兴起，也有越来越的水果超市在网上出现，方便顾客，让顾客了解、品尝到更多的水果。

2．目标市场分析

由于水果的目标消费者范围广，不分男女老幼，几乎每个人都有对水果的需求。某水果网站把消费者范围限制在，有网购经历、对新事物愿意尝试的人群。

该水果网站的B2B用户主要针对西南地区的水果生产商、批发商和零售商。

该水果网站的B2C用户是网站主要目标用户，可大致分为四大类：一是居家人员，二是大学生，三是工作人员、四是探病人员。在同样要求品质的条件下，不同类的人对水果的需求侧重都是不一样的。这几类人群有以下需求特点：

居家人员主要指家庭主妇型，大都中年退休或全职太太。针对居家人员，购买水果为一家人准备，在水果的需求方面多侧重营养的搭配。

对大学生来说由于金钱的限制，在水果的需求方面多侧重于实惠和品种多样。

而对工作人员来说，人数众多，也是网购最大的客户群，他们最乐意尝试新事物，在会议、工作餐、午休时间会对水果有大量需求，而在对水果的需求方面多侧重品种和数量。

在这三类中，女性对水果需求又是最大的，女性对服务的需求及个性化的需求也是最多的。

针对这样的客户，网站将以独特的风格和高质量的服务为他们提供水果与健康的相关知识，设立好玩的水果社区，提供热情周到的服务及多样化、个性化的产品。

3. 企业资源分析

SWOT分析：

（1）优势（S）：

① 资源优势：公司拥有丰富的水果来源；公司拥有雄厚的资金和丰富的资源，水果大都来自盛产水果的四川和云南两地，水果的品质均为优等。

② 客户优势：公司已经有现实水果店的基础，拥有广大的传统老客户可以发展成为网络新用户；在线下开设水果实体店，店铺相邻医院、办公区，拥有很好的销售口岸。

③ 服务优势：公司有较完善的物流配送系统。

（2）劣势（W）：公司是传统企业，对实施电子商务缺乏经验、技术和人才储备。

（3）机会（O）：

① 互联网高速发展，网络营销良好的发展形势使网络销售逐渐成为一种消费潮流。

② 公司设立水果零售网站，实施网络营销可以大大提高市场竞争力。

③ 电子商务发展迅速，很多消费者喜欢追赶潮流，乐于体验新事物。

（4）威胁（T）：企业领导者的传统管理观念和消费者传统水果销售的思维定式限制网上水果零售的发展。

4. 实施电子商务为企业带来的利益

（1）降低库存成本。利用电子商务可以有效地管理企业库存，降低库存成本。

（2）降低采购成本。利用电子商务进行采购，可以提高劳动效率和降低采购成本。

（3）降低交易成本。虽然企业从事电子商务需要一定的投入（如域名、软件系统、硬件系统的维护费用），但是与其他销售形式相比，使用电子商务进行交易的成本将会大大降低。

（4）时效效益。能够加快商务周期，提前回笼资金，加快资金周转，使单位时间内一笔资金能从事多次交易，从而增加年利润。

（5）扩大销售量。企业的产品可以有更多的市场空间和交易机会，为企业获取更多的利润。

（来源：根据网络资料整理）

3.4　电子商务项目可行性的评估

3.4.1　项目可行性评估概述

项目评估是一种对投资项目进行科学审查和评估的理论与方法，强调从长远和客观的角度对可行性研究进行论证并作出最后的决策。

项目评估是由第三方根据政策、法规、方法、参数和条例等因素，从项目的国民经济、社会角度出发，对项目的必要性、条件、市场、技术、环境、效益等进行全面评价，判断其是否可行，是否有投资价值，审查可行性研究报告的可靠性、真实性和客观性，为审批项目提供决策依据。

项目可行性评估是指在项目可行性研究阶段进行的评估，要求具体、准确，对项目决策负责，为决策者提供正式依据，也称为决策评估。其内容及其深度、广度均有详细、规范性的要求。

评估的主要任务是根据其内部规律确定项目的价值、质量和可行性。这种规律性通常反映在市场供求预测方面、项目实施方案和实施条件以及财务与经济评价等方面。它要求在可行性研究的基础上从企业、国家或全社会的角度对拟实施项目的计划和方案进行全面的技术经济论证与评价。这种论证和评价力求客观准确地将与项目执行有关的资源、技术、市场、财务、经济、社会等方面的基本数据资料与实况进行完整的汇集与评价，以便决策层做出实事求是的、科学的决策。

可以从两方面理解项目可行性评估的含义：一是参照给定的目标，对投资项目净效益进行审定，权衡项目的利弊得失，寻求可替代的方案；二是为了达到既定的目标，在对项目可行性研究进行论证的过程中，通过对其净效益的计算分析，确定最佳方案并得出最终结论。

3.4.2　项目可行性评估指标体系构建的原则与关注点

电子商务项目的可行性评估，就是允许内部团队、业务经理和项目经理，以及第三方机构通过评估、检查项目计划确立的目标、性能指标、预计成本和预计的完成日期，质疑项目的目标，了解和对比目标和实际结果的差异。由于技术项目有很多外部因素超出了经理的控制范围，所以评价的最终目的不是要找出超支或延期的责任人，而是要了解该企业电子商务项目应用的范围。

1. 电子商务项目可行性评估指标体系构建的原则

根据电子商务项目评价的特点，在构建电子商务项目可行性评价指标体系时，应遵循如下原则：

（1）全面性原则。电子商务项目是一个完整的人机系统，项目各组成部分需要协调工作才能发挥作用，指标体系应能全面地反映所评估电子商务项目的综合情况。选择评价指标，既要考虑正效益指标，也必须考虑负效益指标，只有这些全方位的指标才能保证评估内容的全面性。

（2）科学性原则。根据项目评估的目标，科学地制定系统评估方案和适用方式，以使项目评估结果科学合理。评价指标体系应能客观、准确地反映电子商务项目的实际运行情况。指标体系的构建应注意结构合理、层次分明、概念清晰、内涵明确。层次的划分和指标的数量并非越多越好，而要根据实际情况而定。如果指标体系层次和评价指标太多，评估过程就显得十分复杂，其评估精度反而会降低。

（3）客观性原则。要以翔实的数据为依据进行系统评估，预测、推理和逻辑判断应当建立在现实的基础上。

（4）可测性原则。评价指标的含义必须明确，数据资料应收集方便、计算简单。如果评估指标的含义不清楚，就会影响评价结果，甚至使评价无法进行乃至失败。

（5）可比性原则。在评价指标确立时，要考虑到可比性，同类指标之间要能够比较，同一指标要具有历史可比性。评价指标应尽可能量化，对定性指标也要运用一定的算法和工具进行恰当的处理。

（6）独立性原则。项目评估机构和评估人员必须始终坚持独立的第三方原则，不能与被评估的电子商务项目有任何利益关系，要不受外界任何影响和干扰。另外，还要作到评价指标之间应尽可能避免显见的包含关系，对隐含的相关关系，要用适当的方法加以消除。

2. 电子商务项目评估关注的主要因素

（1）市场关注程度。是分析企业目前乃至将来经营情况的基础性数据。

（2）经营情况分析。分析成本、盈利水平和投资回报是否达到规划的目标。

（3）市场份额和推广能力。市场份额的大小和推广能力的强弱是企业经营发展的重要数据。

（4）项目的安全性评估。系统的安全性是电子商务企业生存和发展的基础，系统安全性的高低是客户选择企业的重要依据之一。

3.4.3 项目可行性评估报告

项目可行性评估报告内容一般包括：

第一部分 概要

1. 评估说明
2. 评估目的
3. 评估依据
4. 项目概况

第二部分 项目合法性与建设条件评价

1. 项目合法性评价
2. 项目建设条件评价

第三部分 市场研究与分析

1. 项目投资环境分析
2. 行业市场分析
3. 竞争对手调查分析
4. 项目优劣势分析
5. 预期盈利评估

第四部分 项目投资估算分析

1. 项目投资概述
2. 投资成本费用估算
3. 项目资金筹措及资金平衡分析

第五部分 项目偿债能力分析

1. 项目财务效益分析

2. 项目盈亏平衡分析

3. 项目敏感性分析

第六部分 项目贷款风险分析

1. 市场风险

2. 工程建设风险

3. 开发成本风险

4. 政策风险

第七部分 评估结论

3.5　电子商务项目可行性研究报告的撰写

可行性研究的结果最终将形成可行性研究报告。可行性研究报告是在制定某一建设或科研项目之前，对该项目实施的可能性、有效性、技术方案及技术政策进行具体、深入、细致的技术论证和经济评价，以求确定一个在技术上合理、经济上合算的最优方案和最佳时机而写的书面报告。

可行性研究报告主要内容是要求以全面、系统的分析为主要方法，以经济效益为核心，围绕影响项目的各种因素，运用大量的数据资料论证拟建项目是否可行。对整个可行性研究提出综合分析评价，指出优缺点和建议。为了结论的需要，往往还需要加上一些附件，如试验数据、论证材料、计算图表、附图等，以增强可行性研究报告的说服力。可行性研究报告为投资决策提供了科学的依据。

3.5.1　可行报告的一般格式

可行性研究报告的格式大同小异。主要是根据不同行业项目特征，内容有所区别，电子商务系统项目的可行性研究报告的一般格式如下：

1. 引言

1.1 编写目的。说明编写该可行性研究报告的目的。

1.2 背景。需说明：

- 所建议建设的电子商务系统的名称。
- 该项目的任务提出者、建设者、用户。
- 该电子商务系统同其他系统或其他机构有基本的相互来往关系。

1.3 定义。列出可行性研究报告中用到的专门术语的定义和外文首字母缩写的原词组。

1.4 参考资料。列出可用的参考资料，如：

- 该项目经核准的计划任务书或合同、上级机关的批文。
- 属于该项目的其他已发表的文件。
- 可行性研究报告中各处引用的文件、资料，包括所需用到的信息系统开发标准。列出这些文件资料的标题、文件编号、发表日期和出版单位，说明能够得到这些文件资料的出处。

2. 可行性研究的前提

说明时所建议的项目进行可行性研究的前提，如要求、目标、条件、假定、限制等。

2.1 要求。说明对所建议开发的系统的基本要求，如：

- 功能。
- 性能。
- 输出（如报告、文件或数据），对每项输出要说明其特征（如用途、产生频度、接口以及分发对象）。
- 输入，说明系统的输入，包括数据的来源、类型、数量，数据的组织以及提供的频度。
- 处理流程和数据流程，用图表的方式表示最基本的数据流程和处理流程，并辅之以叙述。
- 在安全与保密方面的要求。
- 同该系统相连接的其他系统。
- 完成期限。

2.2 目标。说明所建议系统的主要目标，如：

- 人力与设备费用的减少。
- 处理速度的提高。
- 控制精度或生产能力的提高。
- 管理信息服务的改进。
- 自动决策系统的改进。
- 人员利用率的改进；等等。

2.3 条、假定和限制。说明该项目建设的条件、假定和所受到的限制，如：

- 所建议系统的运行寿命的最小值。
- 进行系统方案选择比较的时间。
- 经费、投资方面的来源和限制。
- 法律和政策方面的限制。
- 硬件、软件、运行环境和开发环境方面的条件和限制。
- 可利用的信息和资源。
- 系统投入使用的最晚时间。

2.4 进行可行性研究的方法。说明这项可行性研究将如何进行、所建议的系统将如何评价。摘要说明所使用的基本方法和策略，如调查、加权、确定模型、建立基准点或仿真等。

2.5 评价尺度。说明对系统进行评价时所使用的主要尺度，比如费用的多少、各项功能的优先次序、开发时间的长短及使用的难易程度。

3. 对现有系统的分析

这里的现有系统是指当前实际使用的系统，这个系统可能是计算机系统，也可能是一个机械系统，甚至是一个人工系统。分析现有系统的目的是进一步阐明建议中的创建新系统或修改现有系统的必要性。

3.1 处理流程和数据流程。说明现有系统的基本的处理流程和数据流程。

流程可用图表即流程图的形式表示，并加以叙述。

3.2 工作负荷。列出现有系统所承担的工作及工作量。

3.3 费用开支。列出由于运行现有系统所引起的费用开支，如人力、设备、空间、支持性服务、材料等项开支以及开支总额。

3.4 人员。列出为了现有系统的运行和维护所需要的人员的专业技术类别和数量。

3.5 设备。列出现有系统所使用的各种设备。

3.6 局限性。列出本系统的主要局限性，例如处理时间赶不上需要、响应不及时、数据存储能力不足、处理功能不够等。并且要说明，为什么对现有系统的改进性维护已经不能解决问题。

4. 所建议的系统说明将如何满足所建议系统的目标和要求

4.1 对所建议系统的说明。概括地说明所建议系统，并说明在可行性报告第 2 部分中列出的那些要求将如何得到满足，说明所使用的基本方法及理论根据。

4.2 处理流程和数据流程。给出所建议系统的处理流程和数据流程。

4.3 改进之处。按 2.2 条中列出的目标，逐项说明所建议系统相对于现有系统所做的改进。

4.4 影响。说明在建立所建议系统时，预期将带来的影响。

4.5 局限性。说明所建议系统尚存在的局限性以及这些问题未能消除的原因。

4.6 技术条件方面的可行性。本条应说明技术条件方面的可行性，如：

- 在当前的限制条件下，该系统的功能目标能否达到。
- 利用现有的技术，该系统的功能能否实现。
- 阐述对建设人员的数量和质量的要求并说明这些要求能否满足。
- 在规定的期限内，本系统的建设能否完成。

5. 可选择的其他系统方案

简要说明曾考虑过的每一种可选择的系统方案，包括需建设的、可从国内国外直接购买的和外包的。如果没有供选择的系统方案可考虑，则说明这一点。

5.1 可选择的系统方案 1。说明可选择的系统方案 1，并说明它选中或未被选中的理由。

5.2 可选择的系统方案 2。按类似 5.1 条的方式说明第 2 个乃至第 n 个可选择的系统方案。

6. 投资及效益分析

6.1 支出。对于所选择的方案，说明所需的费用。如果已有一个系统，则要说明包括该系统继续运行期间所需的费用，包括基本建设投资、其他一次性支出和非一次性支出。

6.2 收益。对于所选择的方案，说明能够带来的收益。这里所说的收益，表现为开支费用的减少或避免、差错的减少、灵活性的增加、动作速度的提高和管理计划方面的改进等，包括一次性收益、非一次性收益和不可定量的收益等。

6.3 收益／投资比。求出整个系统生命期的收益／投资比值。系统的工作负荷量、工作负荷的类型与这些不同类型之间的合理搭配情况、处理速度要求、设备和软件的配置等变化时，对开支和收益的影响最灵敏的范围的估计。在敏感性分析的基础上做出的选择当然比单一选择的结果要好一些。

7. 社会因素方面的可行性说明对社会因素方面的可行性分析的结果，具体如下：

7.1 法律方面的可行性。法律方面的可行性问题很多，如合同责任、侵犯专利权、侵犯版权等方面的陷阱，电子商务系统建设人员通常是不熟悉的，有可能陷入，因此，务必要注意研究。

7.2 使用方面的可行性。例如用户单位的行政管理、工作制度等方面，是否适合使用该电子商务系统；用户单位的工作人员的素质，是否能满足使用该系统的要求等。这些都是要考虑的。

8. 可行性研究结论与建议

根据前面的研究结果，对项目在技术、财务、社会因素上进行全面的评价，对建设方案进行总结，提出结论性意见和建议。

- 可以立即开始进行。

- 需要推迟到某些条件（例如资金、人力、设备等）落实之后才能开始进行。
- 需要对开发目标进行某些修改之后才能开始进行。
- 不能进行或不必进行（例如因技术不成熟、经济上不合算等）。

3.5.2 可行性报告编制的注意事项

电子商务项目可行性研究报告的撰写和编制，存在一些共性的问题。这些问题的存在，降低了报告的质量和可信度，从而降低了项目审核通过的成功率。为此提出以下建议，帮助在报告提交之前自我审查和完善报告：

（1）细致调查，资料充分、真实、可靠。

（2）观点正确，视野广阔，内容全面系统，可行性论证充分、客观、有力且逻辑严密。

（3）结论明确且有充分依据，预测准确，评价公正，建议合理。

（4）行文简洁流畅，结构严谨，语言准确，条理清晰，格式规范。

（5）充分应用专业知识，正确使用专业术语，内容有专业深度。

（6）方法采用科学且比较先进，定性分析与定量计算相结合，不可缺少量化指标。

（7）充分考虑各种利益相关者的利益诉求，积极应对各种可能的矛盾冲突。

（8）应该设计多种决策可选，并且进行了方案的比较。

（9）工作计划是否完整？是否存在预算不合理、工期不恰当、融资方案不落实、保障措施不可行的情况？

（10）是否只注重效益分析、好处阐述，而缺少风险分析、问题分析和局限性评述？

习　　题

一、简答题

1. 可行性研究的目的是什么？
2. 战略分析的工具方法对可行性研究有什么作用？
3. 可行性研究的主要内容有哪些？
4. 可行性研究中的财务分析方法主要是通过一套指标体系来进行。指标体系共包括哪几项？
5. 确定电子商务项目的建设方式需要做哪些工作？
6. 简述可行性研究工作的主要依据。

二、单项选择题

1. 机会研究是以项目业主的某种需求为动因，通过（　　）、社会和市场的调查和预测来确定项目，识别并分析项目的投资机会。

   A. 自然资源　　B. 竞争对手　　C. 目标市场　　D. 关系资源

2. 虚拟主机是使用特殊的软硬件技术，把一台网站服务器划分为若干个“虚拟”的主机。每个虚拟主机都可以是（　　），可以具有独立的域名，具有完整的 Internet 服务器功能（WWW、FTP、Email 等）。同一台主机上的虚拟主机之间是完全独立的，而且每一台虚拟主机和一台独立的主机（采用服务器托管、专线上网等方式建立的服务器）完全一样。

A. 一部台式机　　B. 一个独立的网站　　C. 一个网上商店　　D. 一个网络平台

3. 经济可行性分析主要是根据成本、收益分析，确定项目建设的经济可行性，同时也可以估算出整个项目的投资回收期。可利用（　　）测量电子商务系统项目的可行性。

A. 成本分析方法　　B. 财务分析方法　　C. 需求分析方法　　D. 效益评估

4. 由于电子商务的特殊性，电子商务项目的效益并不仅仅体现在可以（　　）的直接经济效益上，还包含间接经济效益。直接的经济效益通常以项目投入运营后一段时间给企业带来的利润来计算，相对比较容易，而间接经济效益是隐性的，但对企业影响却是长远的、战略性的，分析起来相对困难。

A. 商品化　　B. 市场化　　C. 分析　　D. 货币化

5. 项目可行性评估的主要任务是根据其内部规律确定项目的价值、质量和可行性。这种规律性通常反映在（　　）方面，以及建设方案和生产建设条件以及财务与经济评价等方面。它要求在可行性研究的基础上从企业、国家或全社会的角度对拟建项目的计划和方案进行全面的技术经济论证与评价。

A. 市场供求预测　　B. 财务分析

C. 市场机会分析　　D. 企业战略目标制定

6. 在敏感性分析中，下列因素中最敏感的是（　　）。

A. 产品价格下降 30%，使 NPV=0　　B. 经营成本提高 50%，使 NPV=0

C. 寿命缩短 80%，使 NPV=0　　D. 投资增加 120%，使 NPV=0

7. 某软件公司项目 A 的利润连续三年年末分别为 889 000 元、1 139 000 元和 1 514 000 元。设贴现率为 10%，第二年的利润净现值是（　　）元。

A. 1 378 190　　B. 949 167　　C. 941 322　　D. 922 590

8. 某软件企业 2024 年初计划投资 1 000 万元人民币开发一套中间件产品，预计从 2025 年开始，每年实现产品销售收入 1 500 万元，年市场销售成本 1 000 万元。该产品的系统分析员张工根据财务总监提供的贴现率，制作了表 3-12 所示的产品销售现金流量表。根据表中的数据，该产品的动态投资回收期是（　　）年。

表 3-12　现金流量表

年度	2004	2005	2006	2007	2008
投资	1000	—	—	—	—
成本	—	1 000	1 000	1 000	1 000
收入	—	1 500	1 500	1 500	1 500
净现金流量	1000	500	500	500	500
净现值	−925.93	−428.67	396.92	367.51	340.29

A. 1　　B. 2　　C. 2.27　　D. 2.73

9. 某企业进行了 SWOT 分析，发现面临着如下问题：企业刚起步不久，缺乏市场知识与经验，在进行价格战的时候力不从心。以上分析说明，企业应该采用（　　）。

A. 增长型战略　　B. 多种经营战略　　C. 扭转型战略　　D. 防御型战略

10. 某国际皮鞋制造商在进行皮鞋用料的时候，专门将猪皮用料改成了牛皮，用于在中东地区销售。皮鞋在中东地区的销量很好。以上资料属于 PEST 分析的（　　）。

A. 政治和法律因素　B. 经济因素　C. 社会和文化因素　D. 技术因素

三、操作题

1. 某中型企业的自有产品的电子商务 B2B 网站及企业信息化管理项目总投资为人民币 300 万元，运行后当年通过该网站实现的销售利润 50 万元，预计网络销售利润将每年增长 30 万元。企业年信息化维护成本与网络营销经营成本约为 10 万元，试求其投资回收期（本题不考虑资金时间价值）。
2. 设计一个小型 B2C 网站或淘宝网店项目，试对该项目可行性分析时穿插战略分析方法的应用，并编写该项目的可行性分析报告。
3. 某投资方案初始投资为 100 万元，预计项目寿命为 5 年，每年可提供净收益 28 万元，基准收益率为 8%，项目期末残值为 20 万元。由于初始投资 100 万元是估算值，实际上有偏差，而且受物价变化的影响，原材料和燃料动力价格的变化引起预计的年收益也发生变化。若同时考虑基准收益率 i 为可变因素，试分析这三个因素对净年值的影响。
4. 某厂为推销甲产品，预计单位产品售价为 1 200 元，单位产品可变成本为 700 元，每年需固定费用为 1 800 万元。要求计算：

（1）盈亏平衡时的产量应为多少？

（2）当企业现有生产能力为 50 000 台时，每年可获利多少？

（3）为扩大生产规模，需添置一些设备，每年需增加固定成本 400 万元，同时可节约可变费用每台 100 元。为扩大销路，计划降低售价 10%，问此方案是否可行。

第 4 章

电子商务项目计划

学习和实践目标

电子商务项目计划是项目组织根据项目目标的规定，对项目实施工作进行的各项活动作出周密的安排，核心是电子商务项目的进度和成本。通过对本章内容的学习，可了解和掌握电子商务项目计划的内容和方法。

实现目标的知识点

- 电子商务项目各项计划的内容。
- 电子商务项目范围的定义、WBS。
- 网络图和甘特图。

4.1 项目计划概述

计划是管理的主要职能，计划是指为了实现决策所确定的目标，预先进行的行动和安排。由于项目具有一次性、多变性和复杂性，导致对项目管理者要求很高。制订项目计划是项目管理的基础性工作，也是项目管理的关键过程。详细的项目计划是电子商务项目实施的指南，同时也为项目绩效评价提供参考依据。项目计划方法应该是项目管理人员必备的、专业性较强的基本技能。

4.1.1 项目计划的定义

项目计划是项目组织根据项目目标的规定,对项目实施工作进行的各项活动作出周密的安排。项目计划围绕项目目标的完成系统地确定项目的任务、安排任务进度、编制完成任务所需的资源预算等，从而保证项目能够在合理的工期内，用尽可能低的成本和尽可能高的质量完成。

4.1.2 项目计划的作用

项目计划便于高层管理部门与项目经理、职能经理、项目组成员及项目委托人、承包商之间的交流沟通，项目计划是沟通的最有效的工具。具体作用如下：

（1）可以确定完成项目目标所需的各项任务范围，落实责任，制定各项任务的时间表，明确各项任务所需的人力、物力、财力，并确定预算，保证项目顺利实施和目标实现。

（2）可以确定项目实施规范，成为项目实施的依据和指南。

（3）可以确立项目组各成员及工作的责任范围和地位以及相应的职权，以便按要求去指导和控制项目的工作，减少风险。

（4）可以促进项目组成员及项目委托人和管理部门之间的交流与沟通，增加顾客满意度，并使项目各工作协调一致，并在协调关系中了解哪些是关键因素。

（5）可以使项目组成员明确自己的奋斗目标、实现目标的方法、途径及期限，并确保以时间、成本及其他资源需求的最小化实现项目目标。

（6）可作为分析、协商及记录项目范围变化的基础，也是约定时间、人员和经费的基础。

4.1.3 项目计划的内容

按项目管理的知识领域来分，项目计划包括以下几个方面：

（1）项目范围计划。项目范围计划就是项目范围定义并编写项目说明书的过程。项目范围说明书主要包括项目的合理性说明、项目成果简述、项目目标等内容。

（2）项目进度计划。进度计划是表达项目中各项工作的开展顺序、开始及完成时间及相互衔接关系的计划。通过进度计划的编制，使项目实施形成一个有机整体。进度计划是进度控制和管理的依据。

（3）项目成本计划。包括资源计划、费用估算、费用预算。资源计划就是要决定在每一项工作中用什么样的资源以及在各个阶段用多少资源。资源计划必然和费用估算联系在一起，是费用估算的基础。费用估算指的是完成项目各工作所需要资源的费用近似值。费用预算是给每一个独立工作分配全部费用，以获得度量项目执行的费用基线。

（4）项目质量计划。质量计划包括与维护项目质量有关的所有活动，质量计划的目的主要是确保项目的质量标准能够得以满意地实现。质量计划是对特定的项目、产品、过程或合同，规定由谁监控，应使用哪些程序和相关资源的文件。是针对具体项目的要求，以及应重点控制的环节所编制的对设计、采购、项目实施、检验等质量环节的质量控制方案。

（5）项目沟通计划。沟通计划就是确定利益关系者的信息交流和沟通的细节，简单地说，也就是谁需要何种信息、何时需要以及应如何将其交到他们手中。虽然所有的项目都需要交流项目信息，但信息的需求和分发方法大不相同。识别利益关系者的信息需求，并确定满足这些需求的合适手段，是获得项目成功的重要保证。

（6）项目风险应对计划。风险应对计划是针对风险量化结果，为降低项目风险的负面效应制定风险应对策略和技术手段的过程。

（7）项目采购计划。项目采购计划是在考虑了买卖双方之间的关系后，从采购者的角度来进行的。项目采购计划过程就是识别项目的哪些需要可以通过从项目实施组织外部采购产品和设备来得到满足，采购计划应当考虑合同和分包商。

（8）项目变更控制计划。由于项目的一次性特点，在项目实施过程中，计划与实际不符的情况是经常发生的。这是由下列原因造成的：开始时预测得不够准确，在实施过程中控制不力，缺乏必要的信息。有效处理项目变更可使项目获得成功，否则可能会导致项目失败。变更控制计划主要是规定处理变更的步骤、程序，确定变更行动的准则。

（9）电子商务项目运营管理计划。电子商务项目运营管理计划是指项目建成投入运营后需要哪些措施来确保电子商务系统的正常运行，包括电子商务系统管理计划、电子商务组织管理计划、电子商务安全管理计划、网站推广计划。

电子商务系统管理计划包含商务和技术两个方面，包括硬件管理、软件管理、数据管理和信息管理。完善的电子商务系统管理计划是电子商务系统顺畅运行的基础。

电子商务组织管理计划是指企业业务转向电子商务后，应采用什么样的组织结构和岗位人员配置来与电子商务的运行方式相适应。电子商务组织管理计划是电子商务项目成功运营的保障，主要内容包括组织结构设计、岗位设置和人力资源配置要求。

电子商务安全管理计划是制订如何对电子商务系统的安全进行管理，对系统内的信息进行保护，防范可能出现的入侵。电子商务安全管理计划是电子商务系统正常运行的必然要求，主要包括实体安全管理、运行安全管理和人员安全管理。

网站推广计划就是结合企业的实际情况制定推广措施，以确定在网上和网下采用哪些手段对网站进行宣传和推广，主要包括制定网站推广的阶段性目标、制定在网站发布运营的不同阶段所采取的不同的网站推广方法、确定网站推广策略的控制和效果评价。

由于电子商务项目具有动态性和生命周期短的特性，应灵活弹性地制定电子商务项目计划，适应瞬息万变的市场，电子商务项目计划的周期要短，否则项目尚未建成，就有可能面临被淘汰的危险。

4.2　电子商务项目的范围界定

项目范围对项目的影响是决定性的。项目只有完成项目范围中的全部工作才能结束，因此一个范围不明确或干系人对范围理解不一致的项目不可能获得成功。范围不明确最可能的后果是项目的范围蔓延，项目永远也做不到头；对范围的理解不一致的结果往往是项目组的工作无法得到其他干系人的认可。

4.2.1　电子商务项目的范围定义

电子商务项目的范围定义就是定义电子商务项目的范围，是指以项目章程和双方签订的合同为依据，把已经确认的项目交付物分解为更加具体的任务，以便于管理和实施。即通过电子商务项目范围的定义为项目划定一个界限，明确哪些方面是属于本项目应该做，哪些是不应该包括在项目内的，从而界定项目管理工作的边界，确定项目的目标和主要可交付的成果。和传统项目比较，电子商务项目的目标可能会随着科技的发展而更新变动，范围会随着竞争对手业务的开展情况有扩宽的趋势，电子商务项目范围定义重点是要划分清什么不是工作实施范围中的事情。电子商务范围定义的作用有两个：一是防止项目“镀金”，即保证实现“该做的一定要做好，不该做的一点都不做”的管理目标；二是通过项目工作分解，可以实现把一个大的项目分解成多个具体的子任务，便于项目实施和分模块管理。当电子商务范围定义不明确时，就会不可避免地出现变更，并破坏项目的节奏，进而造成返工、延长项目工期、降低项目团队成员的士气和工作效率等一系列恶劣的影响，从而造成项目最后的成本大大超出预算。电子商务项目范围的定义不仅确定了项目的工作边界，而且还是制订其他项目计划的基础。如项目的成本计划、进度计划都是根据项目的工作范围来安排确定的，项目成员分工也是以项目的工作范围为基础。

4.2.2　电子商务范围定义的过程

一般来说，电子商务范围定义过程包括：范围规划、范围界定与范围审核。

1．范围规划

项目范围规划就是逐步详细阐述产生项目产品的项目工作，并将其形成文字的过程（见图 4-1）。项目范围规划依据的是产品描述、项目章程、约束条件、假定。进行项目范围规划时，可以使用多种诸如产品分析、收益/成本分析、项目方案识别技术、专家评定等不同的工具或技术。项目范围规划的输出有项目范围说明书和范围管理计划，并带有详细依据。

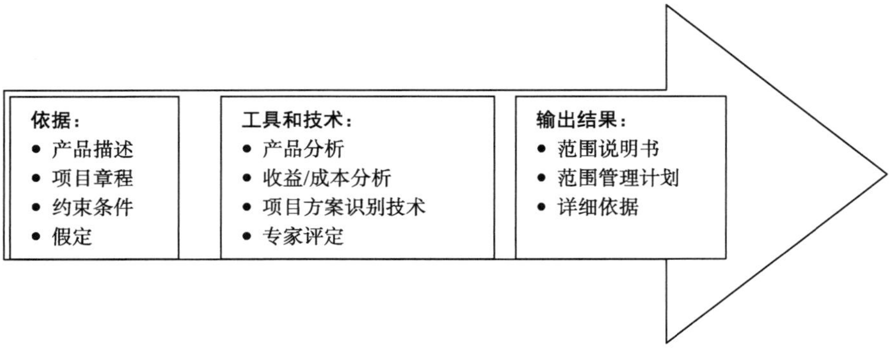

图 4-1　项目范围规划图

1）项目范围说明书

项目范围说明书是项目范围规划编制的一个重要结果，是为将来项目实施提供了基础，其主要内容是项目合理性说明、项目成果简述、项目目标和补充性文件。

（1）项目合理性说明。说明项目的实施动机和理由。

（2）项目成果简述。只需对项目的可交付成果做一个清单式的简要描述，并以此产品清单为依据，判断项目是否完成。

（3）项目目标。项目目标实现程度，完成项目必须达到的量化标准。由于电子商务项目大多都是创新的项目，项目目标不是一成不变的，随着项目的实施进展，外部环境不会完全按照事先假定的方向发展，原有目标会发生相应的变动，注意项目目标不管发生多么微小的变化，都要保持项目范围和目标的一致性，同时项目经理也必须同项目业主（客户）达成一致意见。

（4）补充性文件。是有关项目范围说明书的一些补充说明性材料，主要包括已经识别的项目约束条件和假设条件，以及其他一些编制项目范围说明书所依据的相关材料。

2）范围管理计划

范围管理计划主要包括以下内容：

（1）如何控制项目的范围以及如何对范围内的变动进行有效的管理。

（2）重点是能对项目进行稳定性的评价，即项目范围变化的可能性、频率和幅度。

（3）说明如何识别范围变更以及如何对其进行分类。

电子商务项目可以用项目范围说明书定义工作的内容和要求，它可以作为合同的一个附件使用，具有同等的法律效力。配合项目范围说明书中里程碑的定义，也可以在合同中规定各个里程碑的收款比例，避免项目最后发生重大变化而“血本无归”。实际上，与客户讨论和确认项目范围说明书确实比较费时间，但实际经验表明，早期的这项投入是非常值得的，特别是在与客户发生了分歧时更显重要。

2. 范围界定

范围界定是在范围规划的基础上，把项目的主要可交付成果进一步分解为较小、较易管理的组成部分。

1）范围界定的目的

（1）提高对项目成本、工期以及需要的人员、设备、材料估算的准确性。

（2）确定绩效量度与控制的基准。

（3）便于项目组成员间明确的职责分派。

2）项目范围界定的依据

（1）项目范围说明书，这是项目范围界定最重要的一个依据。

（2）项目的假设条件。

（3）项目的约束条件。

（4）其他计划结果，其他知识领域的结果也可以作为范围定义的参考。

（5）历史资料，指其他类似项目的相关资料信息，目的是从中吸取经验教训。

3）范围界定主要结果

范围界定过程产生的主要结果是形成工作分解结构图（WBS）、工作描述和项目的组织分解结构。

（1）工作分解结构图（WBS）。工作分解结构决定了项目的整个范围，也就是说 WBS 以外的工作不在项目范围之内。在项目范围基础上形成 WBS，有助于对项目范围进行直观、深入和清晰地了解。

（2）工作描述。对项目工作分解结构中的所有工作单元的重要情况进行详细说明，详细地描述项目各项工作的具体内容，另外，还要将项目的各项工作及其内容以表格形式列出，编制成项目工作列表。

（3）组织分解结构。将项目工作分解结构中的每一项工作都落实到每项具体工作负责的组织或个人及其参与方，明确每一方可能起到的作用，通常采用责任矩阵的方法。

3. 范围审核

范围审核是项目发起人、项目实施方、项目结果使用者和客户等项目各利益相关者对项目范围正式接受的过程。它包括两部分工作：一方面是在计划阶段对项目范围定义的审核，要求项目各利益相关者都要对项目的可交付物结果进行审阅，检查范围规划说明书和范围界定中对项目可交付结果的描述是不是正确和令人满意；另一方面是在验收阶段对完成的项目范围进行审核，通过审核项目的产出物和工作结果，保证各部分都按照项目范围管理计划完成，可以进行验收。这时范围审核的结果就是正式验收，表明客户或甲方已经接受项目阶段产品或者主要可交付成果，可以撰写验收文件，并准备验收。

4.2.3　电子商务项目范围定义的方法

在这里，我们分别从电子商务项目范围确定的不同过程（即范围规划和范围界定），来分别讲述范围确定的方法。

1．范围规划方法

（1）产品分析：产品分析是为了对项目产品有一个更好地理解，包括使用诸如产品分解分析系统工程、价值工程、功能分析、质量函数等技术。

（2）收益/成本分析：收益/成本分析涉及对各种项目和产品方案可见的或潜在的成本（费用）和收益（回报）的估算，然后用财务的测量尺度，如投资回报或投资回收期等，来评估确定方案的相对期望。

（3）项目方案识别技术：项目方案识别技术涵盖面非常广，可以包括一切用于选择方案的方法和技术。许多一般的管理技术常在此发挥作用，如头脑风暴法和横向思维的功能。

（4）专家评定：专家评定即由具有专业知识或管理经验的个人或团体来进行评定。

2．范围界定方法

范围界定就是把项目的主要可交付物进行进一步分解，从而得到更小的工作单元。主要有以下两种方法：

（1）WBS 模板法：以往类似项目的工作分解结构（WBS）往往可作为新项目的模板使用，这样能够大大节省范围界定的时间。虽然每个项目都有独特性，工作分解结构却往往可以“重复使用”，因为多数项目与另一项目总有某种程度的相似之处。例如，一个组织中大部分项目的生命周期往往相同或者相似，因此，每个阶段的可交付成果往往相同或者相似。该方法对于同类项目特别有效，如果以往没有类似的项目，则更多采用分解技术。

（2）分解技术：分解技术就是分解包括再次分解项目产出物或次一级项目产出物，变成更小、更容易管理的元素，直至产出物小到可以用足够的细节定义，并能支持项目开发活动，如计划、执行、控制和结束。

分解技术包括三大步骤：

第一，确定包括项目管理在内的项目主要可交付成果，找出可交付成果的组成部分。

第二，判断在此细节的明晰度上是否能为每项可交付成果制定合乎要求的成本与工期估算。

第三，通过回答以下问题校验分解是否正确：

① 低层次项对被分解项的分解是否必要与充分？若答案为否，则必须修改。

② 每个组成项是否已有清晰与完整的定义？若没有，则必须对描述进行修改或补充。

③ 每个组成项的进度能否恰当安排？能否做出预算？能否分配到项目的组织单元或个人？若未做到，应进行修改，以提供合乎要求的管理控制。

4.3 项目的工作分解结构

4.3.1 工作分解结构定义

工作分解结构（work breakdown structure，WBS）在项目管理中具有非常重要的作用，是最有价值的项目管理工具之一，体现了系统思维、化繁为简、逐个解决的思考方法，是任务和责任层层落实的工作方法。WBS 以项目的交付成果为导向，将项目整体工作分解为较小的、易于管理和控制的若干个子单元或工作单元，并由此定义了整个项目的工作范围，是进度计划、人力资源计划和成本计划的基础。

工作分解结构最初是在 20 世纪 60 年代发展起来的，是改良项目范围定义的动力之一，很快成为项目计划的枢纽。工作分解结构是一个完美的工具，它把工作范围量化为一系列工作包；工作分解结构也是一个必要的工具，它保证在估算或报价的时候考虑完整的工作范围。工作分解结构也可以被认为是一个分等级的思维方法，它有助于把复杂的工作分解为简单的、易于管理的组成部分。

4.3.2　工作分解结构的原理

工作分解结构的主要原理是将任务主体目标逐级分解，直至分解到可直接分派个人去完成的最底层的任务活动。将一个项目分解成易于管理的几个部分或几个细目，有助于确保找出完成项目工作范围所需的所有工作要素。它是团队在项目期间要完成或生产出的最终细目的等级树。所有这些细目的完成或产出构成了整个项目工作范围。工作分解结构实际上将一个复杂的开发系统分层逐步细化为一个个工作任务单元，这样可以使我们将复杂、庞大的、不知如何下手的大系统划分成一个个独立的，能预测、计划和控制的单元，从而也就达到了对整个系统进行控制的目的。

4.3.3　工作分解结构的形式

较常用的工作分解结构表示形式主要有以下两种：树状图和列表式。

1．树状图

树状图如图 4-2 所示。它是由项目各部分构成的，面向成果的树状结构，是项目所有工作单元的等级树。树顶上是项目的总目标，下面是第一级子项目工作单元，在每一个子项目工作单元的工作下面是对应的第二级工作任务或细目，依此类推。第一位数表示处于 0 级的整个项目；第二位数表示处于 1 级的子项目工作单元的编码；第三位数是处于 2 级的具体项目单元的编码；第四位数是处于 3 级别的更细更具体的项目的编码。其优点是 WBS 层次清晰，非常直观，结构性较强，适合用来与企业的高层和用户交流。

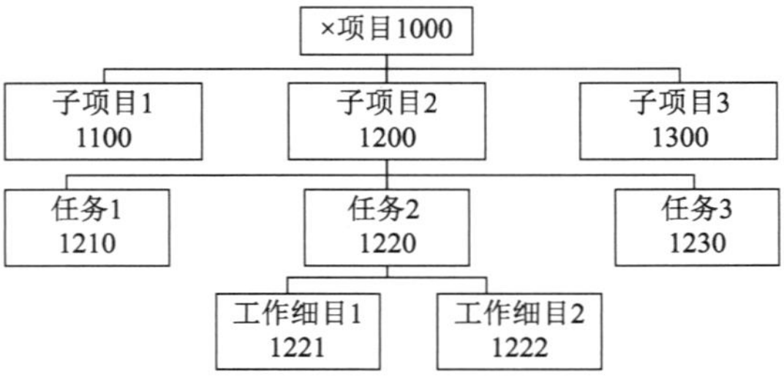

图 4-2　工作分解结构树状图

2．列表式

列表式见表 4-1，列表式能够反映所有的工作要素，但直观性较差。在电子商务项目中应列出项目所需开展的全部活动，将项目的各项工作细目及内容确定下来，然后将项目的各项工作及其内容以表格的形式列出，即编制一个项目工作列表。

表 4-1　某水果电子商务网的 WBS 缩进表

工作编号	工 作 名 称	负 责 人	资源描述
1. 1. 0	项目启动		
1. 1. 1	组建团队		
1. 1. 2	编制项目计划		
1. 1. 3	计划评审		
1. 2. 0	调研准备		
1. 2. 1	需求调研		
1. 2. 2	确定目标/可行性分析		
1. 2. 3	初步方案设计/选择		
1. 3. 0	系统设计		
1. 3. 1	网站功能结构/界面风格设计		
1. 3. 2	软件功能构架设计		
1. 3. 3	数据库设计		
1. 3. 4	系统物理配置方案设计		
1. 4. 0	系统开发		
1. 4. 1	硬件采购		
1. 4. 2	网站平台建设		
1. 4. 3	数据信息资料收集/网页制作		
1. 4. 4	网站功能测试/初发布		
1. 4. 5	系统整合/功能测试		
1. 5. 0	系统试运行		
1. 5. 1	操作人员培训		
1. 5. 2	修正系统功能		
1. 5. 3	提交测试报告		
1. 5. 4	制定管理制度		
1. 5. 5	专职人员到位/正式运行准备		
1. 6. 0	系统正式运行		
1. 6. 1	系统交付		
1. 6. 2	系统验收		
1. 6. 3	项目评估		
1. 6. 4	系统运行管理		
1. 6. 5	系统维护管理		
1. 7. 0	项目监控		
1. 7. 1	里程碑评审		
1. 7. 2	范围变更		
1. 7. 3	风险变更		
1. 7. 4	项目收尾		

4.3.4　工作分解结构方法

制定工作分解结构的方法多种多样，主要包括：类比法、自顶而下法、自底向上归纳法。

1．类比法

类比法就是参考类似的已经完成项目的 WBS 和项目经验，根据当前项目特点做必要的调整从而得到新的 WBS。这种方法容易把握，而且可以在 WBS 分解中融入上一项目的经验和教训，从而得到结构更为良好的 WBS，有利于项目质量的改进。但类比法也有一定的局限性，需要有较完整的历史数据支持，在缺乏历史数据的时候很难完成整个项目的分解工作或分解的质量较低。这时就需要采用其他的分解方法辅助类比法，进而得到项目的 WBS。

2．自顶向下法

自顶向下法常常被视为构建 WBS 的常规方法。自顶向下的分解策略是把项目从粗粒度的轮廓逐层细化，得到整个项目的分解结构。自顶向下的分解方法也可以看作是对项目的理解和思考的方法，规模越大的项目越复杂，项目中各种各样的工作就越难把握。如果不分主次、缺乏条理地开始工作，其结果是可想而知的。在面对复杂项目的时候，人们通常会采用逐步分解并简化的方法来解决复杂问题，自顶向下分解项目工作就是这样的一种方法。自顶向下的分解质量直接决定于分解者对项目的理解，经验丰富的分解者更容易得到结构良好的 WBS。因此在实施自顶向下分解的 WBS 时，寻找到经验丰富的资源或让经验丰富资源进行结果审查是非常必要的。

3．自底向上归纳法

与自顶向下分解不同，自底向上归纳是一个通过细粒度工作逐渐得到整个项目 WBS 的方法。在使用自底向上的方法制作项目 WBS 时，通常会召集相关人员通过头脑风暴的方式完成。参加分解工作的人员根据自己的理解识别项目中的工作，并将识别的结果交给项目经理合并，从而得到项目的 WBS。这种方法较其他两种方法更适合不熟悉的项目，对于那些没有历史数据或不能找到有丰富经验的专家的项目更适合。通过自底向上归纳团队中不同成员的想法，更容易发挥团队的力量。但这种方法的缺点也是明显的，即分解过程的投入太大，会花费较多的时间和成本。因此这种方法很少独立使用。

4.3.5　工作分解结构应注意的事项

（1）分解的结果应包含项目所有的工作要素，不能有漏项。

（2）分解的每一个工作要素都应有明确的范围和内容。

（3）分解的粗细程度应根据项目管理的需要加以确定。

（4）分解应运用系统分析思想，充分考虑项目各层次、各要素之间的相关性，即母子关系。

（5）分解过程中，应考虑工作要素之间的顺序关系。

（6）对分解结构中各层次、各工作要素都需要编码。

（7）由高层向下层用多位码编排列，要求每项工作有唯一的编码。

（8）某项工作应该在 WBS 中的一个地方且只应该在 WBS 中的一个地方出现。

（9）WBS 中某项工作的内容是其下所有 WBS 项的总和。

4.3.6 工作分解案例

某潮流馆网店建设项目。该项目利用淘宝网搭建一个网上商店，主要经营工艺品以及精美首饰，店铺经营理念是时尚引导潮流。该项目的工作分解树状图如图 4-3 所示，项目建设工作列表见表 4-2。

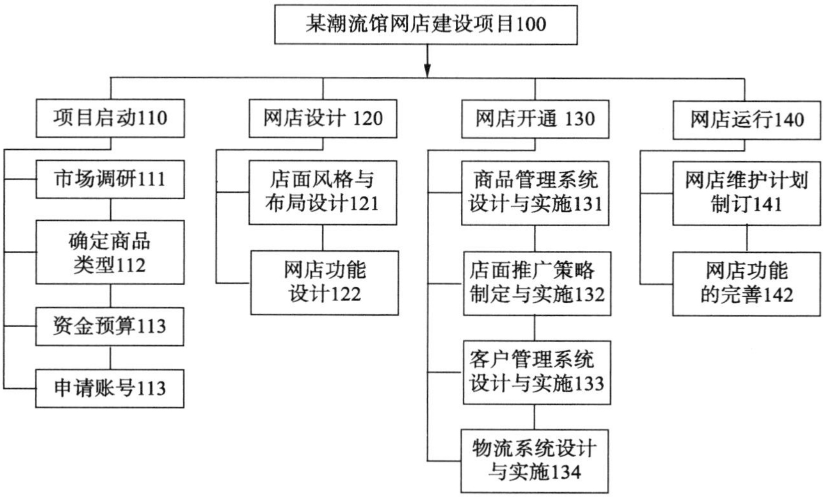

图 4-3　某潮流馆项目建设树状图

表 4-2　某潮流馆项目建设工作列表

工作编号	工 作 名 称	负　责　人	资源描述
1. 1. 0	项目启动		
1. 1. 1	市场调研		
1. 1. 2	确定商品类型		
1. 1. 3	资金预算		
1. 1. 4	申请账号		
1. 2. 0	网店设计		
1. 2. 1	店面风格与布局设计		
1. 2. 2	网店功能设计		
1. 3. 0	网店开通		
1. 3. 1	商品管理系统设计与实施		
1. 3. 2	店面推广策略制定与实施		
1. 3. 3	客户管理系统设计与实施		
1. 3. 4	物流系统设计与实施		
1. 4. 0	网店运行		
1. 4. 1	网店维护计划制订		
1. 4. 2	网店功能的完善		

4.4 网　络　图

网络图是由箭线和节点组成的用来表示工作流程的有向的网状图形。箭线表示工作（或工序、活动），节点表示事项。工作是组成整个任务的各个局部任务，需要一定的工时，而事项则是表示一个或若干个工作的开始或结束，与工作相比，它不需要时间或所需时间少到可以忽略不计。网络图有两种形式：单代号网络图（又称前导图法，PDM）和双代号网络图（又称箭线图法，ADM）。

4.4.1 网络图的绘制规则

网络图的绘制规则如下：

（1）绘制网络图时，一般从左到右和从上到下进行。

（2）为避免多义性，在两个事件之间只能画一条箭线。在图中对具有相同开始和结束的两项及两项以上的工作，要引进虚工作和增加附加事件，虚工作用虚箭线表示。虚工作只是一种逻辑表示，并不占用时间和资源。

（3）网络图中不允许出现回路和缺口。回路表示项目出现循环而违反时间先后的逻辑关系，而缺口将造成含混不清。

（4）一项工程只应有一个开始结点和一个结束结点。当工程的开始结点或结束结点不只是一个时，应增设一个起始点 S 或一个终结结点 T。

前导图法（PDM），一种利用方框（也称节点）代表活动，并利用表示依赖关系的箭线将节点联系起来的编制项目网络图的方法，是大多数项目管理软件所采用的方法，如图 4-4 所示。

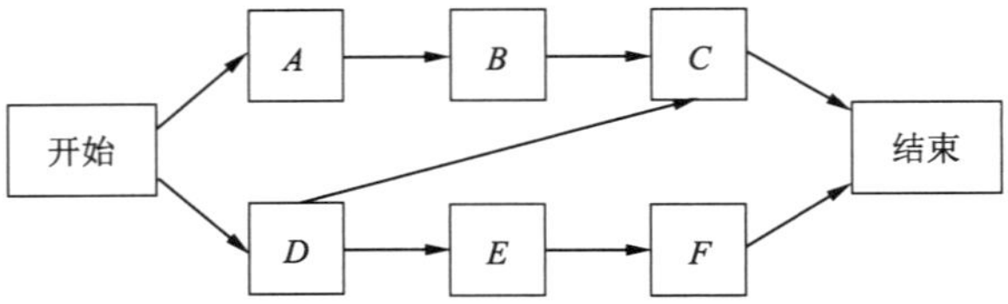

图 4-4　PDM 网络图

PDM 包括四种依赖关系或先后关系：

① 结束→开始：后续工作的开始依赖于前置工作的结束。例如，只有在软件安装或新系统安装后，才能进行用户测试。这是最常用的关系。

② 结束→结束关系：后续工作的结束依赖于前置工作的结束。例如，可以安排代码编制与单元测试同时结束。

③ 开始→开始关系：后续工作的开始依赖于前置工作的开始。如，对于几个 IT 项目，一组活动可以同时开始，比如当一个新系统启用时许多任务同时发生。

④ 开始→结束关系：后续工作的完成依赖于前置工作的开始。

箭线图法（ADM）是一种用箭线表示活动，而在节点初将活动连接起来表示依赖关系的编制项目网络图的方法，如图 4-5 所示。

在项目计划中，一般使用关键路径法（critical path method，CPM）和计划评审技术（program evaluation and review technique，PERT）这两种网络图法，又称网络计划技术。

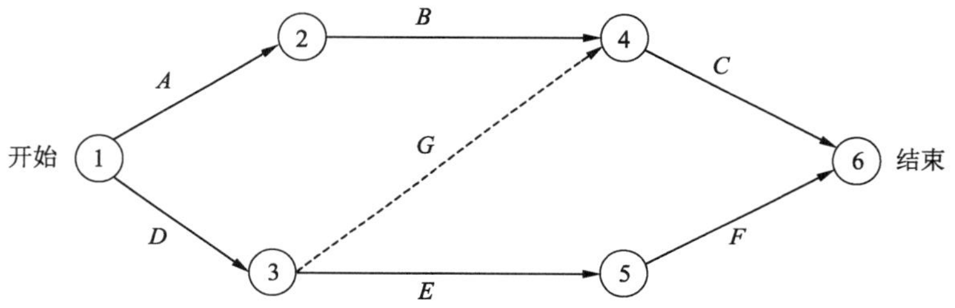

图 4-5　ADM 网络图

4.4.2　关键路径法

关键路径法和计划评审技术是 20 世纪 50 年代后期几乎同时出现的两种计划方法。随着科学技术和生产的迅速发展，出现了许多庞大而复杂的科研和工程项目，它们工序繁多，协作面广，常常需要动用大量人力、物力和财力。因此，如何合理而有效地把它们组织起来，使之相互协调，在有限资源下以最短的时间和最低费用最好地完成整个项目，就成为一个突出的问题。CPM 和 PERT 就是在这种背景下出现的。这两种计划方法是分别独立发展起来的，但其基本原理一致，即用网络图来表达项目中各项目活动的进度和它们之间的相互关系，并在此基础上进行网络分析，计算网络中各项时间参数，确定关键活动和关键路线，利用时差不断地调整与优化网络，以求得最短工期。然后，还可以将成本与资源问题考虑进去，以求得综合优化的项目计划方案。

对一个项目而言，只有项目网络图中最长的或耗时最多的活动路径完成之后，项目才能结束，这条最长的活动路线就叫关键路径，组成关键路径的活动称为关键活动。关键路径上所有活动的持续时间决定了项目的工期，关键路径上所有活动的持续时间总合就是项目的工期。与传统项目管理比较，电子商务项目管理，除了重视最长的路径，还需重视有风险性的那部分工作。

关键路径法的步骤：

（1）绘制逻辑网络图。

（2）决定所有活动的持续时间。

（3）计算各项活动的最早开工时间（earliest start time，ES）、最晚开工时间（latest start time，LS）、最早完工时间（earliest finish time，EF）和最晚完工时间（latest finish time，LF）。

① 最早开工时间（ES）：在假定所有紧前活动都能按计划完成的情况下，最早的开工时间。

② 最早完工时间（EF）：在假定所有紧前活动都能按计划完成的情况下，最早的完工时间。

③ 最晚开工时间（LS）：为了满足预计的完工日期的要求，最晚的开始执行活动的日期。

④ 最晚完工时间（LF）：为了满足预计的完工日期的要求，最晚的开始执行活动的日期。

正向计算 ES 和 EF，从第一个活动的 ES 开始，从前至后，利用下面的公式逐步得到各活动的 ES 和 EF。

对所有活动：$\mathrm{EF}_i = \mathrm{ES}_i + D_i$。

当活动 i 只有一个紧前活动 i–1 时：$\mathrm{ES}_i = \mathrm{EF}_{i-1}$。

当活动 i 有多个紧前活动时，$\mathrm{ES}_i = \max\{\mathrm{EF}_{i-j}\}(j = 1,2,3\cdots)$。

其中，ES_i 为活动 i 的最早开始时间；EF_i 为活动 i 的最早完成时间；D_i 为活动 i 历时，活动 $i-j$ 为各活动 i 的各个紧前活动。

逆向计算 LS 和 LF。从最后一个的活动 LF 开始，从后至前，利用下面的公式逐步得到各活动的 LS 和 LF。

对所有活动：$LS_i = ES_i - D_i$。

当活动 i 只有一个紧后活动 $i+1$ 时，$ES_i = EF_{i+1}$。

当活动 i 有多个紧后活动时，$LF_i = \min\{LS_{i+j}\}(j=1,2,3,\cdots)$。

其中，LS_i 为活动 i 的最晚开始时间；LF_i 为活动 i 的最晚完成时间；活动 $i+j$ 为各活动 i 的各个紧后活动。

在得到项目 ES、EF、LS、LF 后，就可以按下面的公式计算各活动的总时差 TF：

$$TF=LF-EF=LS-ES$$

关键路径法计算示意如图 4-6 所示。

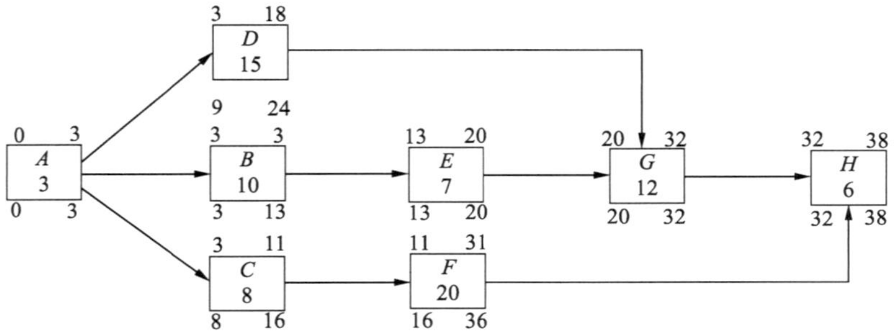

图 4-6　关键路径法计算示意图

（4）找出所有总时差为零的活动所组成的路线，即为关键路径，关键路径上的活动为关键活动。

（5）对各关键活动的历时或最可能完成时间求和，即可得到项目工期。

通过正推法和逆推法，可得到每项活动的 ES、EF、LS、LF，并通过计算可知活动的 *A*、*B*、*E*、*G*、*H* 的总时差为 0，因此这五项活动为关键活动，他们组成的路径为关键路径，整个项目的总工期为 3+10+7+12+6=38（天）。

4.4.3　计划评审技术

1. 计划评审技术内涵及计算

1）计划评审技术内涵

计划评审技术（PERT）是安排项目进度的一种方法，在安排和表示进度的形式方面与关键路径法有相似之处，但基础资料收集的难度及处理这些资料的复杂程度要比关键路径法复杂许多。所以，计划评审技术多用于一些难以控制、缺乏经验、不确定性因素多而复杂的项目中。计划评审技术的思路是：对每项活动做三个时间估计（即悲观的历时估计、乐观的历时估计和正常的历时估计），然后使用正态分布进行分析。PERT 没有经验数据可循，而 CPM 以经验数据为基础来确定工序时间，一般根据三点时间估计来确定工序时间，PERT 方法的最大优点是可以对项目在某时间内完工的概率进行估算。

（1）最乐观时间（optimistic time，*O*）：是指完成一项工作所需要的最短时间，它只有在一切顺利的情况下才能做到。

（2）悲观时间（pessimistic time，*P*）：是指预计完成一项工作所需要的最长时间，它在一切都不顺利的情况下发生。

（3）最可能时间（most likely time，*M*）：是指完成一项工作所需要的正常时间，它可以根据过去大量同类工作的统计资料估计。

以上三个时间，最可能时间必须大于或等于乐观时间，悲观时间必须大于或等于最可能时间。

为了计算整个项目的期望完工工期，首先要计算每项活动的期望工期和方差。每项活动的期望工期、方差和标准差计算公式如下：

$$期望工期\ t_e=(P+4M+O)/6$$

$$方差=\left[(P-O)/6\right]^2$$

$$标准差\ \sigma=(P-O)/6$$

2）计划评审技术计算

利用 PERT 方法进行项目期望工期计算的步骤如下：

（1）计算每项活动的期望工期。

（2）计算每项活动的方差。

（3）计算项目的期望工期，它是关键路径上每项活动期望工期的和。

（4）计算项目的方差，它是关键路径上每项活动方差的和。

（5）计算项目的标准差 σ，即项目工期总方差的平方根。

（6）根据项目的期望工期和项目标准差，计算项目在不同时间内完工的概率。

例如，有一个项目网络计划，其各工作间关系如图 4-7 所示，节点中部的三个数字为该工作的 *O*、*M*、*P*，试用 PERT 法确定期望工期，计算在不同时间内完工的概率，并计算在 19 个工期内完成该工程的概率。

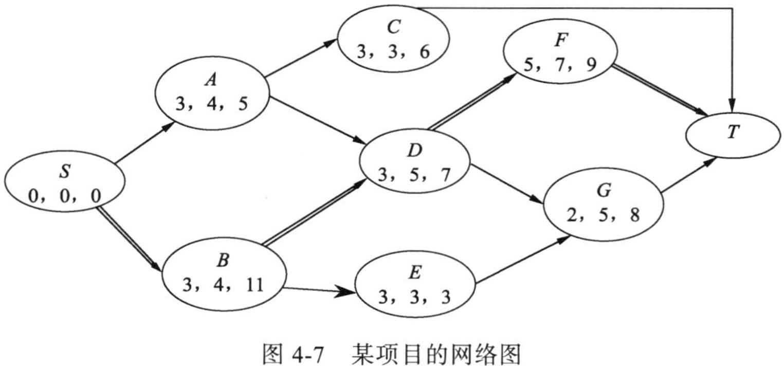

图 4-7 某项目的网络图

首先通过关键路径法，可知关键路线是 *S*、*B*、*D*、*F*、*T*，其中 *B*、*D*、*F* 活动的期望工期和工程概率见表 4-3。

表 4-3 期望工期与工程概率测算实例表

活 动	期 望 工 期	方 差
B	$t_e=(3+4\times4+11)/6=5$	$\sigma^2=[(11-3)/6]^2\approx1.778$
D	$t_e=(3+4\times5+7)/6=5$	$\sigma^2=[(7-3)/6]^2\approx0.444$
F	$t_e=(5+4\times7+9)/6=7$	$\sigma^2=[(9-5)/6]^2\approx0.444$

2. 计划评审技术的评价

PERT 项目排程技术能够为项目经理提供重要的帮助，能促使管理者组织和量化有用信息，并认识到哪里需要额外信息；为项目及其主要活动提供图形化显示；能识别出由于潜在的项目延迟风险而予以密切注意的活动及有松弛时间的其他活动，提高了重新分配资源、缩短项目的可能性。当然，这一技术存在潜在的错误来源，制作项目网络图时，可能会遗漏一项或几项重要活动；流程的先后未必全部显示正确；为了迎合管理者尽快完成任务的偏好，时间估计中可能会含有捏造因素等。

某水果电子商务网站的局部网络图如图 4-8 所示。

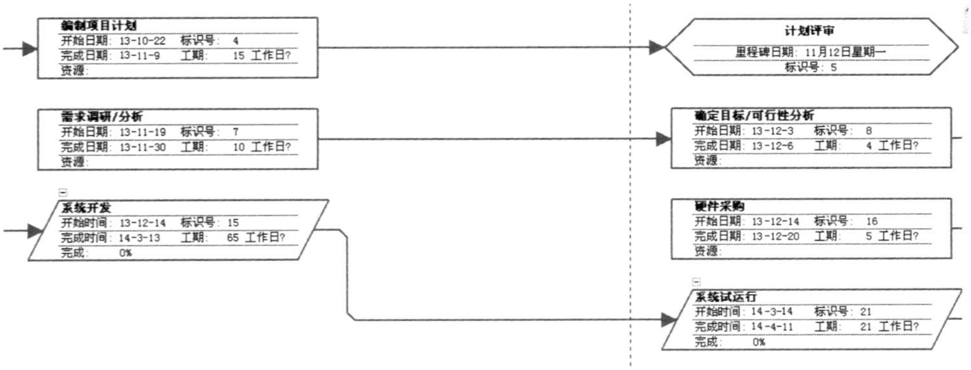

图 4-8　某水果网站局部网络图

4.5 甘　特　图

4.5.1　甘特图的定义

甘特图又称横道图，它是以图示的方式通过活动列表和时间刻度形象地表示出任何特定项目的活动顺序与持续时间。它是在第一次世界大战时期发明的，以亨利·L.甘特的名字命名，他制定了一个完整地用条形图表显示进度的标志系统。由于甘特图形象简单，在简单、短期的项目中，甘特图得到了最广泛的运用。甘特图包含以下三个含义：

（1）以图形或表格的形式显示活动。

（2）现在是一种通用的显示进度的方法。

（3）构造时应包括实际日历天和持续时间，并且不要将周末和节假日算在进度之内。

4.5.2　绘制甘特图的步骤

绘制甘特图的步骤如下：

（1）明确项目牵涉的各项活动、项目。内容包括项目名称（包括顺序）、开始时间、工期、任务类型（依赖/决定性）和依赖于哪一项任务。

（2）创建甘特图草图。将所有的项目按照开始时间、工期标注到甘特图上。

（3）确定项目活动依赖关系及时序进度。使用草图，并且按照项目的类型将项目联系起来。此步骤将保证在未来计划有所调整的情况下，各项活动仍然能够按照正确的时序进行。也就是确保所有依赖性活动能并且只能在决定性活动完成之后按计划展开，同时避免关键性路径过长。关键性路径是由贯穿项目始终的关键性任务所决定的，它既表示了项目的最长耗时，也表示了完成项目的最短可能时间。请注意，关键性路径会由于单项活动进度的提前或延期而发生变化。而且要注意不要滥用项目资源，同时，对于进度表上的不可预知事件要安排适当的富裕时间（slack time）。但是，富裕时间不适用于关键性任务，因为作为关键性路径的一部分，它们的时序进度对整个项目至关重要。

（4）计算单项活动任务的工时量。

（5）确定活动任务的执行人员及适时按需调整工时。

（6）计算整个项目时间。

4.5.3　使用甘特图应注意的问题

使用甘特图应注意的问题：

（1）将任务以概要形式列出，并为任务加上编号（和 WBS 统一）。

（2）安排活动顺序，如果安排可以同步进行的工作同步进行，就可以缩短整个项目的工期。

（3）绘制甘特图时，任务中缩写词要注意统一，一般甘特图上方数字表示时间，左侧是各项工作的名称，右侧棒线的长度表示工作持续时间。图 4-9 所示为某水果电子商务网站的甘特图。

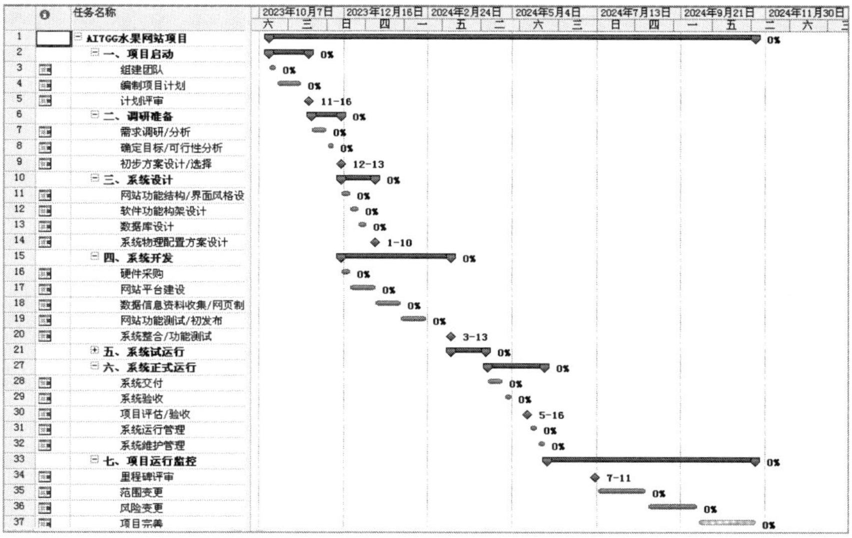

图 4-9　某水果电子商务网站的甘特图

4.5.4　甘特图的优缺点

1．优点

（1）甘特图易于归纳和理解。

（2）甘特图清楚而简单地表现了活动的进程。

（3）甘特图可以用来传递和发布进度信息。

（4）对决策功能进行管理的时候，甘特图是关键的资料。

（5）有专业软件支持，无须担心复杂计算和分析。

2. 缺点

甘特图在以下两个方面存在缺陷：

（1）表现相互关系。甘特图无法明确地表现活动之间的顺序和相互关系。在一个复杂的项目中，如果一个活动超前或者延迟，它对其他活动的影响通常不是很容易看得出来。

（2）多个决策的制定。必须同时考虑活动的各种因素并做出决定，才把活动放在甘特图中。

案例：某潮流馆项目的甘特图

根据某潮流馆工作列表和工期估计（见表 4-4），绘制了该项目的甘特图（见图 4-10）。

表 4-4　某潮流馆项目的工期估计表

工作编号	工作名称	所需工期（共：天）	工作开始时间	工作结束时间
—	网上商店项目建设	41	2023-06-01	2023-07-24
1. 1. 0	项目启动	13	2023-06-01	2023-06-15
1. 1. 1	市场调研	5	2023-06-01	2023-06-05
1. 1. 2	确定商品类型	2	2023-06-08	2023-06-09
1. 1. 3	资金预算	3	2023-06-10	2023-06-12
1. 1. 4	申请账号	1	2023-06-15	2023-06-15
1. 2. 0	网店设计	10	2023-06-16	2023-06-30
1. 2. 1	店面风格与布局设计	5	2023-06-16	2023-06-22
1. 2. 2	网店功能设计	5	2023-06-23	2023-06-30
1. 3. 0	网店开通	12	2023-07-01	2023-07-16
1. 3. 1	商品管理系统设计与实施	3	2023-07-01	2023-07-03
1. 3. 2	店面推广策略制定与实施	3	2023-07-06	2023-07-08
1. 3. 3	客户管理系统设计与实施	3	2023-07-09	2023-07-13
1. 3. 4	物流系统设计与实施	3	2023-07-14	2023-07-16
1. 4. 0	网店运行	6	2023-07-17	2023-07-24
1. 4. 1	网店维护计划制订	3	2023-07-17	2023-07-21
1. 4. 2	网店功能的完善	3	2023-07-22	2023-07-24

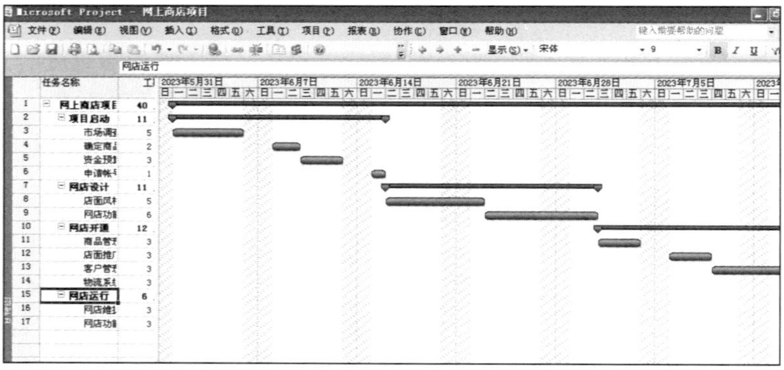

图 4-10　某潮流馆网站的甘特图

4.6　电子商务项目的进度计划与成本计划

4.6.1　电子商务项目的进度计划

电子商务项目的进度计划制订是根据项目的活动定义、活动安排及活动持续时间估算的结果和所需要的资源进行的进度计划编制的工作，其主要任务是要确定各项目活动的起始和完成日期、具体的实施方案和措施。

电子商务项目进度计划的制订过程如下：

1．活动定义

活动定义就是要清楚 WBS 中各工作包对项目团队的要求是什么，怎样工作才能产生出该工作包要求的可交付成果。这需要对 WBS 底层各工作包做进一步分解，以明确各工作包所应包含的活动，并得出项目活动清单。活动定义主要方法有分解法和模板法。

2．活动排序

了解了要完成的所有活动后，需清楚活动间的相互关系，例如哪些活动可并行进行，哪些活动一定要在某些完成后才能开始。活动排序的目的是正确定义所有活动间的逻辑关系。常用的活动排序表示方法有前导图法（PDM）及箭线图法（ADM）。它是进度计划编制的基础。

3．活动工期估算

工期估算定义在给定的资源条件下，完成各活动所需要的时间，即包括一项活动所消耗的实际工作时间加上间歇时间。例如，一个活动指派由张三完成，而他每天仅有半天时间可用于此活动，工期估算就是在这种条件下，估算完成此活动所需要的时间。

活动工期估算的方法有多种，下面分别做简单介绍：

（1）专家估计法：活动的历时往往可由有经验的专家来先做一个大概的判断，然后再用其他方法来验证或修改。这些专家的意见可由具有专业知识或经过培训的个人或团体提供，并可以通过下列多种渠道获得：执行组织内的其他部门、咨询公司、项目干系人、专业团体和技术协会、行业团体等。

（2）类比估算：也称为自上而下的估算。这种方法是以以前类似活动实际花费的时间为依据来估算未来活动所需时间。这种方法一般是在项目详细信息有限的情况下使用。其实，类比估算也是一种专家判断法。

（3）量级估算：这种方法是使用工程/设计所确定的每项具体工作所需完成的工作量，例如图纸数、光缆千米数、水泥吨数等，乘以生产率，例如每张图纸绘制所需小时数、每千米光缆铺设所需小时数、每生产一吨水泥所需小时数等，所得结果就可以作为活动所需时间的估计数。

4．项目进度计划编制

项目进度计划编制根据各活动间的排序及各自的工期估算，并结合资源的可用情况，计算各活动的开工及完工日期，并最终确定整个项目的开工和完工日期。本过程以活动排序和工期估算的结果为基础，考虑风险因素及资源情况，制订切实可行的项目进度计划。项目进度计划将作为项目计划的一部分，供进度控制及集成控制所用。

编制项目进度计划的方法主要是关键路径法（CPM）和计划评审技术（PERT），项目进度常用的表示形式有甘特图和里程碑图。

里程碑主要用于识别项目的完成时间，在项目计划中，通过关注各个里程碑事件，可以使项目经理能够随时监控项目进度，及时发现问题，并快速做出反应。表 4-5 所示为某网店建设项目里程碑。

表 4-5　某网店建设项目里程碑

任务名称	9 月 20 日	10 月 1 日	10 月 25 日	11 月 8 日
市场调研完成	▲			
商品种类的确定		▲		
网店设计			▲	
开店				▲

编制里程碑计划注意以下几点：

（1）里程碑计划的编制是从达到项目的最后一个里程碑，即项目的最终成果开始反向进行，最后一个里程碑也是关键里程碑。

（2）电子商务项目有许多阶段，有各种事件，确定哪些事件可作为里程碑事件一般采用头脑风暴法。

（3）分析每条因果路径，找出逻辑依存关系，用复查的方式检查里程碑的设置，并加以修改、完善。

（4）根据项目的总工期、每个里程碑时间的工作内容及实施方案等因素，编制里程碑计划，并以表格的形式表达。

4.6.2　电子商务项目的成本计划

电子商务项目的成本计划是对完成项目的各种资源（包括人员、设备和材料等）的费用进行合理的估算、预算的计划过程。编制电子商务项目的成本计划就是估算为完成每项任务所需资源的费用，得出项目的费用估算。

1. 电子商务项目的成本计划制订过程

1）编制项目资源计划

通过分析和识别项目的资源需求，确定出项目需要投入的资源种类（包括人力、设备、材料、资金等）、项目资源投入的数量和项目资源投入的时间，从而制订出项目资源供应计划的项目成本管理活动。电子商务项目的资源计划，就是决定项目需要什么样的资源，包括硬件资源、软件资源和人力资源等，确定各种项目工作需要的资源种类、数量、质量和资源投入时间，以及多少资源用于项目的哪些工作的执行过程之中。如果是人力资源，还需补充一些信息，例如所属部门、兼职或全职等。

完成一个项目，所需的诸多资源缺一不可，否则项目将达不到预定的质量标准，严重的甚至会导致项目无法进行。事实上，在项目实施过程中，绝大多数项目资源并不能无限获得，而且获得项目资源是要付出代价的。所以一定要对资源做好分配和使用计划，做到物尽其能。

编制项目资源计划的依据有工作分解结构 WBS、项目工作进度计划、历史信息、范围定义、项目资源安排描述、组织策略。

2）项目费用的估算

项目费用估算是指为了实现项目目标，完成项目的各项活动，预估完成项目各工作所需资源（人、材料和设备等）的费用的近似值。它和资源计划是相对应的，和工作质量的结果相联系。通过费用估算，并以此为基础进行项目成本预算。项目费用估算的过程中应该考虑各种形式的费用交换，如在多数情况下，延长工作的延续时间通常是与减少工作的直接费用相联系的；相反，追加费用将缩短项目工作的延续时间。因此，在费用估算的过程中必须考虑附加的工作对工程期望工期缩短的影响。

项目的费用通常分为两大类：直接费用与间接费用。直接费用与项目所获得的服务或产品之间存在着直接关系，间接费用通常是根据直接费用推算出来的。

电子商务项目费用的多少同项目所耗用的资源的数量、质量和价格有关；同项目的工期长短有关（因为项目所消耗的各种资源包括人力、物力、财力等都有自己的时间价值）；同项目的质量结果有关（因质量不达标而返工时需要花费一定的费用）；同项目范围的宽度和深度有关（项目范围越宽越深，项目的费用就越大；反之，项目费用越小）。项目费用同项目造价是两个既有联系又有区别的概念。项目造价中不仅包括项目费用，还包括项目组织从事项目而获取的盈利，即项目造价=项目费用＋盈利。项目费用是项目组织做出项目报价的重要考虑因素之一。

进行项目费用估计的主要依据有工作分解结构图、资源需求计划、资源价格、工作的持续时间、历史信息、会计表格、经济形势。

3）项目成本的预算

项目成本的预算目标就是要得到一个以时间为轴的成本基准线，即确定在哪段时间内需要多少费用。项目成本预算以工作分解结构为基础，将项目成本估算分配给单个工作项。它是一个基于时间维度的项目成本计划，从中可以清晰地反映在各时间段的人力资源、合同分配的资金和管理储备金的分配情况。

项目成本预算的作用有三个：一是为控制好成本，使项目在预定的成本计划内完成；二是按计划分配资源，可以保证各项目工作能够获得所需要的各种资源，并使资源得到充分利用，提高资源的使用效率；三是可以通过成本预算来控制项目进度，如果在某时刻发现实际支出低于当前预算，则有可能是项目进度落后。所以成本预算不但可以用于成本管理，而且还可用于进度控制。

项目成本预算的依据有项目费用估算、工作分解结构、项目进度计划。项目成本预算的结果包括项目各项工作的成本预算和总项目的成本基准计划。

2. 电子商务项目的成本计划方法

电子商务项目成本计划包含项目资源计划、项目费用估算和项目成本预算。所以从这个三个方面讲述制订电子商务项目成本计划方法。

1）项目资源计划编制方法

（1）专家判断法：专家判断法是制订资源计划最为常用的，通常是由项目成本管理专家根据以往类似项目的经验和对本项目的判断，经过周密思考，进行合理预测，来制订项目资源计划。项目成本管理专家可以是任何具有特殊知识或经过特别培训的组织和个人，主要包括项目组织中的其他成员、专家和顾问、咨询组织等。制订项目资源计划经常采用的是专家小组判断法和德尔菲法。

（2）选择确认法。通过制订多种资源安排计划，由专家选择，最常用的是头脑风暴法。

（3）资源分配法。项目资源分配是指通过分析和识别的资源需求，包括人员、设备、材料和资金等，确定各种项目活动需要的资源种类、数量、质量和资源投入时间，从而确定项目的成本估算。

在电子商务项目计划中，资源分配主要指人员的分配，指定了时间资源以后，应该指定人力资源。一项工作任务是否能够完成，所需要的时间和人员是两个最主要的变量。在一定的范围内，时间和人员是可以互换的：即增加人员会缩短工作时间；延长时间会降低对人员的需求量（但这种观点的害处在于管理者往往会认为所有的活动都可以互换时间和人力资源）。人力资源计划针对项目的工作分解结构，估计每项工作的工作量及工作时间，然后制订项目各项工作的人力资源需求计划。如果已经确定了工作的完成时间，则指定相应的人员作为完成活动的责任人。

（4）资源均衡法。它是一种辅助的资源编制计划方法，是在运用其他方法编制出资源计划后，对资源计划进行优化，平衡各种资源在项目各个时期的投入的一种常用方法。这种方法的具体操作非常烦琐，需要对非关键工作的总时差或自由时差进行多次分配，选择其中最优的方案，因此常常使用项目管理软件，将此工作交给计算机来处理。

案例：某水果电子商务网站成本计划

基于项目的工作分解结构，可以为每个活动分配相应的资源，编制项目的资源分配表，然后基于资源分配情况编制成本计划，见表 4-6 所示。

表 4-6　某水果网站成本计划表

活动	小活动	项目经理	系统分析员	系统设计员	网站设计师	网站编辑	程序员	测试人员	网管人员
一、项目启动	1 组建团队	40 工时							
	2 编制项目计划	120 工时							
	3 计划评审	40　工时							
二、调研准备	4 需求调研		80 工时						
	5 确定目标/可行性分析		30 工时						
	6 初步方案设计/选择		40 工时						
三、系统设计	7 网站功能结构/界面风格设计				40 工时	40 工时			
	8 软件功能构架设计			40 工时					
	9 数据库设计			40 工时					
	10 系统物理配置方案设计			40 工时					
四、系统开发	11 硬件采购								
	12 网站平台建设						120 工时		
	13 数据信息资料收集/网页制作	20 工时					120 工时		
	14 网站功能测试/初发布						120 工时		
	15 系统整合/功能测试	20 工时					120 工时		

续表

活动	小活动	项目经理	系统分析员	系统设计员	网站设计师	网站编辑	程序员	测试人员	网管人员
四、系统试运行	16 操作人员培训	40 工时							
	17 修正系统功能						40 工时		
	18 提交测试报告							20 工时	
	19 制定管理制度	40 工时							
	20 专职人员到位/正式运行准备	20 工时							
五、系统正式运行	21 系统交付	80 工时							
	22 系统验收	40 工时							
	23 项目评估	80 工时							
	24 系统运行管理	40 工时					40 工时		
	25 系统维护管理						40 工时		
六、项目监控	26 里程碑评审								1 000 工时
	27 范围变更								
	28 风险变更								
	29 项目收尾	4 工时							
合计		584 工时	150 工时	120 工时	40 工时	40 工时	600 工时	20 工时	1 000 工时

（来源：根据网络资料整理）

2）项目费用估算方法

项目费用估算与项目活动历时估算在方法上类似，也可以采用参数模型法、类比估算法等。对电子商务系统开发项目，还可以采用功能点估算法和软件代码行方法。

（1）参数模型法。参数模型法通常是利用项目的特性参数建立数学模型来估计项目费用的方法，它实质是一组项目费用估计的经验关系式，通过这组关系式可以对项目总费用做出一个近似估计。由于参数模型法只对影响项目总费用变化程度最大的费用变量进行估计，而不考虑一些细节性费用因素，所以对于一些复杂的大型项目往往可以利用参数模型法中一定的经验公式做出相当简明的估计，但电子商务的一些软件开发费用的模型还是比较复杂的，因为它有许多独立的因素要加以描述。

（2）类比估计法。类比估计法是指项目组参考以往类似项目的历史统计数据资料，计算和确定项目资源需求计划。它不仅要求所采用的历史资料与自身项目的可比性，还要求历史资料足够详细，有很强的可操作性。这种方法的优点是简单易行，花费少，通常当项目的详细资料难以获得时，这是一种行之有效的估计项目总费用的方法。但是这种方法也有局限性，由于电子商务项目更具有独特性和项目的一次性等特点，在实际中，不存在完全相同的两个项目，因此估算的准确性也较低。

（3）功能点估算法。例如，某电子商务系统待开发的软件按功能点估算得到期望值为 310 个功能点（function point，FP），假设已知以前完成项目的软件开发平均生产率 P_f 为 5.5 个功能点/人月，每功能点的开发成本 C_f 为 0.2 万元，于是有：

工作量（E）根据公式可以估算为

$$E = \mathrm{FP} / P_f = 310 / 5.5 \approx 56\text{（人月）}$$

软件开发成本（C）根据公式可以估算为

$$C = \mathrm{FP} \times C_f = 310 \times 0.2 = 62\text{（万元）}$$

如果当前估算的电子商务项目比以前完成的项目复杂，那么所用的生产率值可以低于平均生产率，反之，也可以高于平均生产率。有了 P_f 或 C_f 的历史数据，就可以实现对软件开发工作量的快速估算和快速报价。

（4）软件代码行方法。代码行技术是比较简单的定量估算方法，它把开发每个软件功能的成本和实现这个功能需要用的源代码行数联系起来。一代码行的价值和人月均代码行数可以体现一个软件生产组织的生产能力。具体步骤：确定功能→算出各子功能代码→确定各子功能的代码行成本和生产率→计算各子功能的成本和人力→计算该项目的总代码行数、总成本和总工作量。

3）项目成本预算法

费用的估计技术和方法在项目成本预算中全部可用，因此项目成本预算的技术和方法主要也包括：自上而下的估算法、自下而上的估算法、参数模型法和利用项目管理软件法。

具体经过的步骤如下：

（1）项目总预算成本分摊到项目工作分解结构的各个工作包中，为每一个工作包建立预算成本。

（2）每个工作包分配得到的成本再二次分配到工作包所包含的各项工作上。

（3）确定各项成本预算支出的时间计划以及每一时间点对应的累计预算成本（截至该时间点的每期预算成本额的加总），制订出与进度计划相对应的项目成本预算计划。

案例：某水果网站成本估算单

根据项目资源分配情况，可以估计出某水果网站开发的费用，见表 4-7。

表 4-7　某水果网站成本估算数据

资 源 名 称	项 目 经 理	成　　本
项目经理	584 工时	23 360 元
系统分析员	150 工时	6 000 元
系统设计员	120 工时	4 800 元
网站设计师	40 工时	1 600 元
网站编辑	40 工时	1 600 元
程序员	600 工时	24 000 元
测试人员	20 工时	800 元
网管人员	1 000 工时	40 000 元

（来源：根据网络资料整理）

案例：某潮流馆网店建设项目成本计划

根据项目的工作分解结构，可以为每个活动分配相应的资源，编制项目的资源分配表，然后基于资源情况编制成本计划，见表 4-8。

表 4-8 某潮流馆网店建设项目成本计划资源情况

活　动	小　活　动	项目经理	助理电子商务师	电子商务师
一、项目启动	市场调研	40 工时		
	确定商品类型	40 工时		
	资金预算	4 工时		
	申请账号	4 工时		
二、网店设计	店面风格与布局设计		40 工时	40 工时
	网店功能设计		40 工时	40 工时
三、网店开通	商品管理系统设计与实施			80 工时
	店面推广策略制定与实施			120 工时
	客户管理系统设计与实施			80 工时
	物流系统设计与实施			10 工时
四、网店运行	网店维护计划制订		20 工时	20 工时
	网店功能的完善		20 工时	20 工时

网店的建设主要包括人工成本、网店推广成本等。根据其项目资源分配情况，可以估计出该潮流馆网店开发费用，见表 4-9。

表 4-9 某潮流馆网店开发费用估计

资源名称	项目经理	成　本
项目经理	88 工时	3 520 元
助理电子商务师	120 工时	4 800 元
电子商务师	410 工时	16 400 元

（来源：根据网络资料整理）

习　题

一、单项选择题

1. 范围界定的工具是（　　）。

A. WBS　　B. 分层法　　C. PERT　　D. 流程图法

2. 注明项目目标、工作内容、交付时间以及最终产品的文件是（　　）。

A. 项目章程　　B. 产品说明书　　C. 范围说明书　　D. WBS

3. 项目计划应下发给（　　）。

A. 项目机构中的所有项目干系人　　B. 所有项目干系人

C. 项目团队成员和项目赞助人　　D. 沟通管理计划中所确定的人员

4. 网络计划工期优化，主要通过（　　）来实现。

A. 利用总时差　　B. 利用自由时差

C. 压缩关键工作持续时间　　D. 压缩非关键工作持续时间

5. 你方首席工程师估计一项工作很可能需要 50 周完成，如果一切顺利的话，该项工作可在 40 周内完成。如不顺利的话，最多将会用 180 周的时间完成，那么，此项工作预期完成周期的 PERT 值是（　　）。
   A. 45 周　　B. 70 周　　C. 90 周　　D. 140 周
6. PERT 和 CPM 的主要区别是 PERT（　　）。
   A. 使用分布的平均值（期望值）来计算项目的进度
   B. 运用最可能的估算值计算时差
   C. 集中计算时差，确定哪些工作在进度上的伸缩余地小
   D. 包括无先后顺序的工作，如网络图中部分环形或条件分支
7. 里程碑的最佳定义：（　　）。
   A. 相关工作和事件的结合
   B. 通常用来表示工作或事件的两条或多条线段或箭头的相交
   C. 项目中表示报告要求或重要工作完成的可以辨别的点
   D. 需要资源和时间投入才得以完成的具体的项目任务

二、简答题

1. 项目计划的内容有哪些？
2. 电子商务项目范围的定义及定义过程是什么？
3. 工作分解结构的定义及原理是什么？
4. 项目网络图和甘特图有什么区别，各有什么作用？
5. 网络图有哪几种形式？

三、操作题

图 4-11 是某个电子商务项目的网络图，请计算各项工作的 ES、EF、LS、LF 以及时差，并找出该项目的关键路径。试问该项目是否能够在 40 周内完成？再将此图转换成单代号网络图进行计算。

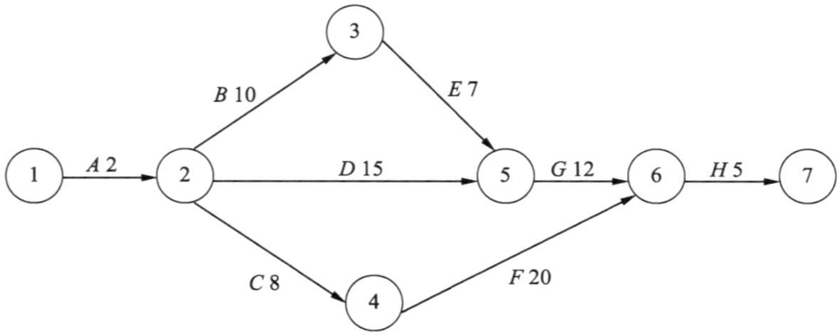

图 4-11　某项目的网络图

案例：商业智能（BI）项目规划与实施案例

1. 做什么：确定项目范围

项目规划的第一步是根据项目需求和目的确定项目范围。具体来说，项目范围包括组织、功

能、业务、数据、接口等五个方面的范围。

（1）组织范围框定的是实施项目的主体，企业需要明确当期项目是否只需要在总部实施还是要在总部和所有子公司都实施，实施的内容又涉及哪些业务部门。

（2）功能范围指 BI 项目所包含的功能模块及具体功能，见表 4-10。IT 开发人员可以根据功能范围提前学习和掌握 BI 工具，在做开发时更有针对性、更高效。

表 4-10　BI 项目功能范围示例

编号	模　块	模块功能	编号	模　块	模块功能
1	基础功能	多 Sheet 报表设计	3	门户	定时调度
		参数查询			智能运维
		模板权限集成			集团权限控制
		打印导出			短信平台
		远程设计	4	高级图表	地图
		图表高级交互	5	移动端	移动决策平台
2	仪表盘	决策报表模式			移动 BI 可视化
		聚合报表模式			App 打包
		数据分析	6	扩展功能	二次开发
3	门户	决策平台			集成插件

（3）业务范围描述企业需要通过 BI 系统实现的日常业务处理和分析任务，主要对业务模块、分析应用、分析维度、分析形式等内容进行定义。

（4）数据范围包括数据源范围和数据关联规则等，其中数据源范围不仅描述数据来自哪里，还包括对源数据的理解、源数据质量保障、数据抽取等。表 4-11 给出了确定数据源范围的示例。

表 4-11　确定数据源范围

数 据 源	简　　介	覆盖范围	数据字典提供	数据质量保障	数据抽取处理
××××系统	人事系统	人事	××公司	××公司	供应商
××××系统	生产系统	生产	××公司	××公司	供应商
××××系统	运营系统	运营	××公司	××公司	供应商
××××系统	会员系统	会员	××公司	××公司	供应商
填报	采用填报方式录入财务数据	财务	供应商	供应商	供应商
主数据系统	××提供的主数据模块	—	供应商	供应商	供应商

（5）接口范围则考虑 BI 系统是否需要嵌入企业的其他信息系统，并实现单点登录等功能，如果需要，还应明确系统接口方式，例如由谁提供，谁设计，谁开发等。

2．谁来做：组建项目团队

项目团队是企业 BI 项目建设过程中的“大脑”，分工明确、配合有序的项目团队是项目成功的关键。由于 BI 项目的建设涉及企业内部多个部门，需要高层管理者与业务部门的认同及参与，因此项目团队通常以几位企业高层管理者为核心，设立项目领导委员会来统筹整个项目，其他成员则由企业 IT 部门负责人牵头，与各部门对接人一起，设立不同的小组，全程参与 BI 项目的规划与实施。其具体的角色以及对应职责如表 4-12。如果企业采用引入 BI 厂商或者外包商的方式来建设 BI 项目，就需要根据企业、BI 厂商或外包商的实际情况来组建项目团队。不过需要注意的是，项目领导委员会都需要企业自己派遣成员设立，以保证对项目的整体把控。

表 4-12　BI 项目团队中的不同角色

角　色	职　责	成　员
项目领导委员会	项目最高领导团队，负责指导项目方向，进行关键决策确保项目在企业内的权威性	可由 CEO、分管信息化的 VP 或对应业务口的 VP 组成
顾问团队	负责 BI 系统架构、需求规划、程规划的全过程技术与业务指导	CIO/CTO、系统架构师、业务总监、行业咨询顾问
项目经理	定义、计划、协调、控制和检查所有的项目活动，跟踪和报告进度，解决技术和业务问题，指导团队成员与 BI 厂商、业务人员、项目发起者谈判等	项目经理
数据管理团队	负责设计与监控项目所需要的数据库环境、制定数据标准、分析数据质量	数据库管理员、元数据管理员数据质量/安全管理员
数据仓库开发团队	负责数据仓库建设过程中的 ETL 开发、主题维度建模等	ETL 工程师、数据建模工程师
业务分析团队	参与业务维度模型的开发，提供数据定义，撰写测试案例，定义业务需求，在业务人员和 IT 人员之间架起沟通的桥梁	业务需求分析师、业务代表
应用开发团队	负责前端报表和查询的开发，以及数据分析和挖掘	报表/BI 工程师、数据挖掘专家
质量管控团队	负责过程改进和质量保证，负责系统开发、交付、上线各个环节的测试任务	QA 工程师、测试工程师
培训支持团队	编写和发布培训材料，为关键用户提供培训和技术支持	技术支持、解决方案推广师

3．怎么做：设计实施方案

项目实施方案是在项目开展后为规范项目开展过程而制定的指导性方案，包括三项主要内容，即项目计划、蓝图方案和项目管理方法。

1）项目计划

项目计划是对项目进度的安排，即什么时候做什么或完成什么，主要包括里程碑计划、主计划和详细计划。这三个计划逐层细化项目工作并检验各项任务的完成情况，控制项目的进展，保证总目标的实现。其中，里程碑计划处于最高地位，核心是找准里程碑。一般情况下，BI 项目的里程碑计划见表 4-13。

表 4-13　BI 项目里程碑计划示例

项目阶段	立项	蓝图	实施	试运行	初验	终验
计划时间						

2）蓝图方案

在第一部分“做什么”中提到，企业建设 BI 项目时需要收集和明确详细需求，蓝图方案是经过详细调研后拟定的具有实际指导意义的文档，可以将它理解为更具体的解决方案，即将解决方案中的各类框架细化到可设计、可执行的粒度。

项目的蓝图方案一般包括三个部分，即整体方案、系统环境方案和详细方案。

（1）整体方案。整体方案包括业务、技术和数据三个方面。业务方案主要是基于业务需求分析结果设计业务分析模型，例如财务和人力等部门的分析体系、美工特色、报表权限体系等，可直接提供业务系统原型供企业参考。一般的业务方案为：首先准备数据源接口；再到数据处理层，搭建基础数据平台和业务分析平台，梳理各个业务板块的内容；最后，搭建决策管理平台，通过报表、驾驶舱、移动端、大屏等多种方式展示数据，达到最终目标——信息共享、信息对称。

技术方案是支撑业务分析的整体技术框架，包括特殊技术预演结果、相关代码整合等内容。首先，利用 ETL 工具抽取业务系统的明细数据，进行数据转换之后，载入企业数据仓库。接着，在数据仓库的基础上形成数据集市，用于企业不同主题业务数据的整合分析。最后，利用 BI 工具在不同门户与终端上实现仪表板、固定报表、自助分析等功能。

数据方案则包括对数据获取方式、数据血缘关系的梳理与描述，以及数据校对功能的设计、数据校对策略的制定等。

（2）系统环境方案。系统环境方案描述软件环境、网络与服务器环境的配置要求。

（3）详细方案。详细方案是在整体方案的基础上对每个模块的方案进一步细化，例如数据仓库建设方案、数据集成方案、数据补录方案、数据分析平台建设方案、多平台集成方案等。企业可以根据自身的需求，在技术、业务和数据方案上进行拓展。

以数据仓库建设方案为例，一般包括架构规划、数据模型、数据库灾备、扩展性方案等四个部分的内容。其中，在架构规划部分，需要明确数据仓库的建设理念和建设原则。一般在设计数据仓库时，要遵循易用、实用、高可用、灵活扩展、可靠、可配置、安全等多项原则；同时，还需要对数据仓库的逻辑架构和技术架构进行规划。对于数据模型，一般情况下建议采用星状模型，雪花模型则适用于维度表数据量较大、业务逻辑较复杂，需要节省空间和分清层次的情况。数据库灾备部分主要包含网络拓扑、硬件清单和集群等内容，用于确定数据库备份的方案以应对突发情况。另外，面对企业中激增的数据，在数据仓库的基础之上，需要用 MPP 等扩展方案来提高数据仓库处理海量数据的能力。

3）项目管理方法

规范的项目流程能够保障项目按计划有序进行。企业建立完善的项目管理方法和制度，对项目进行整体监测和管控，保障项目成功落地，主要包括对质量、风险、成本、沟通、采购、人力资源等多个方面的管理。

（来源：根据网络资料整理）

思考题

1. BI 项目规划的基本内容和步骤是什么？
2. 根据案例，分析项目规划及实施的重要性。

第 5 章 电子商务项目的执行与控制

学习和实践目标

电子商务项目的执行与控制是电子商务生命周期中经历时间最长、消耗资源最大、工作内容最多最具体的一个环节，也是项目运作的关键。

本章主要阐述了电子商务项目的信息分发、团队管理、项目范围变更控制的内容、工具和技术、项目跟踪管理、项目进度与成本调控等电子商务项目运作的知识和方法，并举例介绍了挣值分析技术、时间-成本平衡法的基本原理及计算方法。

实现目标的知识点

- 电子商务项目管理方法论。
- 信息分发与团队管理。
- 范围控制。
- 跟踪管理。
- 项目的进度与成本控制。
- 挣值分析技术与时间-成本平衡法的基本原理及计算方法。

5.1 电子商务项目管理方法论

5.1.1 构建电子商务项目方法论的必要性

电子商务项目的成功运作就是项目计划有效执行的过程，是电子商务项目的一个关键环节。电子商务项目的成功运作，首先是一个管理问题。企业资源和能力不能有效地集成，人的素质、组织变革和技术创新不协调，各个环节、各个单元的工作不甚协同，缺乏过程控制与监督，这些都是电子商务项目不成功的基本标志。管理创新性差、管理基础薄弱、管理积累度低、不能满足电子商务项目管理的基本要求，是造成这一问题的根本原因。因此，电子商务项目管理必须建立在科学的管理基础之上，而其成功地运作除了需要事先制订一个完整、周密的项目执行计划外，还需要有一套正确的运作方法论来指导项目的顺利执行，从而使成功的项目管理可以得到复制。

由于电子商务项目需要创立新的商业活动，变革现有的流程并进行创新，所以我们通常会认为它与流程再造工作非常相似。然而，我们知道电子商务的目的更为积极：即能使组织更加具有竞争力，吸引更多不同层次的新顾客，打入新市场，提供更为广阔的产品服务空间。电子商务项目的运作也将直接影响组织的业务结构，比如新型市场营销。在这种情况下，传统的项目管理会迷失方向，标准而正式的项目管理方法已经陈旧，进而不再适合用于电子商务项目中。电子商务项目在其广度、深度、规模、时间压力、灵活性及工作性质等方面，超过了传统项目管理所能涵盖的范围。因此，电子商务项目呼唤更加先进的科学管理方法，针对电子商务项目管理方法论的构建势在必行。

有效地使用项目管理方法论，可以使企业有一套完整的管理规范来指导项目管理的各项日常工作，从而尽可能地减少及规避人为等因素的干扰、降低项目风险，提高项目管理的效率。

5.1.2 项目管理方法论

项目管理方法论是指在现代项目管理中所要开展的各种管理活动中要使用的各种理论、方法和工具等一系列内容的总称。项目管理方法论主要分为三个方面：阶段化管理、量化管理和优化管理。

1. 阶段化管理

它指的是从立项之初直到系统运行维护的全过程。根据目前工程项目的特点，可将项目管理分为以下若干个小的阶段：

（1）市场信息方面可分为：信息采集、信息分析、工程项目立项及项目申请书的编写。

① 信息采集：可分为工程项目信息与常规设备和器材的市场信息的采集。这些信息通过业务员或其他通道获得，一旦获得后，信息提供者应以书面形式向公司有关部门予以报告。

② 信息分析：公司在这方面应该设立专门的部门对各种信息进行分类、编辑、管理、核实、分析与论证，在考虑项目时不但要看社会是否需要，而且还要研究目前个人、组织或社会是否有能力投入足够的资源将其实现，实现之后能否为资源投入者和社会真正带来利益。通过对项目的可行性研究为信息的确定提供切实可行的依据,并对业务工作人员的工作效率及其绩效进行评价。

③ 工程项目立项：根据信息分析部门所提供的分析与认证报告，确定信息的处理方式，并上报公司决策层予以决策。公司决策层通过信息分析部门的信息分析报告结合公司的经营状况，确定是否对信息进行立项，一旦立项，就要分析会有哪些承约商参加投标，各自的优势以及他们同客户的关系。主要考虑的因素包括自身的技术能力、项目风险、资源配置能力及其他因素。同时也可对信息分析部门的工作效率及其绩效进行评价。

④ 编写项目申请书：当决定参加投标竞争的时候，就需要完成一份项目的申请书或（投标书），一份完整的申请书一般包括三个部分的内容，即技术、管理、成本三个方面。如果是一份较复杂的申请书，这三部分可能是三个独立的册子：

- 技术部分的目的是让客户认识到，承约商对其需求和问题的理解，并且能够提供风险最低且收益最大的解决方案。
- 管理部分的目的是使客户确信，承约商能够做好项目所提出的工作，并且收到预期的结果。

- 成本部分的目的是使客户确信，承约商申请项目所提出的价格是现实的、合理的。

这一部分任务将由公司的技术支持部门根据市场信息部门的有关报告完成，同样也可以通过其工作效率及质量对其进行绩效评价。

在项目申请书完成的同时，市场信息部门应密切注视该项目的进展情况，及时更新项目的最新状况，并通报各有关部门特别是技术支持部门，使该部门能根据项目的最新情况调整项目申请书。

（2）在合同的签订即项目确定之后，项目管理又可划分为项目准备阶段、项目实施阶段、竣工验收阶段及系统运行维护阶段等。各阶段的工作内容不同，其实施与管理也各异。

① 项目准备阶段：其项目实施管理方式的确定(即项目组织)，各种资源的配备与落实，以及具体项目实施方案的进一步确定。即根据项目的特点，对项目作业进行分解，确定其阶段性成果验收，以及必要的监督反馈，这样就能够很好地解决项目组织与客户的分歧，增加项目风险的可控性。

② 项目实施阶段：根据项目实施的具体方案，并以各阶段性成果按其技术要求、质量保证进行验收。这样，在每个阶段完成后，客户和项目组织负责人都能够比较清楚地了解项目的进展、完成情况，以及客户对项目完成部分的满意程度。同时，也方便对项目组成人员的绩效评价。发现问题及时处理与解决。如发现有利于项目管理的方法，应及时通报各部门加以应用，以提高项目管理的整体水平。

③ 竣工验收阶段：在完成各阶段性成果之后。总体项目基本完成，就应该进行竣工验收和竣工决算。竣工验收主要是根据合同所规定的范围及有关标准对项目进行系统验收。并对项目实施过程中所产生的各种文档、技术资料等进行整理与编辑，根据在项目进行过程中的有益经验和教训的记录，编制工程总结报告，并由项目经理发布，证明该项目达到竣工验收标准，各项指标达到合同要求，并可交付使用。进行最后的项目竣工决算。同时对整个项目实施过程及项目本身进行总体的绩效评价，以积累项目管理的经验。

④ 系统运行维护阶段：主要是项目的后续服务，可由专门的部门负责，对于每一次服务都有要公司的派遣与使用方的确认，以确定其服务绩效评价。

2．量化管理

同之前提到的阶段化管理相比较而言，量化管理也很重要。在公司的运作方面，应尽可能地进行数量化，做到责任清楚。在项目实施过程中，时常会碰到这种问题：客户对前一阶段内的工作成果认为符合要求，另一阶段内的成果却不对或存在严重的问题；再就是虽然存在问题，通过改进后还能使用等。那么这其中的问题出在哪里，责任该由谁负，责任又多有大呢？为此必须把各种目标、投入、成果等分类量化。比如，用明确的模块或子系统表达客户的需求，精确计算到每阶段所需的人工、物力、财力等。把各种量化指标存入数据库，就能够轻而易举地解决上述的问题了。每个阶段都有清晰的量化管理，这非常有利于整个项目进程的推进。

3．优化管理

它指的就是分析项目每部分所蕴含的知识、经验和教训，更好地发扬项目进程中的经验，吸取教训，在全公司传播有益的知识。再如前面例子，前一阶段的工作，由于管理得好，工作能顺利完成并符合要求，就应该使这一阶段内的管理经验和知识更好地发挥成效。后面部分的工作为什么不成功？是客户的需求没提清楚，是理解的错误，还是设计的问题？通过这些分析后，有利于进一步优化项目管理。

5.2　电子商务项目的信息分发与团队管理

5.2.1　项目信息的分发

信息分发（information distribution），也称信息发布，即根据沟通管理计划的要求或者对突发的沟通要求做出回应，把项目信息以适当的方式及时地发送给相关的项目关系人。信息分发可以通过信息发布系统、信息查询系统、有效的沟通技巧等方式来实现。

1．信息分发的依据

（1）沟通管理计划。确定向何人发布何种信息。

（2）项目计划的工作结果。确定哪些信息可供分发。

（3）项目计划。

2．信息分发的方法

（1）人员沟通。即通过人员交流的方式分发信息。信息发布者负责将信息及时、准确、清楚并完整地表达出来，接收者应正确无误地理解信息。比如，对于一个电子商务项目，管理班子是主要的信息发布者，而信息的接收者是项目的相关利益者。

（2）建立项目信息检索系统。即在项目组织中建立一套信息共享系统，项目相关利益者在需要某些信息时，可以根据信息主题词在信息系统中进行检索而得到相关信息。

（3）建立项目信息分发系统。即采用定期或非定期的、制度性、经常性的形式分发有关信息。例如项目定期或临时会议、电子邮件、视频会议等。

3．信息分发的结果

（1）项目记录。记载项目文档、备忘录、信息反馈等内容，并要很好地保管起来。若需要可以作为以后的凭证。

（2）项目进度报告。项目进度报告是记录观测检查的结果、描述项目各项工作的进展情况和取得的主要成果等的简单书面报告。该报告可以由项目组织成员向项目经理提供，由项目经理向项目的上级管理者提供，由项目经理向项目客户提供。通过项目进度报告的信息发布及沟通，可培养客户对电子商务项目的价值与战略重要性的认同感，也可保持信息的一致性与清晰性，增强项目进度的透明度，从而确保项目的利益相关者更好地了解项目的进展。

（3）工作总结报告。即指一个项目或者项目某个阶段结束时的工作总结，项目总结工作应作为现有项目或将来项目持续改进工作的一项重要内容，同时也可以作为对项目合同、设计方案内容与目标的确认和验证。项目总结的目的和意义在于总结经验教训、阐述项目结果的准确性及成功性、评估项目团队、为绩效考核积累数据以及考查是否达到阶段性目标等。工作总结的重点是确保能够为其他项目提供可利用的经验，另外，还有可能引申出用户新的潜在需求而进一步拓展市场。

（4）项目说明。项目组织向项目利益相关者或政府有关部门提供的关于项目各方面情况的报告。

5.2.2　团队管理

项目管理是在项目经理的领导下，由项目团队运用工作分解结构（WBS）、关键路径法（CPM）、计划评审技术（PERT）等工具和方法，遵循项目启动、计划、实施、控制、收尾五个流程，按照事先确定的范围、规定的时限、批准的预算、客户提出的质量性能等要求，实现项目目标的过程。项目的成功绝非只是项目经理的单打独斗，更多地是依靠整个团队的力量和智慧，高效项目团队是项目成功的基础和保证。电子商务项目中涉及许多特有的问题，对项目团队建设管理提出更高的要求，项目团队建设的好坏会直接关系到项目的成败。那么，如何有效地进行团队管理呢？

（1）规划团队建设。即项目的目标必须明确，工作的流程必须清晰，成员的职责必须分明。

（2）获取团队成员。一个项目的成功与否与该项目成员的素质密切相关，这种素质不仅仅体现在项目成员的技术、能力、经验方面，而且体现在项目成员的工作风格、协作精神方面，即项目成员是否能够成为一个有助于团队发展的成员。

（3）赢得团队承诺。获取团队承诺的一个行之有效的措施是，项目经理在项目实施初期，就创造条件让尽可能多的项目成员参与到项目中来。比如，在项目计划阶段就让项目组的主要成员参与进来，参与越多，付出越多，对项目就越有亲近感，也就越愿意付出承诺。

（4）丰富沟通渠道。项目成员间的默契配合，是建立在彼此充分了解的基础之上的。如果没有一个良好的沟通渠道，就会阻碍项目成员之间的交流，就不可能促使成员彼此尽快熟知，也就不可能创建一个良好协作的团队。因此，为了尽快组建一个有效的团队，项目经理必须确保尽早建立完善的沟通网络，如使用签发文件、电子邮件，或者组织项目会议。

（5）规范冲突管理。项目工作中冲突是不可避免的。它可能涉及项目经理、项目成员甚至是客户等各种利益关系人，工作的内容、工作流程、进度安排、资源分配、人员调度、费用计划等都可能成为冲突的来源。因此，项目经理必须对冲突的发生有着充分的思想准备，并制定冲突管理流程，明确冲突发生后的解决途径，将会有助于引导冲突向有利于团队建设的方向发展。

（6）建立激励系统。在项目开展过程中，团队建设离不开激励系统的建立。只有项目组成员愿意在该项目中投入足够的时间和精力，才会有较好的团队合作。因此，一个完善的激励系统的建立，对项目成员工作积极性的提高、团队协作的加强会有巨大的推动作用。

5.3　电子商务项目的范围控制

电子商务项目的范围控制是指通过一套有效的流程和管理方法，把电子商务项目执行过程中出现的各种关于项目最终产品或服务范围的增加、修改、删减等变更最大限度地控制在最小的范围内。

5.3.1　电子商务项目范围变化的原因

不同类型的电子商务项目，发生范围变化的原因不尽相同，例如，电子商务运营项目可能更容易受外部市场环境的影响；电子商务开发项目可能更容易受技术和客户需求变化影响。但总体来说，导致电子商务项目的范围变化的原因包括以下几个方面：

（1）项目需求的变化。这无论是在开发项目还是策划项目中，都很有可能出现的。项目发起人因为各种原因，其需求和期望发生变化了，可能要求增加电子商务系统的功能或因为企业财务状况恶化而减少某个功能模块。

（2）项目管理方法的变化。比如，可能因为项目组的需求调研不够周密详细，有一定的错误或遗漏。

（3）项目外部环境发生变化。比如，对于电子商运营项目而言，可能因为市场的变化而导致以前的市场调研结果失效，或调研工作必须加大调研的范围。

（4）新技术方法的出现。国际上出现了或设计人员提出了新技术、手段或方案。在项目实施过程中，常常会出现制订范围管理计划时尚未出现的、可以大幅度降低成本的新技术。

（5）用户单位本身发生变化。比如，由于项目的使用单位同其他单位合并或是出现其他情况，项目的范围发生了变化。

总之，范围变更可能会随时发生。但并不可怕，可怕的是我们没有预见或缺乏有效的范围变更管理。所以，对于变更，我们要做到事先严格定义，事中严格执行。

5.3.2 电子商务项目范围变更控制的方法及技术

为了更好地进行项目范围变更控制，需要注意以下方法的应用：

尽可能明确项目的范围。合同中的项目范围应该还只是粗线条的约定，必须进行细化和深入。这就需要编制范围说明书和工作分解结构。范围说明书包括项目论证、产品简介、验收标准等。在进行详细需求调研的基础上，编制工作分解结构和需求分析报告。工作分解结构可以为项目执行绩效评测和项目控制提供一个基准。

建立有效的范围变更流程。变更流程首先提出范围变更申请，接下来即是范围变更的分析、变更的确认和审批、变更的实施，以及变更效果评价等环节。

重视需求分析工作。在项目初期，项目经理首先需要考察客户做这个项目有什么用处，即“为什么”要做这个项目，这样才能真正从客户的角度来考虑系统的需求；接下来需要总结出整个项目“做什么”，并能概括出各个子任务，让开发人员更好地把握项目内容的方向。

电子商务项目范围变更控制的技术主要有三种：第一，范围变更控制系统，规定了项目范围变更所应遵循的程序，包括填写相应的文档、核准变更需要通过的审批层次，以及对变更进行追踪等；第二，绩效分析，这种技术有助于评估任何变更的大小，判断造成偏离基准的根源以及决定是否应对偏离采取纠正措施；第三，更新计划，我们知道项目很少会按计划原封不动地实施，而预期的范围变更可能会要求对工作分解结构进行修改，或者分析其他替代方案。所以，在范围变更实施之前，要对项目计划进行重新编制。

5.4 电子商务项目的跟踪管理

5.4.1 项目跟踪概述

项目跟踪是指项目管理者通过建立完善的项目管理信息系统，在项目实施的全过程中，对有关项目进展的情况以及影响项目实施的内外部因素，进行及时、连续、系统、准确地记录和报告的一系列活动和过程。其根本目的是为项目管理者提供项目计划执行的情况。

项目跟踪的工作内容包括两个方面。第一，对项目计划的执行情况进行监督。这是为了保证项目的实际实施工作是按照预先制订计划的要求进行。第二，对影响项目目标实现的内外部诸因素的发展情况和趋势进行测量和预测。随着科技的进步、项目管理水平的提高，项目管理中的定量、测量成分越来越多，所获取的信息也越来越丰富、及时和准确，这一切使得对项目未来发展趋势作出准确判断的可能性大大增加，非常有利于增加项目成功的概率。因此，此方面的内容是现阶段电子商务项目管理的跟踪工作的重点，以项目管理的信息系统为平台，对跟踪收集到的信息进行及时的加工处理，以便对项目未来的发展趋势作出科学的预测。

项目实施的客观背景极其复杂，产生的信息量也很大，项目在有限的资源条件下既不可能也没有必要对所发生的这些信息进行全部收集处理。因此，先要分析影响项目实施的因素有哪些，确定的这些因素就是信息收集的主要内容。通常影响项目实施和目标实现的客观因素主要有两个方面。第一，外部因素，其主要指来自项目系统外部、不为项目所控的因素，主要包括国家政策、法律法规、市场价格、利率、汇率、项目所在地的人为环境和自然环境等，对于此类因素，跟踪的主要目的是大量收集资料，尽早做出预测，尽管不能避免其发生，但是可以采取有效的预防措施，减少其对项目实施造成的损害。第二，内部因素，其主要来自项目系统内部、大多数情况下可以被项目所控的因素，包括项目实施的进度、花费的成本、产品的质量、资金的来源与运用、人事安排等。对于这类因素，跟踪的主要目的是大量收集信息，寻找实际与计划发生的偏差，并分析其原因，为项目的控制打基础。

5.4.2　建立项目跟踪系统

许多项目案例都充分地说明，项目的失败绝大多数原因不是项目的时间进度、成本预算没有做好，而是项目的控制工作没有效率，项目实施大大偏离了项目设定的轨道，没有及时采取纠偏措施，从而导致偏差的积累，给项目造成了不可挽回的败局。但究其深层次的原因，则是在项目的实施阶段，项目管理者所掌握的信息匮乏或信息失真(某些项目成员出于个人的目的，隐瞒失误，回报虚假信息)，没有及时注意到项目的偏差或问题的严重性。

因此及时向项目管理者及其他相关利益者提供关于项目进展的有关信息，有利于管理者掌握同时进行的各项工作的执行情况、工作中存在的隐患以及需要协调的问题；有利于其掌握各项目成员的工作之间以及成员个体工作同项目整体执行之间的关系；有利于管理者同项目成员一起对项目目标的理解达成共识；有利于促进项目成员之间的沟通交流，降低因某项工作的变更而导致混乱；有利于对计划不当、难以落实的工作做出最快的决策和行动；有利于项目的高层管理者俯揽全局、运筹帷幄；有利于保证项目业主／客户以及其他人员了解项目实施的动态，特别是项目的成本、工作进度和交付成果的有关情况。可见，建立一个快捷、有效的项目管理信息系统，对于项目管理者正确地把握项目实施动态，保证项目沿着正确的方向前进，提高客户的满意度是多么重要。

项目管理信息系统是项目跟踪控制系统的主体。此系统是为了收集、分析、存储和报告描述项目完成情况的信息而建立的一套信息处理流程。该系统包含三个最基本的要素，分别为：信息的收集、输入；信息的加工、处理；信息的报告、输出。

5.5　电子商务项目的进度与成本控制

5.5.1　项目的进度控制

项目进度控制是对项目进度计划实施与项目进度计划变更所进行的管理控制工作，主要是经常监督每项工作进度的执行状况，比较实际状态和计划之间的差异，及时发现和纠正偏差，并作出必要的调整，使得项目向有利的方向发展。以保证项目按计划进度执行，使预定目标按时在预算范围内实现。在进度控制中要考虑影响项目进度变化的因素、项目进度变更对其他部分的影响因素、进度表变更时应采取的实际措施。在项目的实施过程中，项目的进度延期，可以预见性地去发现，发现后就可以及时采取对策进行解决，这种将问题消灭在萌芽状态的做法，可以有效保障项目顺利进行。

影响项目进度的因素主要有：项目组的沟通和协调工作不力；忽视项目外部组织的影响；项目组织工作能力不强、工作方法不佳；不能充分发挥项目组成员的作用。这些问题对于实施有效的进度控制具有非常大的负面影响，是进行项目进度控制必须解决的问题。

电子商务项目进度控制最常用的定量方法是积分法，积分法可以让项目经理和项目成员能在检查点处定量地评估当时的进度状态，定量地分析问题的严重程度，预测后果和辅助项目经理和项目成员对进度问题做出正确的决策。

积分法的基本思想是，为项目中每一项任务按项目计划给出一个绩效指标——计划积分，在项目执行过程中的每一个检查点（一般在里程碑点，或按时间定期）按照执行计划的绩效得出实际积分，通过这两个积分值的比较，分析、评估项目的进度状态。以某电子商务项目 A 为例，积分法的具体步骤如下：

1. 绘制项目进度计划甘特图

绘制项目 A 进度计划甘特图，如图 5-1 所示。“工作量”的计算方法：工作量=某任务工作总天数 ÷ 7 天/周 × 某任务所需人数，计算结果保留两位小数。比如：任务“需求”的工作量=（4+30+18）÷ 7 × 2=14.86（人 · 周）。总工作量为 101.7142857 人 · 周，约合 101.71 人 · 周。

任务–人	月序										工作量
	3	4	5	6	7	8	9	10	11	12	（人–周）
规划–1	3.1	4.4									5
需求–2	3.28		5.18								14.86
设计–3		5.1		6.16							20.14
实现–3				6.5	7.21						20.14
测试–2					7.10			10.22			30
文档–2								10.15	10.26		3.43
培训–1								10.29	11.11		2
交付–2									11.15	12.2	5.14
总结									12.9	12.15	1
项目的总工作量											101.71

图 5-1　某电子商务项目 A 的进度计划图

2. 计算每个月的计划积分

由计划图中各项任务的工作量及其工期和项目的总工作量可计算出每个月计划积分，计算公式为：计划积分=∑（该月计划某项任务的工作天数 × 该月计划某项任务所需人数）÷ 7 ÷ 项目的总工作量×100，计算结果保留一位小数。比如：3 月份按计划安排了“规划”“需求”二任务，因此当月计划积分=[31×1+（31-27）×2]÷7÷101×100=5.5。

3．计算每个月的计划累计积分

某月的计划累计积分=该月上个月的计划累计积分+该月的计划积分

4．绘制进度状态图

状态是特定时刻的状况，计划进度状态图是项目在某个特定时间（即检查点，如里程碑、月底、周末等）计划执行的状况图。绘制进度状态图首先要估算各项任务实际完成的工作量，估算各项任务到给定时刻实际已完成的工作量并在进度状态图中标示。然后再计算实际完成积分，计算在给定时间以前每个月的实际完成积分，方法与计算月的计划积分一样。最后，计算实际完成累计积分。电子商务项目 A 六月底进度状态图如图 5-2 所示。

任务–人	月序										工作量（人·周）
	3	4	5	6	7	8	9	10	11	12	
规划–1	3.1	4.4									4
需求–2	3.28		5.18								15
设计 3		5.1		6.16							20
实现–3				6.5	7.21						20
测试–2					7.10			10.22			30
文档–2								10.15	10.26		3
培训–1								10.29	11.11		2
交付–2									11.15	12.2	5
总结										12.15	1
当月计划积分	5.6	9	18.4	18	15.2	8.8	8.8	10	4.6	1.6	100
计划累计积分	5.6	14.6	33	51	66.2	75	83.8	93.8	98.4	100	
实际完成积分	5.6	9	16.4	10							
累计完成积分	5.6	14.6	31	41							

图 5-2　某电子商务项目 A 六月底进度状态图

5．进度状态分析

进行进度状态分析首先要绘制项目的进度状态图，进度状态分析图是将项目在给定时间实际完成任务的状况和原来计划作比较，并用图形表示。进度状态分析图是以 X 轴作时间轴，Y 轴作积分轴画出的计划积分和实际完成积分的两条折线。电子商务项目 A 的 6 月底的进度状态分析图如图 5-3 所示。

进度状态分析是依照绘制完的进度状态图来判断当前计划拖延或者超前情况，并分析拖延或者超前的产生原因，最后需要总结经验教训，了解如果按照原进度计划完成项目需要采取的有力措施。

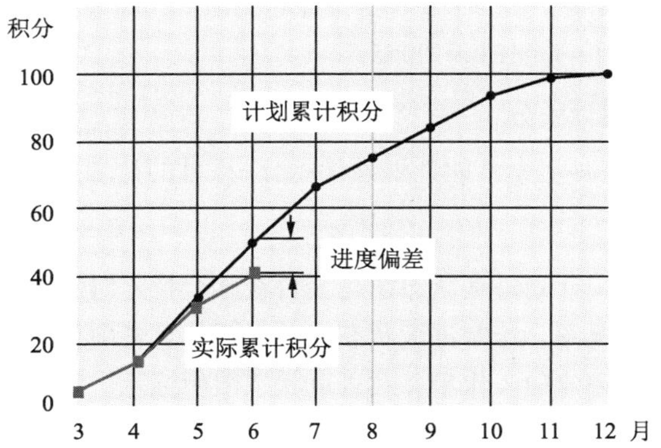

图 5-3　6 月底进度状态分析

从上面的讨论可以看到，进度控制的关键是要做好 WBS（工作分解结构）工作，一定要将项目分解到可控制的程度，一定要及时准确地记录计划进度的数据，画出计划图、进度状态图。

5.5.2　项目的成本控制

电子商务项目成本控制，就是项目实施过程对成本形成的各种因素，按照事先拟定的标准严格加以监督，发现偏差就及时采取措施加以纠正，从而使生产程中的各项资源的消耗和费用开支限制在标准规定的范围之内。换句话说，项目成本控制就是按照事先拟定的计划，将项目实施过程中发生的各种实际成本与预算成本进行对比、检查、监督和纠正，尽量使项目的实际成本控制在计划和预算范围内的管理过程。项目成本控制工作是在项目实施过程中，通过开展项目成本管理，努力将项目的实际成本控制在项目预算范围内的一项管理工作。主要包括三个方面的工作：可能引起项目成本变化的各种影响因素的控制（事前控制）、项目实施过程中的成本控制（事中控制）和项目实际成本发生以后的控制（事后控制）。

项目成本控制的基本步骤主要有三步。第一步，制定成本标准，成本标准是成本控制的依据和准绳，成本标准除了涵盖成本计划中规定的各项指标之外，也需根据成本控制的具体要求规定一系列新的指标。确定成本标准常用的方法有计划指标分解法、预算法和定额法。计划指标分解法是大指标逐级分解为小指标，将各个指标作为成本控制的标准；预算法就是用制定预算的办法来制定控制标准，采用这种方法一定要注意从实际出发制定各项预算；定额法是建立起费用开支限额并将这些限额作为控制标准进行控制。第二步，监督成本形成的过程，监督成本形成就是依据成本控制标准，对各个工序和各个子项目的成本形成经常性地检查、评比和监督，监督成本形成过程就是既要检查指标本身的执行情况，还要检查和监督影响指标的各项条件，如设备、工艺、工具、工人技术水平、工作环境等。第三步，及时纠正偏差，若发现成本出现偏差，应及时查明导致差异产生的原因和成本具体的责任人，根据各个偏差的轻重缓急情况，提出改进措施，并加以贯彻执行。成本差异纠正一般采用下列步骤：首先需要从各种成本超支的原因中提出降低成本的课题；然后发动有关部门人员进行广泛的研究和讨论，商讨确定课题解决方案；再确定方案实施的具体方法步骤和负责执行的人员；最后就是认真贯彻执行确定的方案。

电子商务项目成本控制必须加强宣传力度，使项目团队每个成员树立成本控制意识。首先要统一思想认识，从项目管理人员到普通员工要进行经济教育，灌输经济意识。其次是组织培训，提高专业人员的素质，这是实现成本目标的保证。最后需要建立一套针对电子商务项目成本管理的行之有效的制度，如项目质量成本管理办法、工期成本管理办法、项目招投标管理办法、合同评审管理办法、材料使用控制办法等管理办法。这些管理办法应是责任到人、切实可行的具有较强操作性的办法，使项目的成本控制有法可依，有章可循，有据可查。对成本管理体系中的每个部门、每个人的工作职责和范围要进行明确的界定，遵循、标准化、规范化的原则建立责权利相结合的成本管理模式和体制；对于每个项目，都要有成本控制的目标——项目预算，在落实任务的同时，也要落实完成任务需要的成本预算，并且逐级负责，层层落实，使项目成本管理工作做到责权利无空白，无重叠，事事有人管，责任有人担，一切有章可循、有据可查，使项目的成本管理工作形成一个完整的成本管理体系。

成本控制最主要的两个方法分别是挣值分析法和时间-成本平衡法，将在接下来的一节来着重介绍。

5.6　挣值分析法与时间-成本平衡法

5.6.1　挣值分析概述

1．挣值、挣值分析的内涵

挣值，也称作挣得值、赢得值，就是按照预算计划成本核算的已完成工作量的成本。

挣值分析就是在传统的偏差分析基础上，引进一个中间变量“挣值”来分析项目进度和成本。通过测量和计算已完成工作的预算费用、已完成工作的实际费用以及计划工作的预算费用，得到有关计划实施的进度和费用偏差，从而达到判断项目进度计划和预算执行情况的目的，对它们各自未来的发展趋势做出科学的预测与判断。

2．挣值分析的起源与发展

20 世纪 60 年代，美国国防部的有关人员开始收集挣值法在实际应用方面的经验和知识，首先在海军北极星计划中使用，并由空军作了进一步的开发。1967 年，美国国防部推出了费用/进度控制系统的准则，试图用于工业和政府项目之中，作为能有效地进行费用、进度和技术业绩联合管理的工具，这就是项目“挣值”管理的雏形。

3．挣值分析的限定条件

挣值分析的限定条件主要包括四个方面的内容：清晰的项目目标和路径；劳动因素含量高；工作具有创造性；成本和工期限制。

4．挣值分析的意义

通过挣值分析便于项目管理者观测和掌握项目的进展情况，可以对项目状况恶化及时进行预警，从而使项目能得到及时补救；通过挣值分析能使项目管理者准确地把握项目进展的趋势，能够对项目未来状况进行合理的预测，从而有助于进行更好的项目决策；基于挣值分析提供的项目预测，项目管理者可以加强对可能影响项目进展的外部因素的调控，减少项目进展的外部干扰，促使项目的顺利进行；挣值分析能够提供准确的项目进展信息，从而能够加强业主的信心，协调业主与项目管理者之间的联系，进而保障和加速项目的进展。

5. 挣值分析的进一步发展

挣值分析要能够更加合理地反映项目的实际进展状况，就必须进一步细化到进行项目工作分解结构图（WBS）必要的子单元的挣值分析，在进度监控角度必须与关键路径法（CPM）相结合。

5.6.2 挣值分析方法的内涵

1. 挣值分析的三个基本参数

（1）项目计划作业的预算成本（planned value of work scheduled，PVWS），即预算量，是指在某个时间点上累计计划完成项目作业所获得批准的成本预算。

（2）项目已完成作业的实际成本（actual cost of work performed，ACWP），即实际成本量，是指在某个时间点上累计实际完成项目所花费的实际成本。

（3）已完成作业的预算价值（earned value of work performed，EVWP），即挣值，是指在某个时间点上实际完成项目作业的实际收益值。某个工作包的挣值等于分配给该工作包的总预算乘以该时间点工作包的完工百分比。例如：某个工作包分配的总预算值为 5 万元，在 2 月 19 日，该工作包完成了一半，那么完工百分比为 50%，挣值即为 5 万元乘以 50%，为 2.5 万元。

2. 挣值分析的两个差异分析变量

（1）成本偏差（cost variance，CV），计算公式为：CV=EVWP-ACWP。

（2）进度偏差（schedule variance，SV）计算公式为：SV=EVWP-PVWS。

3. 挣值分析的两个指数变量

（1）成本绩效指数（cost performed index，CPI），计算公式为：CPI=EVWP/ACWP。

当 CPI> 1，表示低于预算，即实际成本低于预算成本。

当 CPI< 1，表示超出预算，即实际成本高出预算成本。

当 CPI=1，表示实际费用与预算费用相吻合。

（2）进度绩效指数（schedule performed index，SPI）计算公式为：SPI=EVWP/PVWS。

当 SPI>1，表示进度超前，即实际进度比计划进度快。

当 SPI<1，表示进度延误，即实际进度比计划进度慢。

当 SPI=1，表示项目是按进度计划进行的。

挣值分析参数 S 曲线如图 5-4 所示。

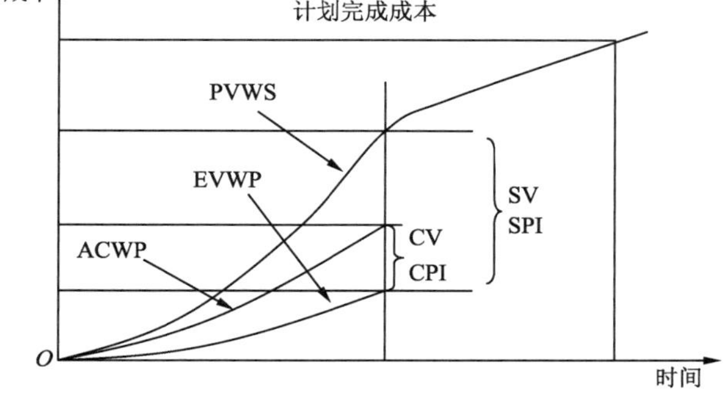

图 5-4 挣值分析参数 S 曲线

4. 挣值分析的预测

（1）如果项目未完工部分按照目前的效率去预测完工成本，则完成全部工作所需要的完工预测成本（EAC）的计算公式为：

$$EAC=ACWP+(BAC-EVWP)/CPI$$

或者：

$$EAC=BAC/CPI$$

其中，BAC 为项目的总预算。

（2）如果项目未完工部分按照计划规定的效率进行，则有公式：

$$EAC=ACWP+(BAC-EVWP)$$

（3）如果发现上述两种效率都不对，那么就需要重新估计所有剩余项目作业的成本，假设重估剩余项目作业还需成本为 a，则有公式：

$$EAC=AC+a$$

有了完工总成本，则容易知道完工尚需成本（estinmate to completion，ETC），即从现在开始到全部完工还需要多少成本：

$$ETC=EAC-ACWP$$

5.6.3　挣值分析的应用

1. 挣值法的步骤

挣值法的应用步骤即为：首先根据项目的合同、计划数据编制成本基线，确定检查点上的 BCWS；然后记录到检查点为止项目成本使用的实际情况，确定检查点上的 ACWP；进一步度量到检查点为止项目任务完成情况，确定检查点上的 BCWP；通过计算 CV 和 SV（或者是 CPI 和 SPI），判断项目执行情况；如果偏差超出允许范围，则需要找出原因，并提出改正措施。

2. 挣值法分析可能出现的情况及其对应措施

挣值法分析可能出现的情况及其对应措施有如下几个方面：

（1）ACWP>EVWP>PVWS，CV<0，SV>0，进度较快，有所超前；降低成本，提高成本效率。

（2）EVWP>ACWP>PVWS，CV>0，SV>0，成本效率较高；可以按情况适当抽调出一部分人员加速其他进度较低的项目进展。

（3）ACWP>PVWS>EVWP，CV<0，SV<0，成本效率很低；全面强化成本绩效管理，调整项目进程计划。

（4）EVWP>PVWS>ACWP，CV>0，SV>0，成本效率很高；可以根据需要加大成本投入，加速项目进度。

（5）PVWS>EVWP>ACWP，CV>0，SV<0，成本效率较高；加大投入力度，采取激励措施，全面加速项目进展速度。

（6）PVWS>ACWP>EVWP，CV<0，SV<0，成本效率较低；强化工作标准，加速项目进展，同时注意监控成本。

下面通过一个例子来介绍挣值分析的原理。

【例 5-1】某项目中的某可交付成果，成本总预算是 13 万元，要求 10 周内完成。该可交付成果包括三个工作包，成本预算分别是：工作包 1：2 万元；工作包 2：10 万元；工作包 3：1 万元。参见图 5-5。

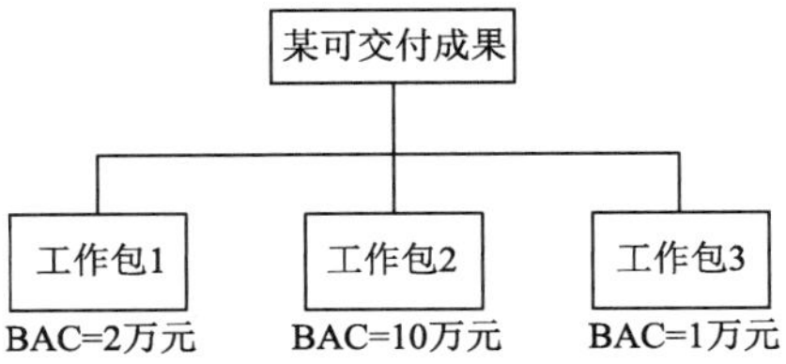

图 5-5　某项目示意图

解答如下：

（1）建立成本基准计划（即确定计划值 PV）。成本基准计划是一种按时间分段的预算。按时段把估算的成本累加起来，即可求得成本的基准计划（计划值 PV）。

我们在这里可把工作包按时间分段：工作包 1 的任务发生在第 1～2 周，工作包 2 的任务发生在第 3～9 周，工作包 3 的任务发生在第 10 周。

首先要安排各工作包在任务发生时间段的成本，然后计算出每周的成本预算合计和截至某周前的累计预算值（计划值 PV），见表 5-1。

表 5-1　成本基准计划

单位：万元

某可交付成果	BAC	周									
		1	2	3	4	5	6	7	8	9	10
工作包 1	2	1	1								
工作包 2	10			1	1	2	2	2	1	1	
工作包 3	1										1
合计	13	1	1	1	1	2	2	2	1	1	1
计划值（PV）		1	2	3	4	6	8	10	11	12	13

计划值（PV）的计算情况如下：

第 1 周结束前的计划值就是合计值 1 万元。第 2 周结束前的计划值是第一周结束前的计划值加上第 2 周的预算合计值。同样，第 3 周结束前的计划值是第 2 周结束前的计划值加上第 3 周的预算合计值。依此类推，可得出第 8 周结束前的计划值是 11 万元，第 10 周结束前计划值是 13 万元。

（2）记录和计算实际成本。在每周结束前记录每个工作包发生的实际成本，再计算这一周发生的实际成本的合计值，进而计算出截至本周前发生的实际成本（ACWP），见表 5-2。

实际成本（ACWP）计算情况如下：

第 1 周结束前发生的实际成本就是合计值（0.5 万元）。第 2 周结束前发生的实际成本等于第 1 周结束前发生的实际成本加上第 2 周发生的成本合计。同样，第 3 周结束前发生的实际成本是第 2 周结束前发生的实际成本加上第 3 周发生的成本合计。依次类推，计算出第 8 周结束前发生的实际成本是 11.5 万元。

表 5-2　前 8 周实际成本发生情况

单位：万元

某可交付成果	周							
	1	2	3	4	5	6	7	8
工作包 1	0.5	1	0.5					
工作包 2			1	1.5	2	1.5	2	1.5
工作包 3								
合计	0.5	1	1.5	1.5	2	1.5	2	1.5
计划值（PV）	0.5	1.5	3	4.5	6.5	8	10	11.5

（3）记录和计算挣值。在每一周结束前先估算出各工作包工作量完成的百分比，再把这些百分数乘以对应工作包的预算（BAC），转换成货币值。把这些货币值相加即可得出截至这一周结束前的挣值，见表 5-3。

表 5-3　前 8 周挣值情况

单位：万元

某可交付成果	BAC（万元）	周							
		1	2	3	4	5	6	7	8
工作包 1	2	35% 0.7	85% 1.7	100% 2	100% 2	100% 2	100% 2	100% 2	100% 2
工作包 2	10			5% 0.5	25% 2.5	45% 4.5	55% 5.5	75% 7.5	85% 8.5
工作包 3	1								
合计	13								
挣值（PV）		0.7	1.7	2.5	4.5	6.5	7.5	9.5	10.5

（4）绩效分析。在工作执行前制订了成本基准计划（PVWS），执行过程中记录和计算了实际成本（ACWP）和挣值（EVWP）。在每个绩效报告期到达时刻，就可进行绩效分析了。本案例中，我们在第 8 周结束时刻来做绩效分析。

根据公式：

成本偏差（CV）=挣值（EVWP）−实际成本（ACWP）

进度偏差（SV）=挣值（EVWP）−计划值（PVWS）

算得第 8 周结束时刻的成本、进度偏差为：

CV=10.5−11.5=−1（CV<0，成本绩效差）

SV=10.5−11=−0.5（SV<0，进度绩效差）

转换为成本、进度绩效指数为：

$$CPI=EVWP \div ACWP=10.5 \div 11.5=0.913$$

$$SPI=EVWP \div PVWS=10.5 \div 11=0.955$$

根据公式，算得全部工作完工将需要的成本是：

$$EAC=BAC \div CPI=13 \div 0.913=14.24\text{（万元）}$$

或者：　　EAC=ACWP+（BAC−EVWP）÷CPI=11.5+（13−10.5）÷0.913=14.24（万元）

5.6.4　时间-成本平衡法

1. 方法概述

时间-成本平衡法是一种用最低的相关成本的增加来缩短项目工期的方法。该方法基于以下假设：

（1）每项活动有两组工期和成本估计，即正常的和应急的。正常时间（normal time）是指在正常条件下完成某项活动需要的估计时间。应急时间（crash time）是指完成某项活动的最短估计时间。正常成本（normal cost）是指在正常时间内完成某项活动的预计成本。应急成本（crash cost）是指在应急时间内完成某项活动的预计成本。

（2）一项活动的工期可以被大大地缩短，从正常时间减至应急时间，这要靠投入更多的资源来实现。例如指派更多的人、使用更多的设备，等等。成本的增加与加快活动进程是相联系的。需要将活动的预计工期从正常时间缩短至应急时间时，必须有足够的资源作保证。

（3）无论对一项活动投入多少额外的资源，也不可能在比应急时间短的时间内完成这项活动。否则，就不再是时间与成本的平衡，而是时间与质量的平衡。

（4）在活动的正常点和应急点之间，时间和成本的关系是线性的。为了将活动的工期从正常时间缩短至应急时间，每项活动都有自己的单位时间加急成本。缩短工期的单位时间加急成本可用如下公式计算：

单位时间加急成本=（应急成本−正常成本）÷（正常时间−应急时间）

2. 应用实例

下面通过一个例子来介绍时间—成本平衡法的原理。在表 5-4 中，某项目的四个活动均有一组正常工期和正常成本，一组应急工期和应急成本。

表 5-4　正常工期和成本与应急工期和成本

活动	正常工期（周）	正常成本（万元）	应急工期（周）	应急成本（万元）	单位应急成本（万元）
活动 A	9	7	8	8	1
活动 B	10	5	7	11	2
活动 C	7	6	6	9	3
活动 D	9	10	8	14	4

项目经理将正常和应急时间及成本加入到未完成任务的工作细目方框，并画出体现任务之间工作顺序的工作网络结构图，如图 5-6 所示。

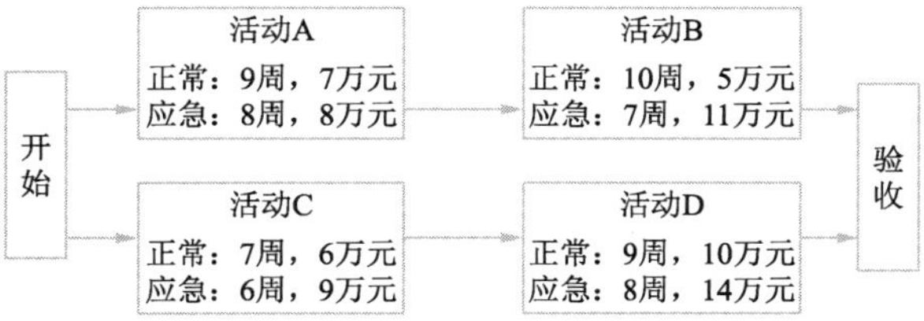

图 5-6　工作网络结构图

图 5-6 显示从当前到项目结束有两条路径：路径 A-B 和路径 C—D。按正常的工期估计，路径 A—B 的长度为 9 周+10 周=19 周，路径 C—D 的长度为 7 周+9 周=16 周，项目必须在 A—B 路径和 C—D 路径的任务都完成后才能验收，两条路径中，A—B 路径较长，因此关键路径是 A—B，项目预计最少还需 19 周完成。

在正常工期情况下，从当前到项目结束的项目任务总成本为：7+5+6+10=28（万元）。

假如项目当前已产生的实际成本是 10 万元，即当前预测项目的总成本为：28+10=38(万元)。

项目的总预算为 40 万元，所以当前项目的预算盈余预测为：40 – 38=2（万元）。

如果图 5-6 中所有的任务都在应急时间内完成，路径 A—B 将用 15 周时间，路径 C—D 将用 14 周时间，项目的关键路径是 A—B，项目的最早结束时间是 15 周。这说明当全力投入相关的资源，项目的工期最多可以从 19 周缩短到 15 周，共缩短 4 周时间。这是项目工期可压缩的极限，即使投入更多的人员和设备资源，项目工期也无法缩短到 15 周以下，其他方面的因素形成的瓶颈限制了项目应急工期的进一步缩减。4 周的压缩工期极限显然可以满足客户缩短 3 周工期的要求，这说明从技术上而言满足客户的要求是可能的。

从当前到项目结束所有任务都在应急工期内完成的总成本为：8+11+9+14=42（万元）。

假如项目当前的实际成本为 10 万元，即项目的总成本为：10+42=52（万元）。

预算盈余为：40 – 52=-12（万元）。

可见，如果为了满足客户的要求而简单地将所有活动都压缩到应急时间内完成，项目的工期可以缩短 4 周，但成本将达到 52 万元，超出 40 万元的预算达 12 万元，超出率将近 30%。因此从成本控制的角度考虑，将所有活动都压缩到应急时间缺乏经济性。客户的要求是缩短 3 周，为得到成本更低的解决方案，需要对时间和成本的关系作进一步的分析。下面用时间-成本平衡法分析工期压缩的四种情况对成本的影响。

（1）将工期缩短 1 周，从 19 周压缩到 18 周。由于路径 C—D 的正常长度为 16 周，小于 18 周，因此关键路径依然是 A—B，路径 A—B 的任务需要压缩工期，而路径 C—D 的任务按正常工期进行即可。加速任务 A 或者任务 B 的工期都可以将路径 A—B 的长度压缩 1 周，压缩 A 的长度需要增加 1 周应急成本 1 万元，压缩 B 的长度需要增加 1 周应急成本 2 万元。显然压缩 A 增加的成本更低，如果压缩 A 的工期，项目的总成本将增加 1 万元，达到 39 万元，预算盈余尚有 1 万元。

（2）工期缩短 2 周，从 19 周压缩到 17 周。由于路径 C—D 的正常长度为 16 周，关键路径仍然是 A—B，路径 C—D 的任务按正常工期进行即可。因为 A 的应急工期最多只能压缩 1 周，这时不得不将 A 和 B 的工期都压缩 1 周才能将关键路径 A—B 的工期压缩 2 周。A 和 B 的工期各压缩 1 周后，项目工期从 19 周缩短至 17 周，增加的成本是 A 的 1 周应急成本和 B 的 1 周应急成本之和，共 3 万元，达到 41 万元，预算盈余转为-1 万元。这意味着如果要缩短项目工期 2 周，项目的成本将超过总预算 1 万元。

（3）缩短工期 3 周，从 19 周压缩到 16 周，路径 C—D 和路径 A—B 都可成为关键路径。路径 C—D 的正常路径长度就是 16 周，没有应急成本的增加；在路径 A—B 上，需缩短 3 周时间，A 最多能缩短 1 周，所以 B 必须缩短 2 周，相应的，项目总成本将增加 A 的 1 周应急成本与 B 的 2 周应急成本之和，共为 5 万元。这时，项目的总成本增加为 43 万元，预算盈余 – 3 万元。这意味着如果要缩短项目工期 3 周，项目的成本将超出预算 3 万元。

（4）缩短工期 4 周，从 19 周压缩到 15 周，路径 C—D 和路径 A—B 的正常工期都超过 15 周，因此两条路径都要压缩。路径 C—D 的正常路径长度是 16 周，需要压缩 1 周工期，增加的成本是 C 的 1 周应急成本 3 万元，压缩 D 的工期 1 周增加的成本是 4 万元，显然在路径 C—D 上，选择压缩 C 的工期 1 周增加的成本较低。在路径 A—B 上，需缩短 4 周时间，A 最多能缩短 1 周，所以 B 必须缩短 3 周，增加的应急成本是 A 的 1 周应急成本与 B 的 3 周应急成本之和，共为 7 万元。这时，项目的总成本增加到 48 万元，预算盈余-8 万元。这意味着如果要缩短项目工期 4 周，项目的成本将超出预算 8 万元。

将所有的任务压缩到应急工期最多可缩短 4 周，项目总成本增加到 52 万元；而利用时间-成本平衡法进行分析后，同样将工期缩短 4 周，只需要将部分项目活动压缩到应急工期，项目总成本仅增加到 48 万元，可见时间-成本平衡可以提供更为经济的解决方案。

表 5-5 是不同的压缩工期对项目成本产生的影响比较。根据分析结果，如果要完全满足客户的要求，需压缩 3 周工期，项目总成本将达到 43 万元，超出预算 3 万元，客户原因而引起的项目进度变化将导致项目成本超支。项目经理将分析结果通报管理层和负责该客户的销售经理，并共同商讨应对措施。管理层在时间-成本分析结果的基础上进一步考虑客户的满意度指标和与客户的长期合作关系，决定配合客户的数据业务的市场推广活动，但同时应尽量减少应急成本的增加。随后，项目经理与客户进一步磋商，与客户明确工期的缩短将增加项目的成本，表示公司将全力配合他们的市场推广活动，同时希望客户能减少工期缩短的时间。

表 5-5　压缩工期对项目成本的影响比较

单位：万元

压缩的工期	关键路径	增加的应急成本	项目总成本	预算盈余
1（周）	A-B	1	39	1
2（周）	A-B	3	41	-1
3（周）	A-B	5	43	-3
4（周）	A-B，C-D	10	48	-8

经过商讨，客户同意只缩短 2 周工期，而不是原来的 3 周。项目工期从 19 周缩短至 17 周，应急成本增加 1 万元。于是项目经理申请增加 1 万元的项目预算，获得批准后，项目当前的预算盈余 2 万元和追加的 1 万元预算，共 3 万元，用于购买压缩工期所需的人力资源和设备资源，分别投入任务 A 和 B，随后项目经理依照流程向项目小组发布新的项目基准计划，指示各相关人员按照新的项目计划进行工作。新的项目计划既满足了客户的要求，又以最少的应急成本加快了项目的进度，在项目的各个指标之间取得了平衡。

习　　题

一、名词解释

1. 信息分发
2. 项目跟踪
3. 项目进度控制

4. 项目成本控制
5. 挣值

二、选择题

1. 下列（　　）不属于电子商务项目管理方法论。
   A. 阶段化管理　B. 优化管理　C. 分析性管理　D. 量化管理
2. 项目人员表现存在问题。这种问题最好通过（　　）方法解决。
   A. 正式的书面沟通　B. 正式的口头沟通
   C. 非正式书面沟通　D. 非正式口头沟通
3. 通常影响项目实施和目标实现的客观因素主要有两个方面：外部因素和内部因素。下列（　　）属于内部因素。
   A. 项目实施的进度　B. 国家政策　C. 市场价格　D. 法律法规
4. 成功的项目管理通常是基于（　　）在多大程度上保持其对项目做出的承诺。
   A. 项目经理　B. 职能人员　C. 项目团队成员　D. 客户主管
5. 在工期压缩过程中，你为关键路径活动增加了资源。接下去必须考虑（　　）。
   A. 其他活动的拖延　B. 产生新的关键活动
   C. 分配到关键路径其他任务的资源　D. 进度计划中二时最长的任务
6. 在某时刻，项目进度的 BCWS 为 100 万元，而 BCWP 为 110 万元。项目目前状态（　　）。
   A. 落后于进度计划　B. 超前于进度计划
   C. 超出预算　D. 在预算之内
7. 客户要求范围变更。为了分析其对项目造成的影响，项目经理应该审查工作分解结构、变更申请、范围管理计划和（　　）。
   A. 绩效报告　B. 责任分配矩阵　C. 帕累托图　D. 蒙特卡洛模拟
8. BCWS=250 万元，BCWP=220 万元，ACWP=240 万元，CV 和项目状态为（　　）。
   A. 20 万元，节支　B. −20 万元，超支
   C. 30 万元，工期提前　D. −30 万元，工期拖后

三、简答题

1. 电子商务项目管理方法论中的优化管理应如何理解？
2. 信息分发的依据是什么？如何进行信息分发？
3. 为什么电子商务项目范围会变化？
4. 在电子商务项目的团队管理中，项目沟通的重要性体现在哪几个方面？
5. 挣值分析的两个差异分析变量是什么，如何应用？
6. 举例说明时间–成本平衡法的主要原理是什么。

四、计算题

对项目各项费用进行仔细分析之后，最终制定的各项工作的费用预算修正结果见表 5-6。项目经过一段时间的实施之后，现在到了第 15 周，在 15 周初对项目前 14 周的实施情况进行了总结，有关项目各项工作在前 14 周的执行情况也汇总在表中。

表 5-6　项目各项工作费用预算及前 14 周计划与执行情况统计

代号	工作名称	预算费用（万元）	实际完成的百分比	实际消耗费用（万元）	挣值（万元）
A	总体设计	25	100%	28	
B	单元定义	30	100%	30	
C	设计	15	100%	14	
D	试制	30	100%	34	
E	单元测试	70	50%	40	
F	总装	20	20%	10	
G	测试	45	0%		
总费用					

（1）计算前 14 周每项工作的挣值并填入表 5-6 中，请写出一个工作挣值的计算公式。

（2）计算项目到第 14 周末的挣值 BCWP。

（3）假设前 14 周计划完成项目总工作量的 65%，请计算项目 14 周结束时的计划成本 BCWS。

（4）计算该项目前 14 周已完成工作量的实际成本 ACWP。

（5）假设项目目前的执行情况可以反映项目未来的变化，请估计项目完成时的总成本 EAC。

案例分析

案例一　项目中多种沟通不良的情况如何解决

案例背景：项目经理当初匆忙中途接手后，和项目团队进行问题分析和启动，存在的问题有：①项目职责前期还不是很清晰；②前期项目问题分析没有深入到根源，发现细节性问题很多且时间非常急迫。在以下四点情况下，直接进入实施阶段：①工作任务分解很粗，在分解过程中也发觉团队成员无法分解出来；②项目管理流程及制度等没有确定；③项目团队人员已经被他人分配去现场；④项目经理也没有意识到项目管理特别是内部沟通工作的重要性（大部分时间是远程实施）——重点放在梳理外部沟通，以扭转以前的不好影响。在项目实施过程中，存在很多问题，表面呈现最严重的是沟通方面：

问题 1，信息失真：

（1）现场施工的员工说任务已经完成，但实际上当其他员工到现场去进行客户培训时，发现远远还没有完成，例如，应用只安装了几台，客户基本没有将系统用起来，系统上存在 BUG 等很多细节问题。

（2）口头沟通，发现代码里面有部分没有改动，前期通过口头已经进行过说明。

问题 2，进度失控：部分工作进度已经不能完成的情况下，没有及时反馈问题，在周报里面较粗地体现一下，但被忽略，等等。

问题 3，任务遗失：

（1）员工电话汇报较为重要问题内容，但是由于手头工作缘故，一时没有注意，后期客户直接对该问题没有处理有很大意见。

（2）口头分配的任务遗失。

问题 4，口径不一：一件事情，信息内部没有共享，团队成员对外沟通传达错误信息。

问题 5，重复劳动：同一个接口测试文档，两个员工每人都分别写测试并都提交了一份接口文档给客户。

（来源：根据网络资料整理）

案例思考题

（1）项目中出现的沟通问题如何避免？特别是信息失真情况。

（2）如何确保良好的沟通？如何建立良好沟通体系？

（3）系列问题的根源是什么？

案例二　面对客户的需求变更，接受还是拒绝？

在某公司的项目管理课堂上，小李、小王等人正在议论纷纷。原来，大家正在讨论小王的公司最近遇到的两个颇为有趣的项目。

据小王介绍，这两个项目分别由两个项目经理来负责。其中，项目经理 A 属于“谦虚”型，对于客户提出的问题，无论大小都给与解决，客户对此非常满意，然而，项目进度却拖得比较长，而且，客户总想把所有的问题都改完再说，项目已经一再延期。

相比之下，项目经理 B 显得稍有些“盛气凌人”，对于客户提出的问题，大多都不予理睬，客户对此不是很满意，不过，该项目的进度控制得比较好，基本能够按期完成项目。

话刚一说完，小李就抢着说：“A 比较像我，一般在和我的一些战略客户打交道的时候，我基本是有求必应，与客户的关系处得很好，这样做肯定不会错。就像前天我连合同都写错了，找到客户，人家二话没说就同意改了。你说如果是 B 的话可能吗？”

小王对此不以为然，“对项目经理来说，成本、质量和时间是最为重要的因素。与客户的关系当然很重要，但也要全盘考虑项目的各要素。对于用户的要求，应该在有限的范围内给予解决，但不可以做出太大的牺牲。一味地迁就用户将会使整个项目失败。”

小林接着小王的话说：“当前，国内的项目一般情况下是由销售出面签单，再由项目经理接手后续的工作，因此客户关系多在事前已经搞定。发生新的情况后，可以由公司的公关部出面与客户进行协调，项目经理可以在此过程中坚持一下原则，与公司的公关部一个红脸、一个白脸，唱出一出好戏。”

小赵反驳道：“不管怎样，客户才是第一位的。客户可以给你带来收入，也可以给你带来更多的客户和工作，有什么道理不多配合一下他们呢？说实话我对 B 的做法蛮欣赏的，可惜行不通。如果照 B 的做法，后果会造成做一次项目丢掉一个客户，太不划算了。”

（来源：根据网络资料整理）

案例思考题

（1）如果你的项目遇到需求变更问题，你会采用哪种方式去应对？

（2）分析这两种应对需求变更方式的优缺点。

第 6 章

电子商务项目的质量管理与风险管理

学习和实践目标

通过对本章内容的学习，学生应该熟悉电子商务项目质量管理的各种管理思想，掌握电子商务项目质量管理规划的内容和步骤，会运用常见的质量保证和质量控制的方法；同时，了解风险的计划管理、控制管理，熟悉风险防范、应对策略，并且掌握风险识别、风险分析的方法。

实现目标的知识点

- 熟练应用全面质量管理思想，以及成熟度模型、PDCA 循环等经典质量管理理论解决实际问题。
- 熟练应用传统制造工程质量控制中的控制图、因果分析图和帕累托图解决实际问题。
- 电子服务质量的模型和分析方法供多学时的专业选学。
- 熟练应用风险识别、定性与简单定量分析和应对策略的知识来解决常见的风险问题。
- 风险复杂定量分析的工具方法供多学时的专业选学。

电子商务项目在实际建设过程中，有的单位主观地设计系统功能而忽视客户真实需求，或者为了不超过计划进度而匆忙赶工或过分简化工作程序，以及为不超过预算费用而马虎工作、偷工减料。这些行为实质上都是以牺牲项目的质量为代价去追求其他项目目标的实现。其严重后果将在项目运营期体现出来：系统不是维护费用非常高，就是可移植性和兼容性比较差。因此，必须从质量与项目管理其他模块的关系出发去研究项目的质量管理。

除建设期发生但未解决的质量问题可能造成客户巨大的运营风险以外，立项规划期项目目标定位不准、可行性论证不充分、投资战略不恰当等质量问题也会在项目运营以后彻底展露并给客户带来重大损失。因此，项目风险管理是与质量管理密切关联的。另一方面，风险管理研究有其特殊内容，如风险的计划管理、识别、测量、分析、防范、应对、监控等。因此，将这两个管理模块的内容放在同一章叙述是合适的，毕竟质量问题是造成项目风险的最主要原因之一。

6.1　电子商务项目的质量管理

6.1.1　电子商务项目质量管理含义

1. 电子商务项目质量的定义

质量管理是一门发展中的管理科学，电子商务项目管理也正在逐渐发展成熟起来。

根据国际标准化组织 ISO9000：2015 对质量的定义，质量是一组固有特性满足要求的程度。根据国际标准化组织 ISO8402 对质量的定义，质量是反映实体满足规定或潜在的特性总和。这个实体一词很广泛，包括产品、服务、体系或过程，包含了项目的概念，但远远超出了项目的外延。因此借用国际标准化组织对质量的定义，把电子商务项目定义为电子商务项目满足规定或潜在需要的特性的总和。电子商务项目的质量至少应包括两个相互关联又各有侧重的方面。一是管理方面的，即项目管理过程质量，包括系统建设的准备、规划、组织、协调以及运行管理方面所反映的工作质量问题；二是技术方面的，即产品实现过程质量，包括系统生命期各阶段的产品质量。

2. 电子商务项目的全面质量管理

质量管理在组织的质量职能方面是一个最大范畴的概念，包括质量方针、质量策划、质量控制和质量保证。质量方针被定义为：由最高管理者正式颁布的本组织在质量方面的全部宗旨和目标。质量方针是由企业总方针的一个组成部分，由最高管理者批准。质量策划是质量管理的一部分，致力于制定质量目标并规定必要的行动过程和相关资源以实现质量目标。质量策划包括各种质量计划的制订。质量控制是为达到质量要求所采取的作业技术和活动。质量保证是指为提供某实体能满足质量要求的适当信赖程度，在质量体系内所实施的并按需要进行证实的全部有策划的和系统的活动。质量保证有“内部”和“外部”两种，内部质量保证是取得管理者的信赖，外部质量保证是取得顾客或其他人的信赖。

在这个基础上，电子商务项目管理可定义为：在电子商务项目管理中，确定质量方针、目标和责任，并借助质量体系中的质量策划、质量控制、质量保证和质量改进等手段实施的全部管理职能活动。对电子商务项目来说，尤其要对电子商务系统建设过程进行全面质量管理控制。电子商务项目的质量管理不仅仅是项目建设完成后的最终评价，而且是在电子商务建设过程中的全面质量管理。也就是说，它不仅包括系统实现时的质量管理，也包括系统分析、系统设计时的质量管理；不仅包括对系统实现时软件的质量管理，而且还包括对文档、系统建设人员和用户培训的质量管理。显然，在电子商务项目质量管理中需要贯彻全面质量管理的思想。

全面质量管理是以质量为中心，以全员参与为基础，目的在于通过让顾客满意和本组织所有成员及社会受益而达到长期成功的一种质量管理模式。从这一定义中可以看出，全面质量管理的指导思想分两个层次：其一是整个组织要以质量为核心；其二是组织的每个员工要积极参与全面质量管理。而全面质量管理的根本目的是使全社会受益和使组织长期成功。确切地说，全面质量管理的核心思想是质量管理的全员性（全员参与质量管理）、全过程性（管理好质量形成的全过程）和全要素性（管理好质量所涉及的各个要素）。

之所以对电子商务系统采取全面质量管理，是因为在电子商务系统建设生命期的各个阶段，对上一阶段的理解和本阶段的设计与实现上都存在着这样那样的问题。如图 6-1 所示，在该图中阶段之间的接口至少存在列出来的七个正确性问题，要想每个问题都能顺利解决并不容易。并且，根据一些IT公司的统计资料，在后期对一个质量缺陷进行处理比在早期对该缺陷进行相应处理所需付出的代价可能高2～3个数量级。因此要从电子商务项目建设的一开始就进行全面质量管理，以便尽量在早期发现错误，及早更正。

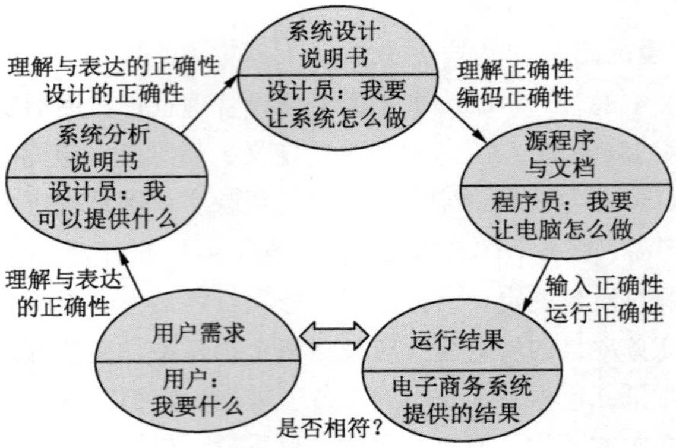

图6-1　电子商务系统项目周期各阶段之间的关系

为了在电子商务系统项目的建设过程中实施全面质量管理，主要采取下述措施：

（1）实行工程化的开发方法。电子商务系统的建设是一项系统工程，必须建立严格的工程控制方法，要求开发组的每个人都要遵守工程规范。

（2）实行阶段性冻结与改动控制。在电子商务系统建设的每个阶段末尾，“冻结”已经取得的成果，作为下个阶段开发的基础。冻结之后不是不能修改，而是其修改要经过一定的审批程序，并且涉及项目计划的调整。

（3）实行里程碑式审查与版本管理。里程碑式审查就是在电子商务生命期的每个阶段结束之前，都要正式使用验收的标准对该阶段的冻结成果进行严格的技术审查。这样，如果发现问题，可在阶段内部解决。版本管理的含义是通过给文档和程序文件编上版本号，记录每次的修改信息，使项目组的所有成员都了解文档和程序的修改过程。

（4）实行面向用户参与的原型演化。为了得到用户更清晰的需求，可以利用原型系统与用户交互，及时得到反馈信息，验证需求调研的成果并及时纠正需求获取中的错误。

（5）强化项目管理，引入外部监理与审计。要重视电子商务系统的项目管理，同时还要重视第三方的监理和审计的引入，通过第三方的审查和监督来确保项目质量。

（6）尽量采用基于重用的方法进行系统开发。可以考虑面向对象、基于构件和网络服务的方法开发，提高软件的可重用性，将错误和缺陷局部化。

（7）按照能力成熟度模型持续改善的要求管理软件的开发过程。能力成熟度模型（capability maturity model，CMM）为软件企业的过程能力（process capability）提供了一个阶梯式的进化框架。电子商务系统的建设应本着持续改善的原则不断优化软件的开发过程。

（8）进行全面测试。要采用适当的手段，对开发的电子商务系统进行全面的测试。

6.1.2　电子商务项目相关的质量管理理论

对于一个电子商务项目团队来讲，应该熟悉一些主流的质量管理思想和体系。软件能力成熟度模型CMM、国际标准认证体系IS09000与PDCA循环是电子商务项目可以参考的质量管理思想或体系。

1. 软件能力成熟度模型

软件能力成熟度模型提供了软件工程成果和管理方法的框架，自 20 世纪 90 年代提出以来，已在北美、欧洲和日本成功地应用。现在该模型已成为事实上的软件过程改进的工业标准。该模型以产品质量的概念和软件工程的经验教训为基础，指导企业如何控制开发、维护软件的生产过程和如何制定一套与之相适应的软件过程及管理体系。

它是评估软件能力与成熟度的一套标准，该标准基于众多软件专家的实践经验，主要用于软件过程改善和软件过程评估，是国际上流行的软件生产过程标准和软件企业成熟度等级认证的标准。CMM 的核心思想是将软件开发视为一组过程，并根据统计质量管理的理论对软件开发进行过程管理，以使其满足工程化、标准化的要求，使企业能够更好地实现商业目标。它侧重于软件开发的管理及软件工程能力的提高，因此，CMM 可以作为企业软件过程改进的指南，可以帮助软件企业建立严格、规范的软件开发过程，从而有效地提高软件工程能力。

CMM 的目标之一是对成熟的和不成熟的软件过程加以区别。不成熟的软件过程隐含着在没有明确的指导原则的情况下组织软件项目的开发，而项目的结果极大地依赖于团队和项目经理的能力。与之相反，在成熟的软件过程下，项目的执行遵循已定义的软件过程。在这种情况下，项目的结果不再过分地依赖于具体人员，而更加依赖于过程。由此可以得出，软件过程越成熟，软件开发的过程就越可以得到复制，软件开发的结果就越可预测，而项目也能得到更好的控制。

在通往更高成熟度的途中会经历一些良好定义的稳定状态，CMM 把它们称为成熟度等级（maturity level)。CMM 模型提供了一个基于过程能力阶梯式进化的框架，阶梯共有五级。这五级由低到高依次为：初始级、可重复级、已定义级、定量管理级和优化级，参见图 6-2。

在 CMM 中每个成熟度等级（第 1 级除外）都规定了不同的关键过程域，一个软件组织如果希望达到某一个成熟度等级，就必须完全满足关键过程域所规定的不同要求，即满足每个关键过程域的目标。所谓关键过程域是指一系列相互关联的操作活动，这些活动反映了一个软件组织改进过程时必须集中精力改进的几个方面。换句话说，关键过程域标识了达到某个成熟度等级时所必须满足的条件。在 CMM 中一共有 18 个关键过程域，分布在 2~5 级中。

（1）初始级。初始级的软件过程是未加定义的随意过程，项目的执行是随意甚至是混乱的。它主要指依据个人的经验和行为进行的软件开发。

（2）可重复级。第二级的焦点集中在软件管理过程上。一个可管理的过程应该是一个可重复的过程，一个可重复的过程则能逐渐进化和成熟。第二级的管理过程有六个关键过程域，主要涉及建立软件项目管理控制方面的内容，包括了需求管理（requirement management，RM)、软件项目规划(software project planning，SPP)、软件项目跟踪与监督(software project tracking and oversight，SPTO)、软件分包管理（software subcontract management，SSM)、软件质量保证（software quality assurance，SQA）和软件配置管理（software configuration management，SCM)。

（3）已定义级。上述第 2 级仅定义了管理的基本过程，还没有定义执行的步骤和标准。在第 3 级则要求制定企业范围的工程化标准，而且无论是管理还是工程开发都需要一套文档化的标准，并将这些标准集成到企业软件开发标准过程中去。所有开发的项目需根据这个标准过程剪裁出与项目适宜的过程，并执行这些过程。过程的剪裁不是随意的，在使用前需经过企业有关人员的批准。

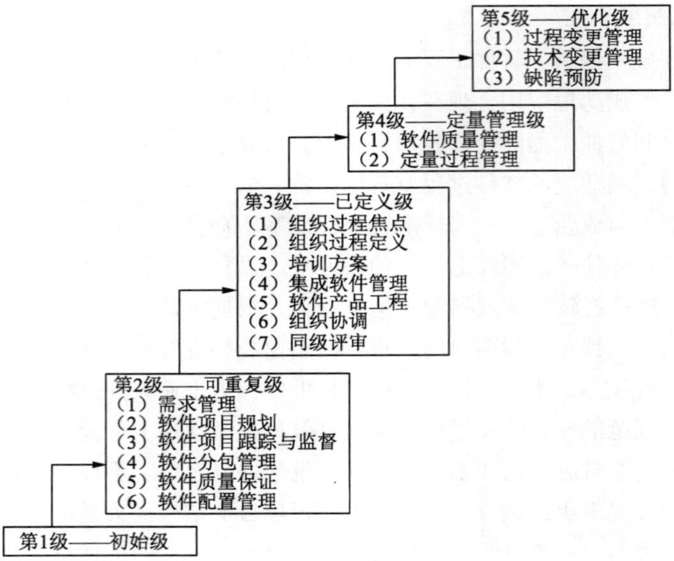

图 6-2　CMM 模型的能力成熟度等级

第 3 级的管理过程有七个关键过程域，主要涉及项目和组织的策略，使软件组织建立项目的有效计划和管理过程的内部细节。主要包括组织过程焦点（organization process focus,OPF）、组织过程定义（organization process definition，OPD）、培训方案（training program，TP）、集成软件管理（integrated software management, ISM）、软件产品工程（software product engineering，SPE）、组间协调（intergroup coordination，IC）和同级评审（peer reviews，PR）。

（4）定量管理级。第 4 级的管理是定量化的管理。所有过程需建立相应的度量方式，所有工作产品和提交给用户的产品都需要有明确的度量指标。第 4 级的管理过程有两个关键过程域，主要的任务是为软件过程和软件产品建立一种可以理解的定量管理方式，主要包括软件质量管理（software quality management，SQM）和定量过程管理（quantitative process management，QPM）等方面。

（5）优化级。第 5 级的目标是达到一个持续改善的境界。所谓持续改善，是指可根据过程执行的反馈信息来改善下一步的执行过程，即优化执行步骤。第 5 级的管理过程有三个关键过程，主要涉及的内容是软件组织和项目中如何实现持续不断的过程改进问题。它主要是指过程变更管理（process change management，PCM），技术变更管理（technology change management，TCM）、缺陷预防（defect prevention，DP）。如果一个企业达到了这一级，那么表明该企业能够根据实际的项目性质、技术等因素，不断调整软件生产过程以求达到最佳状态。

CMM 模型的每一个成熟度级别是一个定义完备的进化平台，它反映了软件组织管理方面达到的水平。它与软件生存期无关，也与软件开发组织所采用的开发技术无关，并且任何一个级别软件开发组织必然属于这五级中的某一层次。它不主张跨越级别的进化，即认为软件过程的进化是渐进的，因为从第 2 级起，每一个低的级别均是高的级别实现的基础。软件过程成熟度的评估方法包括两种：软件过程评估和软件能力评价。

2．ISO 9000 族

ISO（international standardization organization）是一个国际标准化组织，由来自世界上 100 多个和地区的标准化团体组成。

1979 年，ISO 组织成立质量管理和质量保证技术委员会，即 TC176，专门负责制定质量管理和质量保证标准。其中，TC176 即 ISO 中第 176 个技术委员会，全称是“质量管理和质量保证技术委员会”。在各国专家努力的基础上，国际标准化组织在 1987 年正式颁布了 ISO9000 系列标准（9000～9004）的第一版。1994 年，ISO/TC176 委员会在认真总结各国应用 ISO9000 族标准的基础上，对 ISO9000 族标准进行了第一次有限修订，2000 年又进行了彻底地修订，形成 2000 版。在 2008 年 10 月 31 日，又颁布了 ISO9000：2008 版。最新版本为 2021 年发布的 ISO9000：2021。

根据 ISO/TC176 的计划，ISO9000 族标准见表 6-1。

表 6-1　ISO9000 族标准组成

<table>
<tr><th colspan="4">核心标准</th></tr>
<tr><th>标准代号</th><th>标准内容</th><th>标准代号</th><th>标准内容</th></tr>
<tr><td>ISO9000：2015</td><td>质量管理体系　基础和术语</td><td>ISO9001：2015</td><td>质量管理体系—要求</td></tr>
<tr><td>ISO/TS9002：2016</td><td>质量管理体系　ISO 9001：2015 应用指南</td><td>ISO9004：2018</td><td>质量管理—组织质量—实现持续成功指南</td></tr>
<tr><td rowspan="4">ISO19011：2018</td><td rowspan="4">管理体系审核指南
（注：其各行业领域应用的具体质量标准包含在右侧的这些标准中）</td><td>ISO13485：2016</td><td>医疗器械　质量管理体系　用于监管目的的要求</td></tr>
<tr><td>ISO/TS22163：2017</td><td>铁路应用　质量管理体系　铁路行业组织的业务管理系统要求—ISO9001：2015 和铁路部门应用特别要求</td></tr>
<tr><td>ISO/TS29001：2010</td><td>石油，石化和天然气工业　部门专用质量管理系统　产品和服务机构的要求</td></tr>
<tr><td>ISO/IEC90003：2014</td><td>软件工程　计算机软件应用 ISO9001：2000 的指南</td></tr>
<tr><th colspan="4">支持性标准</th></tr>
<tr><th>标准代号</th><th>标准内容</th><th>标准代号</th><th>标准内容</th></tr>
<tr><td>ISO10001：2018</td><td>质量管理　顾客满意度　组织管理的规范指南</td><td>ISO10002：2018</td><td>质量管理　顾客满意度　组织中对投诉处理的指南</td></tr>
<tr><td>ISO10003：2018</td><td>质量管理　顾客满意度　外界与组织的争议解决指导原则</td><td>ISO10004：2018</td><td>质量管理　客户满意度　监控和测量指南</td></tr>
<tr><td>ISO10005：2018</td><td>质量管理　质量计划指南</td><td>ISO10006：2017</td><td>质量管理　项目质量管理指南</td></tr>
<tr><td>ISO10019：2005</td><td>质量管理体系顾问的选择及其服务利用指南</td><td></td><td></td></tr>
</table>

3．PDCA 循环

PDCA 循环的概念最早是由美国质量管理专家戴明提出来的，所以又称“戴明环”。它体现了全面质量管理的基本思想，也是全面质量管理的基本工作步骤和程序，是在质量规划中可以采用的一种思路和方法。

PDCA 循环把质量管理过程具体划分为计划（plan）、执行（do）、检查（check）、处理（action）四个阶段和八个工作步骤，强调按此顺序不断循环从而进行所有质量管理活动。PDCA 循环实际上是有效进行任何一项项目工作的合乎逻辑的工作程序。在质量管理中，PDCA 循环得到了广泛的应用，并取得了很好的效果，因此有人称 PDCA 循环是质量管理的基本方法。之所以称为 PDCA 循环，是因为这四个过程不是运行一次就完结，而是要周而复始地进行。一个循环完了，解决了一部分问题，但可能还有其他问题尚未解决，或者又出现了新的问题，再进行下一次循环。

PDCA 循环的各个英文字母及其在 PDCA 循环中所代表的含义如下：

- P（Plan）：计划，确定项目质量管理方针和目标，确定项目质量计划。
- D（Do）：执行，实地去做，实现项目质量计划中的内容。
- C（Check）：检查，总结执行项目质量计划的结果，注意效果，找出问题。
- A（Action）：处理，对总结检查的结果进行处理，对成功的经验加以肯定并适当推广、标准化；对失败的教训加以总结以免重现，把未解决的问题放到下一个 PDCA 循环。

项目质量提高的过程就是戴明环不断转动的过程。戴明环中，每个大环还可能套着小环，每次转动，都比上一次提升一个台阶。作为全面质量管理体系运转的基本方法，PDCA 循环必须经历 8 个步骤，每个步骤的具体内容和所用的方法见表 6-2。

表 6-2　PDCA 循环的步骤和方法

阶　段	步　　骤	主 要 方 法
P	1. 分析现状，找出问题	排列图、直方图、控制图
D	2. 分析各种影响因素或原因	因果图
	3. 找出主要影响因素	排列图、相关图
	4. 针对主要原因，制订实施计划	回答“5W1H”的问题： 为什么制定该措施（why）？ 达到什么目标（what）？ 在何处执行（where）？ 由谁负责完成（who）？ 什么时间完成（when）？ 如何完成（how）？
	5. 执行、实施计划	
C	6. 检查计划执行结果	排列图、直方图、控制图、检查表
A	7. 总结成功经验，制定相应标准	制定或修订工作规程、检查规程及其他有关规章制度
	8. 把未解决或新出现的问题转入下一个 PDCA 循环	

6.1.3　电子商务质量计划

电子商务项目的质量计划是指将与电子商务有关的质量标准标识出来，并提出如何达到这些质量标准和要求，在此基础上制订并评审通电子商务项目的质量计划。

制订电子商务项目质量计划的主要目的是确保项目满足客户需要，其关键是在项目的计划期内保质保量按期完成。对电子商务项目团队而言，首先应当理解客户的要求，同时应具备相应良好的技术能力，严格按照规范和质量保证计划开展工作。从质量保证的角度描述项目中所执行的质量保证活动。

1. 质量计划制订的依据

（1）质量方针。质量方针是由企业的高层管理者对所有电子商务项目应达到的质量目标和方向制定的一个指导性文件，包括电子商务项目需求调研的方针、系统设计的质量方针、系统实施的质量方针、系统测试的质量方针以及项目完工交付的质量方针等。当然，在项目实施过程中，项目团队可以根据实际情况对质量方针进行适当的修正。例如，现在 IT 行业的企业都很重视 CMM 认证工作，也都很重视 ISO 9000 国际质量体系认证的达标或者升级工作，这些都会影响着企业的质量方针。

（2）项目特点。要根据电子商务项目的不同类型、规模和特点等具体情况，确定其质量目标、质量管理运行过程中需要的相关资源，并进行项目的质量计划。

（3）范围陈述。由于项目的范围陈述说明了投资者的需求及项目可交付成果和项目目标，因此范围陈述便是项目质量计划确定的主要和关键基础。

（4）产品描述。尽管产品描述的相关要素可能在范围描述中有所强调，然而产品的描述通常包括可能影响质量计划编制的更加详细的技术要求和其他注意事项的内容，它对于项目质量计划的制订非常有用。

（5）标准和规范。项目质量计划的制订必须考虑到任何实际应用领域的特殊标准和规范，这将影响项目质量计划的制订。

（6）其他信息。除了上述范围陈述和产品描述以外，问题方面的项目管理信息也会对项目质量计划的制订产生影响。如采购计划就要说明承包商的质量要求，从而影响到项目质量管理规划。

2．质量计划的制订的方法

质量计划制订常用的方法和技术，主要包括效益/成本分析与程序流程图。

（1）效益/成本分析。质量计划程序必须考虑效益/成本平衡，项目各项工作及产出物满足质量要求，主要的效益就是减少返工，这就意味着高效率、低成本以及增加项目相关者的满意度。质量管理的基本原则是效益与成本之比尽可能的大。

（2）流程图。流程图是通过相应的工作流程来规范质量管理工作，直观明了。另外，流程图显示流程上不同因素之间怎样互相作用和影响，从而能够帮助项目团队来预测哪些质量问题要发生，可能发生在什么地方，应该采取什么样的办法解决问题。

3．质量计划的成果

电子商务项目质量计划的成果主要包括质量管理计划、检查表和相应的操作说明等。其中，质量管理计划提供了对整个项目进行质量控制、质量保证及质量改进的基础，主要描述项目质量保证团队应该如何实施项目质量方针。各种检查表是记录项目执行情况和进行分析的工具。质量管理计划的操作说明则包括如何进行项目工作、如何控制、如何度量以及在何种情况下采取何种质量管理措施和方法等的说明。

6.1.4　电子商务项目的质量保证

质量保证是在质量体系中实施的全部有计划、有系统的活动，提供满足项目相关标准的措施，它贯穿整个项目实施的全过程。与关注产品质量检查的质量控制相比，质量保证关注的是质量计划中规定的质量管理过程是否被正确执行，它是对过程的质量审计。

因而，电子商务项目的质量保证除了要对电子商务的开发计划、标准、过程、系统需求、系统设计、数据库、手册以及测试信息等进行评审外，还要对系统产品的评审过程、项目的计划和跟踪过程、系统需求分析过程、系统设计过程、系统实现和单元测试过程、集成和系统测试过程、项目交付过程、子承包商的控制过程、配置管理过程等进行评审。

1. 质量保证工作的依据和内容

实施项目质量保证的依据主要有项目质量管理计划、质量控制的度量结果以及质量工作的操作说明。其中，质量控制的度量结果可以用于比较和分析，项目质量工作说明则是对项目质量管理具体工作的描述，以及对项目质量保证与控制方法的具体说明。

电子商务项目的质量保证主要包括以下几个方面的工作：

（1）清晰的质量要求说明。对于电子商务项目来说，质量保证的首要工作是提出该项目的质量要求，其中既要有清晰的项目最终产出物的质量要求，又要有清楚的项目中间产出物的质量要求。对于项目中间产出物的质量要求越详细具体，项目的质量保证也就会越周密可靠。

（2）科学可行的质量标准。项目质量保证工作还需要依赖科学可行的项目质量标准，即根据以前的经验和各种各样的国家、地区、行业质量标准设计出适合于具体项目质量保证的项目工作和项目产出物的质量标准。

（3）组织和完善项目质量体系。这是项目质量保证中的组织工作，这一工作的目标是要建立和健全一个项目的质量保证体系的组织机构，并通过这一质量体系去开展项目质量保证的各项活动。

（4）配备合格和必要的资源。在项目质量保证中需要使用各种各样的资源，包括人力资源、物力资源和财力资源等。因此，项目质量保证的另一项工作内容就是要为项目质量保证配备合格和必要的资源。

（5）持续开展有计划的质量改进活动。项目质量保证的一项核心工作是持续开展一系列有计划的、为确保项目产出物质量而开展的审核、评价和质量改进工作。

（6）项目变更的全面控制。要实现规定的项目质量就必须开展对于项目变更的全面控制。这并不是说所有的项目变更都必须避免和消除，因为有些项目变更是为提高项目质量服务的，是为更好地满足项目业主／客户的需求服务的，这种项目变更对于项目质量管理而言是可取的。

2. 质量保证工作的方法和技术

进行项目的质量保证时，采用的方法和技术主要是质量审计和质量改进。

（1）质量审计也称为质量审核，是对特定质量管理活动的结构化审查。其目的是确定质量活动及其相关结果是否符合质量计划安排，以及这些计划安排是否有效地贯彻执行，并且是否适合于达到项目目标。质量审计可以包括质量体系审计、项目产品质量审计、过程质量审计、监督审计、内部质量审计、外部质量审计等。质量审计可以是有计划的，也可以是随机的，可以由公司内的稽查员或特定领域的第三方执行。

（2）质量改进是以“增加项目的有效性和效率，提高项目投资人收益”为主要目的而采取的各种行动。项目质量改进的方法包括项目质量改进建议和质量改进行动两个方面。一般的项目质量改进建议至少包括：目前存在的项目质量问题及其后果，发生项目质量问题的原因分析，进行项目质量改进的建议目标，进行项目质量改进的方法和步骤，进行项目质量改进所需的资源，项目质量改进成果的确认方法，等等。项目质量改进行动的方法多数是根据项目质量改进建议而确定的具体工作方法。

质量保证的成果主要是项目质量的改进。为了客户的利益，质量改进必须能改进电子商务项目的最终产品——电子商务系统，即团队必须通过有效的合作，最终提供给用户最能满足其价值需求的电子商务系统，因此团队必须从客户的角度关注高价值的系统组件。为了提供有价值的产品给客户，必须深入了解客户的显性需求和隐性需求，之后将客户需求转换成质量特性，并将有价值的设计融入系统中，实现质量的客户驱动。

6.1.5　电子商务项目的质量控制

项目的质量控制主要是监督项目的实施结果，以确定它们是否符合相关的质量标准及确定排除引起不满意结果的因素的方法。这项工作的主要内容包括：项目质量实际情况的度量、项目实际质量与项目质量标准的比较、项目质量误差与问题的确认、项目质量问题的原因分析和采取纠偏措施来消除项目质量差距与问题的一系列活动。

项目质量控制和项目质量保证最大的区别在于：项目质量保证是一种从项目质量管理组织、程序、方法和资源等方面为项目质量保驾护航的工作，项目质量控制是直接对项目质量进行把关的工作；项目质量保证是一种预防性、提高性和保障性的质量管理活动，而项目质量控制是一种过程性、纠偏性和把关性的质量管理活动。

1. 质量控制工作的依据和成果

电子商务项目的质量控制是指监督电子商务项目的实施状况，确定电子商务项目的实施质量是否与相关的质量标准相符合，找出存在的偏差，分析产生偏差的原因，并根据质量管理计划提出的内容，寻找避免出现质量问题的方法，找出改进质量、组织验收和进行必要返工的解决方案。简单地说，质量控制就是对项目实施全过程中的产成品进行持续不断的检查、度量、评价和调整等活动。

在实施项目质量控制时，其依据主要有项目的阶段性工作成果、项目质量管理计划、操作描述和项目质量控制标准与要求。项目质量控制标准与项目质量目标和项目质量计划指标是不同的，项目质量目标和计划给出的都是项目质量的最终要求，而项目质量控制标准是根据这些最终要求所制定的控制依据和控制参数。通常这些项目质量控制参数比项目目标和依据更为精确、严格和有操作性，因为如果不能够更精确和严格就会经常出现项目质量的失控状态，就会经常需要采用项目质量恢复措施，从而形成较高的项目质量成本。

通过项目质量控制，所得到的最重要的成果就是项目质量的改进。除质量改进外，质量控制的结果还可能是接受项目成果、返工或对项目管理过程进行调整。

要指出的是，每个具体的项目工作在质量控制过程中都有可能被接受或拒绝，不被接受的工作需要重新进行，也就是返工。一旦做出接受项目质量的决定，就表示一项项目工作或一个项目已经完成并达到了项目质量要求，如果做出不接受的决定就表示项目未达到质量要求，应要求项目返工。当然，返工的代价非常高，所以项目经理必须努力做好质量计划编制和质量保证工作以避免返工。如果必须返工，就要认真设计返工工作的方案，争取最小的成本代价和最少的返工工作量。返工既是项目质量控制的一个结果，也是项目质量控制的一种工作和方法。

过程调整是指在质量控制度量的基础上纠正或防止进一步出现质量问题而对项目管理过程所作的调整。它是指根据项目质量控制的结果和面临的问题，或是根据项目各相关利益者提出的项目质量变更请求，对整个项目的过程或活动所采取的调整、变更和纠偏行动。

2. 生产制造工程的质量控制的方法和技术

数据是质量控制的基础，“一切用数据说话”才能做出科学的判断。用数理统计方法，通过收集、整理质量数据，有助于分析、发现质量问题，以便及时采取对策，预防和纠正质量问题。常用的工程质量控制工具包括流程图、检查表、因果图、控制图、趋势分析图和帕累托图等。

（1）流程图。

（2）检查表。检查表通常由详细的条目组成，用于检查和核对一系列必须采取的步骤是否已经实施的结构化工具，具体内容因行业而异。它是一种有条理的工具，可繁可简，语言表达形式可以是命令式口吻，如“开始调研”，也可以是询问式口吻，如“调研工作已经完成了吗”。

（3）因果分析图。因果分析图又称鱼刺图、树枝图、特性要因图、石川图等，是一种逐步深入研究和讨论质量问题的图示方法。因果分析图是以结果作为特性，以原因作为因素，在它们之间用箭头来表示因果关系，如图 6-3 所示。

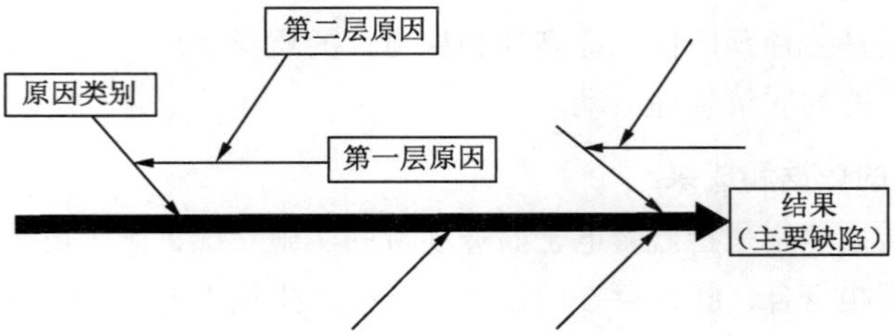

图 6-3　因果分析图

因果分析图是一种充分发动项目成员查原因、集思广益的好办法，也特别适合于项目团队中实行质量的民主管理。当出现了某种质量问题，但未搞清楚原因时，可针对问题发动大家寻找可能的原因，使每个人都畅所欲言，把所有可能的影响因素都列出来，然后将这些因素分门别类，将各类别的因素填写在原因类别框中。图 6-4 是电子商务系统没有按时交付的因果分析图。

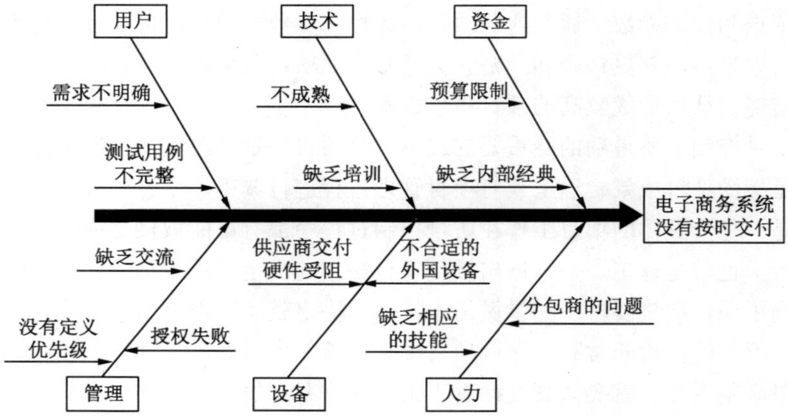

图 6-4　某电子商务系统没有按时交付的因果图

（4）质量控制图。控制图是对过程或服务的质量特性加以测量、记录，从而进行控制的一种用统计方法设计的图形。图上有中心线（center line，CL）、控制上限（upper control line，UCL）和控制下限（lower control line，LCL）。控制图是数据的图形表示，表明一个过程随时间变化的结果。主要用途是为了预防质量缺陷，而不是检测或拒绝缺陷。

图 6-5 中上／下控制线表示变化的最终限度。在点子随机排列的情况下，符合下列各点之一就认为

过程处于稳态：①连续 25 个点子都在控制界限内；②连续 35 个点子至多 1 个点子落在控制界限外；③连续 100 个点子至多 2 个点子落在控制界限外。

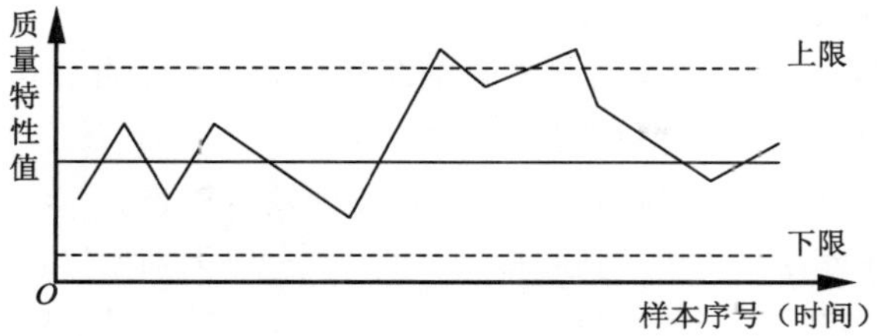

图 6-5　控制图

在讨论控制图原理时，已经知道点子出界就判断异常，这是判断异常的最基本的一条准则。不过，即使对于在控制界限内的点子也要观察其排列是否随机。若界内点排列非随机，则判断异常。符合下列各点之一就认为过程存在异常因素：

① 点子在控制界限外或恰在控制界限上。

② 控制界限内的点子排列不随机。

③ 连续 9 点排列在中心线之下或之上；虽不连续，但大多数点在一侧。

④ 多数点屡屡靠近控制界限（在 2～3 倍的标准差区域内出现）：连续 3 个点至少有 2 点接近控制界限；连续 7 个点至少有 3 点接近控制界限；连续 10 个点至少有 4 点接近控制界限。

⑤ 倾向性（连续不少于 6 点有上升或下降的倾向）与周期性。

⑥ 连续 14 点中相邻点交替上下。

⑦ 点子集中在中心线附近。

确认项目过程处于异常状态时，就必须采取纠偏措施，调整和改进项目过程，使项目过程回到受控状态。

（5）趋势分析图。趋势分析图是根据以往历史数据，利用数学技术来预测未来情况的分析方法，可用来跟踪一段时间内变量的变化。图 6-6 给出了一个例子，从图中可以看出，随着时间的推移，事故发生数量呈下降趋势。趋势分析图的主要优点是便于绘制，易于理解。

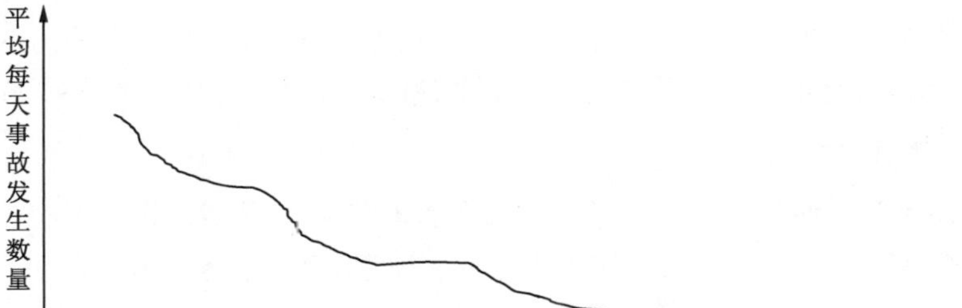

图 6-6　趋势分析图

（6）帕累托图。帕累托图又称排列图、主次图，是按照发生频率大小顺序绘制的直方图。基本原理源于意大利经济学家帕累托于 20 世纪初期在研究社会财富分配时所发现的社会财富只集中在极少数富人手中的规律，简单地说就是二八原理：80%的问题由 20%的原因造成。通过对绘图结果进行分析可以帮助项目组织抓住主要原因，并采取措施纠正造成最多数量缺陷的问题。

如何生成帕累托图？

① 将问题按照质量问题或者质量问题造成的原因进行分类。

② 做出横坐标及左右各一个纵坐标。右边的纵坐标表示累计百分比，左边的纵坐标表示实际的缺陷数值即发生频数，而横坐标就是分类。

③ 做直方图，其高低表示各类别的相对重要性（即发生频数），直方图按照各分类发生频数从大到小排序、相对应分类直方图从左到右排列，但“其他”类别始终在最右边，即不参与排序。

④ 画出累计百分数折线或曲线，其横坐标是质量缺陷分类，纵坐标是累计百分比。

某网站技术公司统计了造成项目开发质量的 170 个原因，包括开发者知识技能不足、资金不到位、进度过紧、项目分解不合理、测试手段有限、其他。其帕累托图如图 6-7 所示。

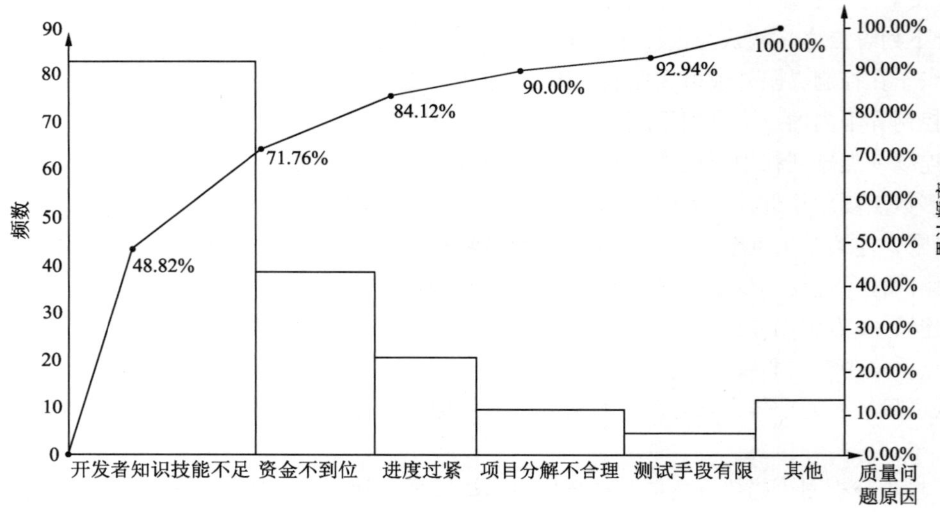

图 6-7　某网站项目质量问题的帕累托图

可见，影响网站项目质量的 A 类因素是开发者知识技能不足、资金不到位和进度过紧（即主要因素，累计百分数在 80%～85%），项目分解不合理是 B 类因素（累计百分比不超过 90%），而测试手段有限和其他则是造成项目质量问题的 C 类原因（累计百分比在 90%~100%）。

3. 服务质量测评的方法和技术

服务质量测评的方法和技术来自服务营销和服务管理学科对“服务质量”的研究，基本概念包括：感知有用性、感知易用性、感知价值、服务质量、顾客满意度等。服务管理学认为，服务质量本质上不同于产品质量和工程质量，很大程度上依赖于顾客对服务的体验和感知。电子服务质量的研究还充分吸收了满意度指数、信息系统成功等模型的成果。在电子商务项目实施的进程中，项目组为客户提供的服务，很多通过项目管理网络信息系统或者移动 App 进行，这样做有助于提高服务效率和服务质量。服务质量测量与控制的方法和技术是电子商务项目质量管理的主要工具。

1）服务质量差距模型及作为服务质量测量基础的 SERVQUAL 量表

1985 年，美国市场营销学家帕拉苏拉曼、泽斯曼尔和贝利提出“服务质量差距模型”，揭示了服务质量问题的起源、形成和顾客的服务经历。图 6-8 所示为服务质量差距模型的一般原理框图。

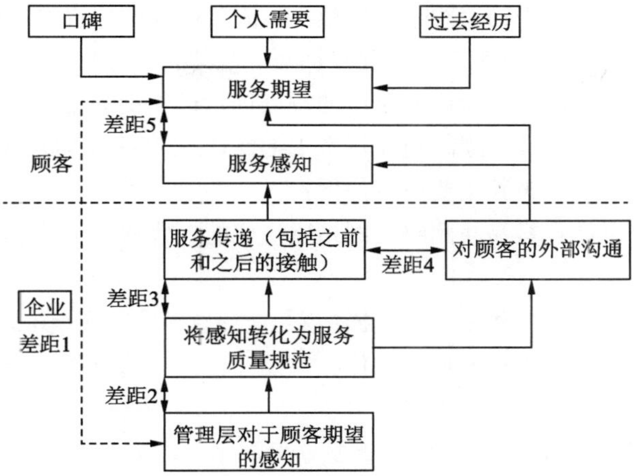

图 6-8　服务质量差距模型

图中五个差距及其关系：差距 1（顾客期望与管理者对这些期望感知的差距）+差距 2（管理人员对顾客期望的认知同企业制定的服务质量标准之间的差距）+差距 3（服务质量标准同企业实际提供的服务之间的差距）+差距 4（企业市场沟通时承诺的服务与实际提供的服务之间的差距）=差距 5（顾客对服务的期望与顾客实际感知服务的差距，这是核心差距）。

对于电子商务服务质量的差距测量，可参考图 6-9。其中，“实现差距”对电子商务服务质量和重复购买行为产生一定的影响。

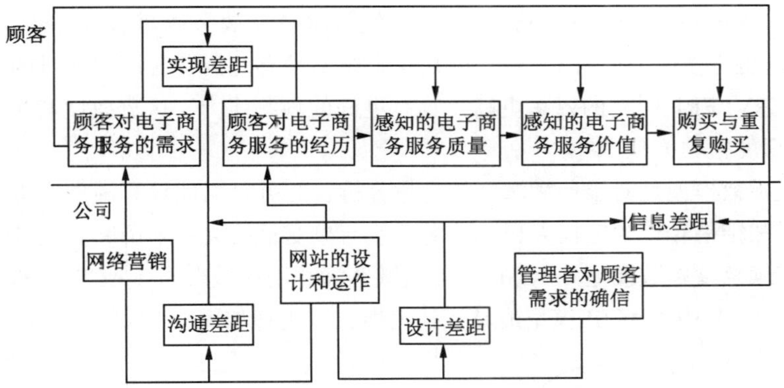

图 6-9　电子商务项目的服务质量差距模型

1988 年，这三位学者又提出 SERVQUAL 量表。它是依据全面质量管理理论在服务行业中提出的一种新的服务质量评价体系，其理论核心是“服务质量差距模型”，即：服务质量取决于用户所感知的服务水平与用户所期望的服务水平之间的差别程度（因此又称为“期望－感知”模型），用户的期望是开展优质服务的先决条件，提供优质服务的关键就是要超过用户的期望值。

SERVQUAL 量表从五个维度（有形性、可靠性、响应性、保证性和移情性）、22 个项目来测量服务质量，每个项目打分由两部分构成：第一部分记录了顾客对特定服务行业中优秀公司的期望，第二部分度量消费者对这一行业中被评价的公司的感受。测量项目具体内容请查阅相关书籍。把两部分得分相减就得到每一个项目的“差距分值”，再将其先按照项目数进行加权求和，再按照评分者人数进行简单平均。求得的差距平均值越小，服务质量的评价就越高。问卷采用李克特量表，打分采用 5 分制或 7 分制，5 或 7 表示完全同意，1 表示完全不同意。在实测中，5 个维度或者 22 个原始测量项目还可以根据所研究对象的特点进行进一步细化和调整，即实测问题可能多于 22 个，维度也未必就是 5 个。比如：电子服务 E-QUAL 是在 SERVQUAL 量表的基础上发展起来的，用来评价在线服务质量，其主要内容如下：

（1）可接近性：这个站点容易找到吗？网站所注册的一些搜索引擎和目录应当链接到相关的网站上。

（2）导航性：网站浏览是否容易？好的方法就是能使顾客在三次点击以内找到最需要的信息。

（3）设计与表达：站点所表达的形象是什么？设计要素包括原创性、清晰度、颜色和布局。

（4）内容和目的：站点的内容和丰富性。

（5）时尚性和精确性："内容"维度的重要方面。站点的战略目标包括开发为因特网的站点（信息上的目标）和在线的商店铺面（产生收益的目标）。

（6）响应性：公司回答电子邮件的要求。来访者信息的搜集（即来客登记本、竞赛聊天室、俱乐部、自动电子邮件和与顾客代表谈话的选择方案），以及公司对这些信息采取的行动。

（7）交互性、定制化和个性化：所提供服务的水平。这些是与服务质量的感染力有关的。

（8）声誉和安全性：声誉和安全性是与服务质量的保证维度有关的，是指顾客的保密问题。顾客的保密是通过已经被证实的编码技术来实现的。

由于"期望"的概念和操作化定义存在很多问题，期望组成的理论验证和期望测量效度都不足，于是 Cronin 和 Taylor（1992）在 SERVQUAL 的基础之上推出了"绩效感知服务质量度量模型"SERVPERF（service performance）。它仅仅依靠服务绩效来测量服务质量。SERVPERF 与 SERVQUAL 一样也是 22 个项目的问卷，但是这个模型没有对消费者期望项目的测量。相当一部分学者认为：SERVPERF 明显的效率更高，具有更好的预测能力、区分效度和聚合效度。

2）顾客满意度指数模型

顾客满意度指数模型是对服务满意度的定量分析，并可以据此计算满意度指数。通常将影响服务质量的因素和结果转化为结构方程中的潜变量与显变量的关系来研究。最具有代表性的模型包括：瑞典顾客满意度指数模型（SCSI）、美国顾客满意度指数模型（ACSI）和欧洲顾客满意度指数模型（ECSI）。其中，ACSI 模型最具有代表性，其机理如图 6-10 所示。

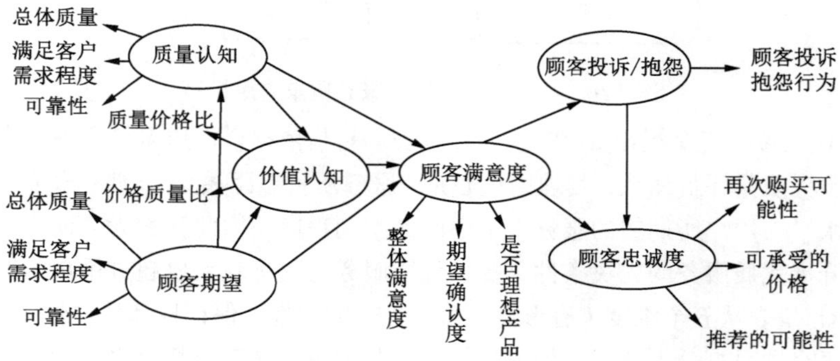

图 6-10　美国服务满意度指数模型（ACSI）

预期质量、感知质量和感知价值是用户满意度的原因变量。预期质量是购买前对质量的总体预期，感知质量是购买后对质量和服务的总体评价，感知价值是在价格给定的情况下对质量的评价，或者在质量给定的情况下对价格的评价。顾客在使用产品和消费服务的过程中形成一种感受和认知，如果产品和服务的感知质量超过预期质量，顾客就感到满意；反之，顾客就感到不满意。顾客满意又与顾客忠诚和顾客抱怨有关，顾客忠诚和顾客抱怨是顾客满意度指数的结果变量。

具体的统计实证分析原理、软件计算过程和结论，限于篇幅，这里略去。

满意度指数测算的一种公式为：

$$\mathrm{CSI}=\frac{\sum_{i=1}^{k} w_i \mathrm{E}\{y_i\}-\sum_{i=1}^{k} w_i \min\{y_i\}}{\sum_{i=1}^{k} w_i \max\{y_i\}-\sum_{i=1}^{k} w_i \min\{y_i\}}\times 100$$

其中，CSI 为满意度指数值；w_i 为各个显变量对应的权重；k 为显变量的个数；y_i 是满意度对应第 i 个显变量的 k 个值，$\mathrm{E}\{y_i\}$、$\max\{y_i\}$、$\min\{y_i\}$分别表示 y_i 所有评价对象数据中的平均值、最大值和最小值。可根据满意度指数对评价对象的顾客认可程度进行排序。

将经典的顾客满意度指数模型应用于电子商务项目服务质量的评价，可建立图 6-11 所示的模型。

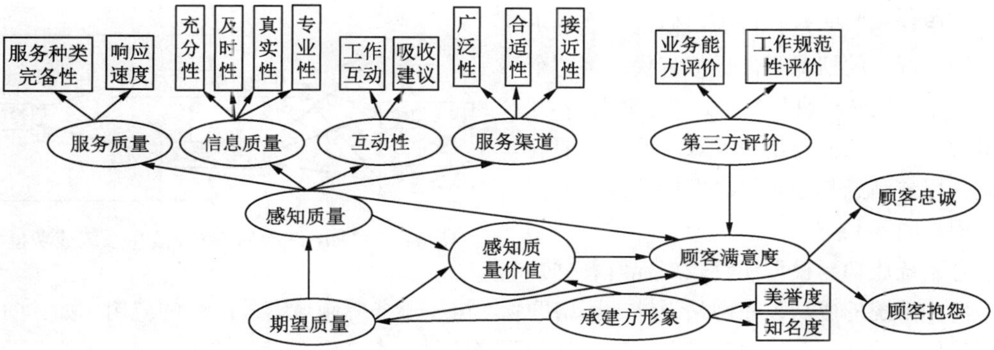

图 6-11　电子商务项目服务满意度指数模型

3）信息质量、系统质量、服务质量与用户满意的整合研究

用户满意度是衡量信息系统成功的标准。技术接受研究更多的是关注对行为结果的预期和感知，但对信息系统本身的特性对有用性、易用性的影响有所忽视。用户满意理论关于系统和信息的测量为系统的设计提供了指导作用。在用户满意度研究中，满意度是由一系列包括系统质量、信息质量及相关的服务质量等的信念来决定的，但在讨论用户服务满意度与用户使用的关系上没有清晰的理论脉络，因而对预测系统使用的能力较弱。因此，二者整合就是重点关注客户满意度与技术使用有用性、易用性的关系，当然，对于谁影响谁目前并没有统一看法。

Wixom & Todd（2005）将用户满意和技术接受模型整合起来，并将系统质量、信息质量等信息系统本身的特性引入到信息系统与信息服务接受的研究框架中，如图 6-12 所示。满意度是使用者对信息系统本身的态度，系统质量、信息质量是信息系统本身的特性，这些都是针对客体的态度和信念（object-based attitude/ belief）。模型将系统满意、信息满意等针对客体的态度视为影响有用性、易用性等行为性态度和信念（behavioral attitude/ belief）的自变量。模型表明：对系统的满意度高，将增加人们对易用性的信念；而对信息的满意度高，将增加人们对有用性的信念。整合模型将更有利于研究和预测用户对信息系统的态度和使用行为。

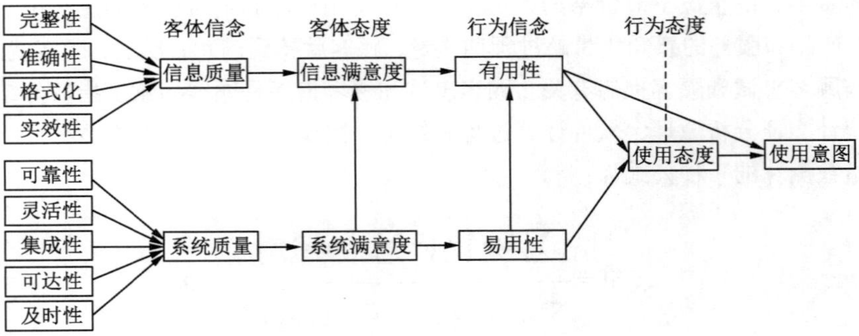

图 6-12　Wixom & Todd 提出的用户满意与技术接受的整合模型

Delone & McLean（1992）提出了信息系统成功模型，包括系统质量、信息质量、系统使用、用户满意、个人影响和组织影响六个评价维度。但进入 21 世纪后，电子商务发展迅猛，而电子服务、系统使用帮助服务以及线下配套服务，它们的质量被普遍认定为影响客户满意度、系统使用的重要因素。在这种时代背景下，二人于 2003 年对此模型进行了修订：增加了服务质量维度；新增“使用意愿”变量，作为“使用”变量不容易被统计调查的情况下的近似替代；将“个人影响”和“组织影响”合并为“净效益”；并且，增加了使用意愿与用户满意、使用意愿与净收益、用户满意与净收益之间的反馈关系。修订模型如图 6-13 所示。

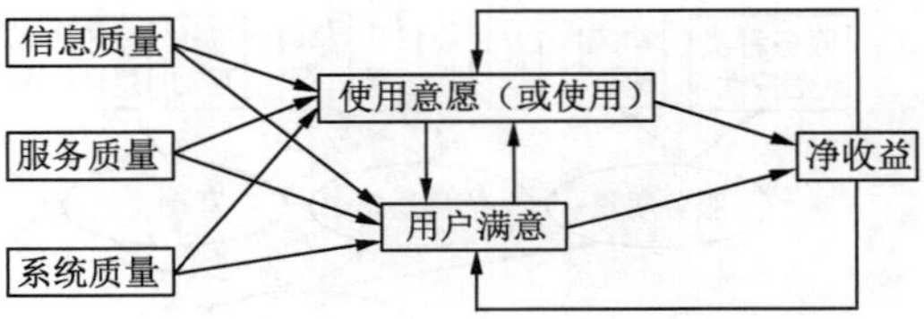

图 6-13　Delone & McLean 信息系统成功模型

信息系统成功新模型能够较好地解释并预测电子商务系统的成功，在网站设计、网络购物、电子服务等领域有着广泛的应用。如：Cheung 和 Lee 将信息质量、系统质量和服务质量作为网络购物消费者满意度的前因变量。其中，信息质量包括准确、内容、格式、时效性四个维度，系统质量包含导航、易用、响应时间、安全四个维度，服务质量包含响应性保证性、移情性三个维度。Rodgers 等验证了网络经验对网络系统满意度与前因变量和后果变量关系的调节作用，系统质量、服务质量显著影响网络系统满意度，满意度显著影响网络忠诚度；但是，信息质量对满意度的影响没有得到支持。Lin 验证了 B2C 网站信息质量、系统质量和服务质量的各个维度对顾客满意度的影响作用，结果表明系统质量的网站设计和交互性、信息质量的信息量和安全性、服务质量的响应性和信任显著正向影响满意度，服务质量的移情性对满意度的影响作用没有得到支持。Wang 通过引入感知价值，将新 D8M 模型应用于电子商务系统成功评价。实证结果表明信息质量、系统质量、服务质量显著影响感知价值和满意度，感知价值部分介绍了信息质量、系统质量和服务质量对满意度的影响，并且和满意度共同影响再用意愿。

上述两个模型都是采用结构方程方法来进行实证分析，具体步骤和内容请查阅相关书籍。

4）电子服务质量的经典量表

近些年来，对电子服务质量的定义都是基于广义电子商务的视野来定义的，即不局限于电子交易，而是拓展到所有基于网络进行的电子业务，这就大大提高了定义的概括力和普适性。更多人认识到：电子服务质量是具有消费理性和专业知识的顾客，在选择、参与、消费电子服务的全过程中产生的一种态度和感受，为对服务环境、服务过程、服务设备工具和服务结果的评价奠定了基础。

电子服务质量研究的核心、出发点是明确内容的维度构成，即从哪些类别、依据哪些指标去研究，也就是设计电子服务质量量表。有了量表，才能从多视角、多层面去评价电子服务质量，继而才能提出优化方案、举措。当然，由于研究还处于起步阶段，在这些量表的维度划分及其普适性、网站质量与服务质量区分等方面还未能达成统一意见。经典的电子服务质量测评量表有：

（1）WebQual 量表。WebQual 是测量平台质量的一系列标准化工具。美国佐治亚大学学者 Loiacono 等首创 WebQual 研究的先河，但主要是从设计者角度来评价而不能测度顾客感知服务质量，分为有用性、易用性、环境和额外关系等四大类 12 个指标。当然，最具代表性的还是英国巴思大学学者 barnes 和 Vidgen 的四代研究成果：WebQual 1.0（侧重于传统的信息质量和满意度评价，而缺少互动评价）→WebQual 2.0（吸收 SERVQUAL 量表成果，增加了互动质量评价却又忽视了网络设计质量）→WebQual 3.0（明确提出了网站设计质量但忽略了用户感受）→WebQual 4.0（网站设计质量被从用户出发的“可用性”所取代，包含信息质量、互动质量、可用性三个维度、22 个问题）。这类量表擅长进行网站质量评价，但电子服务质量评价很不完善。

（2）E-SERVQUAL 量表。Parasuraman 和 Zeithaml 等将网络购物服务质量划分为电子服务质量和电子服务补救质量。前者包括效率、系统可用性、履行践约表现和隐私保密性四个维度、22 个题项，后者由响应速度、赔偿力度和客户帮助联系三个因子、11 个题项构成。消费者对服务质量的评价通常只包含前者，只有在交易过程中遇到问题时才会用后者评价。这类量表适于研究网上购物或交易服务，但不太适合研究其他类型的服务。

（3）SITEQual 量表。Yoo 和 Donthu 从信息系统的视角开发了零售网站质量量表，包含易用性、美学设计、处理速度和安全性四个维度的 9 个问题项。这个量表由于题项数目过少且取样仅限于大学生，主要评价内容是网站质量而非网络服务质量。

（4）E-TailQ 量表。Wolfinbarger 和 Gill 提出评价四个维度（网站设计、履行/可靠性、安全/隐私和顾客服务）、14 个题项的量表，并且认为四个维度的变量很大程度上影响顾客满意度、顾客忠诚度和顾客对网站的态度以及总体质量。

（5）NetQual 量表。Bressolles 提出包含信息数量和质量的可获得性、网站易用性、可靠性或承诺、网站设计和美观方面、个人或财务数据安全五个维度、18 个题项的量表。

（6）eTransQual 量表。上述研究侧重于质量结果，但本量表重点关注服务过程中的娱乐属性。Bauer 和 Falk 等认为测量网络交易质量须考虑功能性/设计、过程、乐趣、响应性和可靠性五个方面。乐趣维度是顾客享受网络购物的“畅体验”，是之前研究未揭示出来的感知质量特性。

上述量表基本都采用探索性因子分析方法来验证指标的维度归属，后面五种测量工具都采用验证性因子分析、回归分析或结构方程等方法来实证量表指标与顾客满意度、忠诚度、感知价值、重复访问等指标之间的因果关系。另外，类似的量表还有很多，同上述经典量表一样：多以网络购物和网络交易为样本，但其研究成果可为其他类型电子服务质量的研究提供借鉴。这些测量工具及其分析方法，限于本书篇幅，不能一一举出，请查阅相关资料。

6.2　电子商务项目的风险管理

项目风险是指由于项目所处环境和条件本身的不确定性和项目业主和顾客、项目实施组织或其他相关利益主体主观上不能准确预见或控制的影响因素而使项目的最终成果与项目相关利益主题的期望产生背离，从而给项目相关利益主体带来损失或增长的可能性。

电子商务是一种高风险的项目，并且电子商务项目具有范围难以精确确定且经常发生变更、采用的技术复杂且更新快、受人力资源影响很大等特点，因此，电子商务项目建设过程中经常存在很多不确定因素。所以电子商务项目的管理在某方面也是一种风险管理。一般情况下，风险管理程序可分为风险识别、风险分析、风险应对和风险监控。

6.2.1　电子商务项目风险识别

风险识别包括确定风险的来源、风险产生的条件，描述风险特征和确定哪些风险事件有可能影响电子商务项目。项目风险识别是项目风险管理的基础和重要组成部分，是一项贯穿项目全过程的项目风险管理工作。

1. 电子商务项目风险识别的依据

项目风险识别的主要依据包括：项目规划、风险管理规划、历史资料、风险类型、制约因素和假定。

（1）项目规划。项目规划中的项目目标、任务、范围、进度计划、费用计划、资源计划、采购计划及项目承包方、业主方和其他利益相关方对项目的期望值等都是项目风险识别的依据。

（2）风险管理规划。项目风险管理规划是决定如何对待、规划和执行项目的风险管理活动的过程。它定义了项目组织及成员风险管理的行动方案及方式，指导项目组织选择风险管理方法。项目风险管理规划针对整个项目生命周期制定如何组织和进行风险识别、风险评估、风险量化、风险应对及风险监控的规划，是项目组进行风险识别的首要依据。

（3）历史资料。项目风险识别的重要依据之一就是历史资料，即从本项目或其他相关项目的档案文件中、从公共信息渠道中获取对本项目有借鉴作用的风险信息。

（4）风险类型。风险类型是指那些可能对项目产生影响的风险源。一般的风险类型有技术风险、质量风险、过程风险、管理风险、组织机构风险、市场风险及法律法规变更风险等。项目的风险种类应能反映出项目所在行业及应用领域的风险特征。

（5）制约因素和假定。项目的建议书、可行性研究报告、设计等项目计划和规划性文件一般都是在若干假设前提条件下估测出来的。这些前提和假设在项目实施期间可能成立，也可能不成立。因此，项目的前提和假设之中隐藏着风险。

项目必然处于一定的环境之中，受到许多因素的制约。其中，国家的法律、法规和规章等因素都是项目活动主体所无法控制的。这些构成了项目的制约因素，其中隐藏着风险。

2. 风险识别的方法和工具

风险识别首先需要对制订的项目计划、项目假设条件和约束因素、与本项目具有可比性的已有项目的文档及其他信息进行综合汇审，在汇审的基础上应用各种风险识别的工具和方法进行综合评审，风险识别的主要方法包括：

1）风险分解结构法

风险分解结构法（risk breakdown structure，RBS）是基于风险源的项目风险集合，其主要作用是用于组织或定义项目所面临的全面风险。其结构示意图如图 6-14 所示。

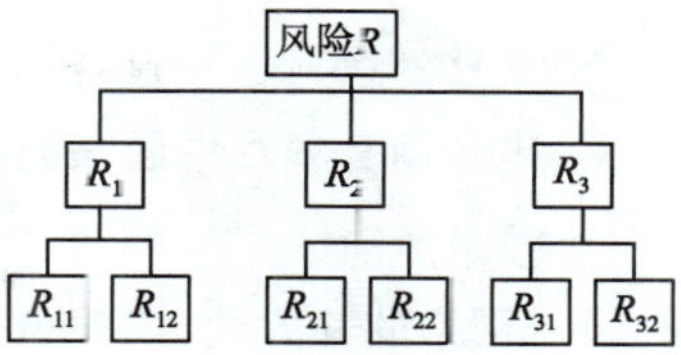

图 6-14　风险分解示意图

从图 6-14 可以看出，每一递降的层次表示了对项目风险更加详细的定义。RBS 可以充分反映风险的层次性，有效表示风险的结构，确保找出项目所面临的所有风险要素，有助于风险管理人员全面理解项目面临的风险并指导风险管理过程。

2）检查表

它将项目可能发生的许多潜在风险列于一个表上，供识别人员检查核对，用来判别某项目是否存在表中所列或类似的风险。检查表中所列的内容都是历史上类似项目曾经发生过的风险，是项目风险管理经验的结晶，对项目管理人员具有开阔思路、启发联想、抛砖引玉的作用。优点是快而简单，缺点是受到项目可比性的限制。

3）头脑风暴法

头脑风暴法又称智力激励法、BS 法、自由思考法。此法经各国创造学研究者的实践和发展，至今已经形成了一个发明技法群。具体就是团队的全体成员在选择问题的方案时，自发地提出尽可能多的主张和想法。通过头脑风暴，能产生热情的、富有创造性的更好的方案。在风险识别时采用该方法，可以得到一份综合的风险清单，在一个主持人的推动下，与会人员就项目的风险进行头脑风暴，各抒己见。

4）德尔菲法

德尔菲法又名专家意见法，是依据系统的程序，采用匿名发表意见的方式，即团队成员之间不得互相讨论，不发生横向联系，只能与调查人员发生关系，反复填写问卷，并集结问卷填写人的共识及搜集各方意见，可用来构造团队沟通流程，是应对复杂任务难题的管理技术。在风险识别时，主持人向项目风险管理专家以匿名的方式，通过问卷征询电子商务项目的有关重要风险的见解，问卷回收后归纳汇总整理意见，再匿名反馈给各专家。此过程进行若干轮后，会得到关于主要项目风险的一致看法。

5）SWOT 分析法

SWOT 分析指从项目内部优势（strength）、弱势（weakness）、外部机会（opportunity）与威胁（threat）四个角度对项目进行审议，以扩大风险考虑的广度。

6）敏感性分析

敏感性分析研究在项目生命周期内，当项目变数以及项目的各种前提与假设发生变动时，项目的绩效会出现怎样的变化以及变化范围如何。通过敏感性分析，能够确定哪些项目变数或假设的变化对项目的性能影响最大，从而识别出风险隐藏在哪些项目变数或假设下。敏感性分析对下列项目风险识别工作特别有用：分析和识别项目风险的后果；分析和识别项目风险可能波及的范围；研究某些关键因素对项目的影响等。

7）流程图和鱼刺图法

流程图和鱼刺图能清晰地指出造成问题的原因和子原因，帮助人们把问题追溯到它们根本的原因上。

项目风险识别的主要成果是形成项目管理计划中风险登记册的最初记录，即形成风险事件列表，又叫风险清单。

3．电子商务项目中面临的风险

1）技术风险

由于网络的开放性、共享性和动态性，使得任何人都可以自由地接入 Internet，导致以 Internet 为主要平台的电子商务的发展面临严峻的安全问题。其主要技术风险包括下列几种：

（1）网络安全风险。电子商务的主要业务过程是建立在互联网基础上的，许多信息要在网络中传送。网络安全或信息安全是实现电子商务的另一个风险因素，如果遭受黑客的攻击，重要的企业信息甚至支付权限被窃取，其后果将是异常严重的。网络安全风险主要有网络服务器遭受到黑客或病毒的袭击，网络中的信息系统受到攻击后无法恢复正常运行；网络软件常被人篡改或破坏；网络中存储或传递的数据常被未经授权者篡改、增删、复制或使用等。

（2）数据存取风险。这是由于数据存取不当所造成的风险。这种风险主要来自于企业内部：一是未经授权的人员进入系统的数据库修改、删除数据；二是企业工作人员操作失误，受其错误数据的影响而带来的风险，其结果必然是使企业效益受到损失，或者是使顾客利益受到损失。

（3）网上支付风险。作为电子商务的一部分，支付手段也会有所变化，目前安全问题仍然是制约电子商务发展的瓶颈。

2）经营风险

（1）产品识别风险。由于网络的虚拟性，买方有可能索取或得到不真实的样品，在把一件立体的实物缩小许多变成平面图片的过程中，商品本身的一些基本信息会丢失，买方不能从网站的图片和文字描述中得到产品全面、准确的资料。这会给买方带来产品识别的风险，这种风险会延伸到产品的性能、质量等诸多方面。

（2）质量控制风险。电子商务中的卖方可能并不是产品的制造者，质量控制便成为风险因素之一。如果卖方选择了不当的外包方式，就有可能使买方承担这一风险。

（3）物权转移中的风险。电子商务需要建立远程作业方式，到底是先付款还是货到付款，也成为难以把握的问题点。物权转移过程中也会产生相应的风险管理问题。

（4）销售市场尚待开发风险。利用网络技术向传统商品市场传播经济情报这一服务形式尚未得到社会商界的普遍认同。首先进入市场者必须承担开发市场的投入。

（5）市场竞争风险。互联网的优越性已被社会所认识，大量实力雄厚的机构乃至上市公司纷纷投资于网络市场，业内竞争将激烈异常，同时，网络同传统媒体的竞争有可能使市场利润率降低。因此，竞争风险有可能会给公司带来致命的威胁。

3）管理风险

（1）组织和管理风险出现在项目的组织管理方面，主要包括下列几项：

① 仅由管理层或市场人员进行决策，导致计划进度缓慢，计划时间延长。

② 低效的项目组结构降低生产率。

③ 管理层审查决策的周期比预期的时间长。

④ 预算削减，打乱项目计划。

⑤ 管理层做出了打击项目组织积极性的决定。

⑥ 缺乏必要的规范，导致工作失误与重复工作。

（2）人员风险。人员风险出现在项目人员管理方面，主要包括下列几项：

① 作为先决条件的人员培训任务不能按时完成。

② 开发人员和管理层之间关系不佳，导致决策缓慢，影响全局。

③ 缺乏激励措施，士气低下，降低了生产能力。

④ 某些人员需要更多的时间适应还不熟悉的软件工具和环境。

⑤ 项目后期加入新的开发操作人员，需进行培训并逐渐与现有成员沟通，从而使现有成员的工作效率降低。

⑥ 由于项目组成员之间发生冲突，导致沟通不畅、设计欠佳和额外的重复工作。

⑦ 没有找到项目急需的具有特定技能的人员。

6.2.2　电子商务项目风险分析

通过项目风险过程识别出的潜在风险数量很多，但这些潜在的风险对项目的影响各不相同。通过对项目风险进行定性定量分析评估，确定各风险的重要性，并排序，从而使项目团队可以将主要精力集中于为数不多的主要风险上，使项目的整体风险得到有效的控制。

1．风险的定性分析

风险的定性分析主要包括两个部分：风险发生概率的评估和风险可能造成的影响或后果的评估。简而言之，就是通过风险定性分析，希望得到某个具体风险事件的风险概率和风险影响值。风险概率评估指调查每项具体风险发生的可能性。风险影响评估旨在调查风险对项目目标（如时间、成本、范围、质量）的潜在影响，既包括消极影响或威胁，也包括积极影响或机会。针对识别的每项风险，确定风险的概率范围和影响范围。

风险的定性分析可通过挑选对风险事件熟悉的人员，采用召开会议或进行访谈等方式对风险进行评估，参与人员既可以是项目团队成员，也可以是项目外部的专业人士。访谈或会议需要由经验丰富的主持人来引导讨论过程，参与者对每项风险事件的概率级别及其对每个项目目标（成本、时间、范围、质量）的影响进行评估，确定风险概率和风险影响值的等级。粗略评估风险概率及影响之后，通过查询风险概率（可能性）度量表（见表 6-3）以及风险对四大主要项目目标的影响值度量表（见表 6-4），就可以将定性分析的结果转化为一个定量的数值。

表 6-3　风险概率（可能性）度量表

现象分析	风险可能性范围	分级概率数值	顺序计量分值
非常不可能发生	0%~10%	5%	1
发生可能性不大	11%~40%	25%	2
预期可能在项目中发生	41%~60%	50%	3
较可能发生	61%~80%	70%	4
极有可能发生	81%~100%	90%	5

表 6-4　风险对四大主要项目目标的影响值度量表

定性度量	非常低	低	中等	高	非常高
非线性度量	0.05	0.1	0.2	0.4	0.8

续表

定性度量		非常低	低	中等	高	非常高
项目目标	成本	不显著的成本增加	成本增加<10%	成本增加 10%~20%	成本增加 20%~40%	成本增加>40%
	时间	不显著的进度拖延	进度拖延<5%	进度拖延 5%~10%	进度拖延 10%~20%	进度拖延>20%
	范围	范围减少，不易觉察	范围次要部分受到影响	范围主要部分受到影响	范围减少，干系人无法接受	项目最终不可用
	质量	质量退化，不易觉察	只有要求很高的应用受到影响	质量降低需要干系人确认	质量降低，干系人无法接受	项目最终不可用

举例来说，如果有一个风险事件是电子商务网站系统的人机界面很不友好，经过项目团队的评估，该风险较可能易发生，那么可以对照表 6-3，它出现在第一列的第四种现象，对应的风险概率可以采用三种方式给出：（1）对应第二列中给出具体的数值，比如估计为 70%；（2）对应第三列中给出分级概率数值，即 70%；（3）对应第四列中给出顺序计量分值，即 4。当然，对于具体采用上述三种方式中的哪一种来计算，项目团队应该在风险管理计划中规定。

我们进一步对这个风险事件一旦发生所可能造成的影响进行评估。这个风险可能会造成项目一定程度上的返工，预测该风险事件一旦发生所可能对进度的影响将是 12%，对成本的影响是 7%，对质量的影响很小，只涉及个别模块，对范围的影响几乎觉察不到。那么，参见表 6-4，如果采用非线性度量法，我们可以到表中查到该风险对项目主要目标的影响分别是：成本影响值，0.1；时间影响值，0.4 范围影响值，0.05；质量影响值，0.1。该风险的最终影响值是上述四个影响值的最大值，即 0.4.注意，任何一个风险事件都是在项目的成本、时间、范围、质量四个方面对项目产生影响，所以在定性分析中，必须分析出每一个风险事件对上述四方面的具体影响，并参照表 6-4 的表体部分内容给出的相应描述，再从表 6-4 中找出对四方面影响最大的值作为该风险事件的风险影响值，比如上述人机界面不友好的风险影响值是 0.4。

2．风险的简单定量分析——算数计算

风险的定量分析是指在得到风险概率和风险影响值之后，进一步得到每个风险的风险期望值，在此基础上，对所有风险进行排序，并确定其风险级别。风险期望值是评价风险预期损失或机会的重要参数，它的计算公式为：

$$风险期望值 = 风险概率 \times 风险影响值$$

例如在前面人机界面不友好的例子中，如果采用表 6-3 中第三列的分级风险概率数值，得到风险概率为 70%，即 0.7，而风险影响值为 0.4，那么对于人机界面不友好这个风险事件来说：

$$风险期望值=风险概率 \times 风险影响值 = 0.7 \times 0.4=0.28$$

对于风险概率，如果采用表 6-3 中第二列或第三列的百分比计数，风险影响值采用表 6-4 中非线性度量计数，那么风险概率和风险影响值都是小于或等于 1 的值，得到的风险期望也是小于或等于 1 的值。这样，就消除了项目规模对风险期望值的影响，并可以将不同项目识别出的风险事件的风险期望值进行统一比较，实现排序，以实现多项目的风险统一管理。

如果项目团队特别想知道得到的上述风险期望值 0.28 的具体含义，可以将 0.28 乘以项目总的合同金额，比如项目合同金额为 100 万元，那么，该风险事件的风险期望值为 28 万元。当然，这是一个大致的估计，并不精确，只是为了让大家对风险期望值有一个直观的理解。

知道每个风险事件的风险期望值之后，还需要对它们确定等级，不同的等级应该对应不同的负责人。可以按照风险的期望值大小对识别的风险事件划分等级，具体的划分原则要根据各个企业的风险政策细则来确定。如表 6-5 所示，某 IT 公司规定风险期望值在 0 与 0.05 之间的风险为四级风险，由项目成员负责，并通知项目经理；0.05 与 0.1 之间的风险为三级风险，由项目经理负责，并通知公司主管项目的副总经理；0.1 与 0.2 之间的风险为二级风险，由公司主管项目副总经理负责，并通知客户和总经理；风险期望值在 0.2 以上的风险为一级风险，由总经理负责，并通知客户。这样，就可以对识别出的所有风险事件进行分级，并且每个风险事件的责任也很明确。注意，表 6-5 中的数据只是一个模板，不同的企业、不同的项目团队应该制定自己的风险等级政策。

表 6-5　风险等级划分表

风险等级	风险值范围	风险负责人
一级风险	0.2<风险期望值≤1	总经理负责，通知客户
二级风险	0.1<风险期望值≤0.2	公司主管项目副总负责，通知客户和总经理
三级风险	0.05<风险期望值≤0.1	项目经理负责，通知主管副总
四级风险	0<风险期望值≤0.05	项目成员负责，通知项目经理

在上述对每个风险事件通过计算得到风险期望值，并且进行排序和定级后，可以将每个报告期中前十大风险事件找到。这十大风险事件需要重点关注和应对，通常所说的"十大风险追踪"就是对前十大风险事件进行跟踪和监控。

对于识别出的每个风险事件，还可以对它们的紧迫性进行评估。需要近期采取应对措施的风险可被视为急需解决的风险。实施风险应对措施所需要的时间、风险等级等都可作为确定风险优先级或紧迫性的指标。

6.3　电子商务项目风险分析决策方法与实例

对于电子商务项目的风险进行定量分析，简单的算数计算作用有限：①对风险概率的估计过于主观而缺乏科学的估算方法；②风险影响值是无量纲的数值，不好理解，并且不能很好地反映出经济方面的盈与亏；③没有考虑到决策者投资风险态度的显著差异对决策效用的影响，从而很难对风险期望值达成集体共识；④不可能深入研究多阶段决策风险的联系；⑤对多风险变量造成的总体风险，不可能用简单的计算公式加以解决。因此，真正在项目可行性论证或风险管理之"风险定量分析"部分中用得最多的不是简单算数计算，而是敏感性分析和风险型决策模型。限于篇幅，这里只举例讲解风险型决策的部分内容，如：决策树分析及信息价值、贝叶斯风险计算，概率树风险分析和蒙特卡洛模拟，但对涉及的数学原理不加以叙述。更多内容可查阅技术经济学、工程经济学和运筹学的相关内容。

6.3.1　决策树方法与实例

决策树由决策点（通常在图中表示为"□"）、事件点（通常在图中表示为"○"）、结果点（位于决策树最末端，用"△"表示并且之后伴随损益值，或只有损益值而无标记）及方案分枝（接在决策点之后并有多条分枝，每条表示一种可选的决策方案）、概率分枝（接在事件点之后常有多条，每条表示一个未来可能发生的风险事件并伴有发生概率）构成的树形图，用来描述序列决策（按时间先后发生：决策 1→若干风险事件→决策 2→若干风险事件→……→结果损益值）问题，其决策准则是选择最大期望收益值或最大期望效用值的方案。

【例 6-1】（网站开发与咨询问题）某地方品牌服装公司有意投资 30 万元自建网站面向全国销售产品，但对是否开发（设开发 a_1，不开发 a_2）仍有迟疑。根据现有资料，该网站花一年时间建成以后，未来四年的经营态势预计有好、差两种状态，分别记为 S_1、S_2。经营态势好时每年平均可获利润 120.77 万元，而差时则每年平均亏损-60.385 万元，假定资金年贴现率为 8%。已知这两种情况出现的概率分别为：$P(S_2)=0.60$，$P(S_2)=0.40$。为判断该投资方案属于"非常可行（C_1）、可行但需调整经营策略（C_2）、不可行（C_3）"中的哪种情况，可聘请专业管理咨询公司做项目可行性论证，但须在建设期之初支付费用 10 万元，忽略咨询论证所耗费时间。已知 $P(C_1/S_1)=0.70$，$P(C_2/S_1)=0.20$，$P(C_3/S_1)=0.10$，$P(C_1/S_2)=0.30$，$P(C_2/S_2)=0.10$，$P(C_3/S_2)=0.60$。问：

（1）考虑资金时间价值，应怎样决策，才能获得最大收益？

（2）计算项目论证信息的价值（其实是一种抽样信息、补充信息）并分析其信息效率。

（3）试求最佳决策法则的贝叶斯风险。

解　（1）①根据题意，构造决策树，如图 6-15 所示，图中带"_"的数值及符号"//"在这一步先不必管。将经营态势两种情形下四年的损益值贴现：

$120.77\times(P/A,4,8\%)=400.00$　$-60.385\times(P/A,4,8\%)=-200.00$

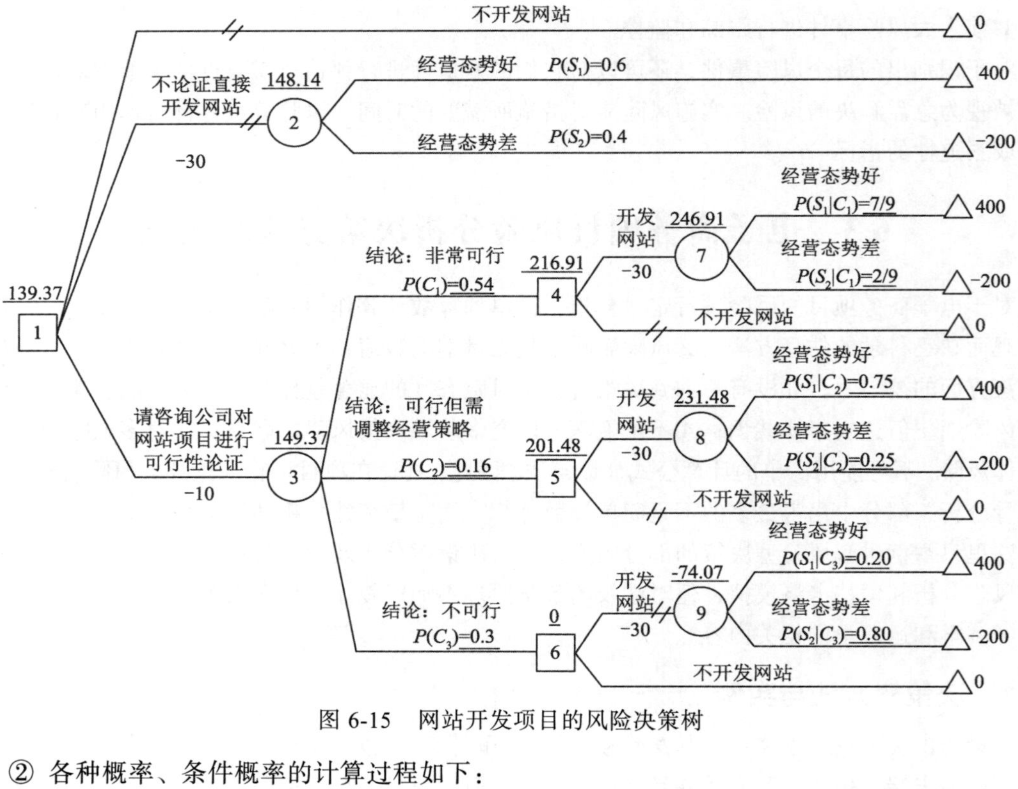

图 6-15　网站开发项目的风险决策树

② 各种概率、条件概率的计算过程如下：

因为：

$$P(C_1)=P(C_1S_1+C_1S_2)=P(S_1)P(C_1|S_1)+P(S_2)P(C_1|S_2)=0.6\times0.7+0.4\times0.3=0.54$$

$$P(C_2)=P(C_2S_1+C_2S_2)=P(S_1)P(C_2|S_1)+P(S_2)P(C_2|S_2)=0.6\times0.2+0.4\times0.1=0.16$$

$P(C_3)=1-P(C_1)+P(C_2)=1-0.54-0.16=0.3$

所以：

$P(S_1|C_1)=P(C_1S_1)\div P(C_1)=P(S_1)P(C_1|S_1)\div P(C_1)=0.6\times0.7\div0.54=7/9$

$P(S_2|C_1)=P(S_2)P(C_1|S_2)\div P(C_1)=0.4\times0.3\div0.54=2/9$

或者：$P(S_2|C_1)=1-P(S_1|C_1)=2/9$

同样，可求得：

$P(S_1|C_2)=0.75, P(S_2|C_2)=0.25$

$P(S_2|C_3)=0.20$

$P(S_2|C_3)=0.80$。

③ 决策树从右到左计算，决策过程如下：

事件点②：[400×0.6+（−200）×0.4]×（P/F,1,8%）=160×0.925 9=148.14（万元）

事件点⑦：[400×7/9+（−200）×2/9]×（P/F,1,8%）=266.67×0.925 9=246.91（万元）

事件点⑧：[400×0.75+（−200）×0.25]×（P/F,1,8%）=250×0.925 9=231.48（万元）

事件点⑨：[400×0.20+（−200）×0.80]×（P/F,1,8%）=−80×0.925 9=−74.07（万元）

决策点4：因为 max（246.91−30，0）=216.91（万元），所以将“不开发网站”剪枝，标记“//”。

灵敏度分析举例：如果时间点⑦概率分枝中 $P\neq7/9$ 而是未知，那么只有$[400P-200(1-P)]\times0.925\,9-30\geqslant0$，即 $P\geqslant0.387\,4$ 时，决策点4才会选择“开发网站”，否则就会选择“不开发网站”，因此 $P=0.387\,4$ 是转折概率。本题 $P(S_1|C_1)>>0.387\,4$，所以“开发网站”的决策方案是比较稳定的；但如果 $P(S_1|C_1)=0.40\rightarrow0.387\,4$，则该方案就是不稳定或决策灵敏的。

决策点5：因为 max{231.48−30,0}=201.48（万元），所以将“不开发网站”剪枝，标记“//”。

决策点6：因为 max{−74.07−30,0}=0（万元），所以将“开发网站”剪枝，标记“//”。

事件点③：216.91×0.54+201.48×0.16+0×0.30≈149.37（万元）

决策点1：因为 max{0,148.14−30 149.37−10}=139.37（万元），所以将“不开发网站”“不论证直接开发网站”剪枝，标记“//”。

④ 决策结论：先请咨询公司对网站项目进行可行性论证；当论证结果为“非常可行”或者“可行但需调整经营策略”时，选择开发网站；当论证结果为“不可行”时，就不开发。本题决策的最大期望收益值 max EMV 为 139.37 万元。

（2）因为 EVSI（抽样信息价值）=EVwSI − EVwoIF=149.37 − max{148.14 − 30,0}=31.23（万元）>10（万元），即当信息自身价值大于搜集信息的代价时，购买可行性论证信息是值得的。

EVPI（完全信息价值）=EVwPI − EVwoIF={[400×(P/F,1,8%) − 30]×0.6+0×0.4}−max(148.14 − 30,0) =86.08（万元）。EVwoIF 可理解为购买、利用信息的机会成本，即不采纳咨询论证信息，而选择其他决策方案的最大收益。

所以信息的效率 E=EVSI÷EVPI×100%=31.23/86.08×100%=36.28%。

结论：本题中抽样信息的期望价值为 31.23 万元，可见获取的项目论证信息是有效的。不过，它仅为完全信息价值的 36.28%，说明还可以通过进一步提高项目论证信息的质量以得到更大的收益。信息效率的提升意味着项目风险的降低，下面第（3）问计算更加明确这一点。

（3）收益值 $R(a_1,S_1)=400\times(P/F,1,8\%)-30=340.36$，$R(a_1,S_2)=-200\times(P/F,1,8\%)-30=-215.18$，$R(a_2,S_1)=R(a_2,S_2)=0$。

所以决策收益矩阵 $\boldsymbol{Q}=\begin{bmatrix}340.36 & -215.18\\ 0 & 0\end{bmatrix}$，于是后悔值矩阵 $\boldsymbol{R}=\begin{bmatrix}0 & 215.18\\ 340.36 & 0\end{bmatrix}$

按补充信息集 C→决策行动集 A→风险状态集 S 的顺序，找出决策方案、补充信息、决策行动、风险状态、后悔值 R 与条件概率 $P(S|C)$的对应关系，见表 6-6。

以决策方案 δ_5 为例，计算见（式 6-1），其中 DiagExtr(A)表示提取矩阵 A 的对角线为一个列向量。

表 6-6　补充信息、决策、风险状态、后悔值与条件概率的对应关系表

所有的决策方案	方案内容：补充信息集 C 的子集→行动集合 A	决策与风险状态 S_i 对应情况	行动集 A 与风险状态 S_i 对应的后悔值	补充信息 C 与风险状态 S_i 的后验概率
δ_1	$\varnothing\to a_1$ 且 $\{C_1,C_2,C_3\}\to a_2$	$(C_1,a_2,S_i),(C_2,a_2,S_i),(C_3,a_2,S_i)$	$R(a_2,S_i),R(a_2,S_i),R(a_2,S_i)$	$P(C_1\|S_i)$, $P(C_2\|S_i)$, $P(C_3\|S_i)$
δ_2	$\{C_1\}\to a_1$ 且 $\{C_2,C_3\}\to a_2$	$(C_1,a_1,S_i),(C_2,a_2,S_i),(C_3,a_2,S_i)$	$R(a_1,S_i),R(a_2,S_i),R(a_2,S_i)$	
δ_3	$\{C_2\}\to a_1$ 且 $\{C_1,C_3\}\to a_2$	$(C_1,a_2,S_i),(C_2,a_1,S_i),(C_3,a_2,S_i)$	$R(a_2,S_1),R(a_1,S_i),R(a_2,S_i)$	
δ_4	$\{C_3\}\to a_1$ 且 $\{C_1,C_2\}\to a_2$	$(C_1,a_2,S_i),(C_2,a_2,S_i),(C_3,a_1,S_i)$	$R(a_2,S_i),R(a_2,S_i),R(a_1,S_i)$	
δ_5	$\{C_1,C_2\}\to a_1$ 且 $\{C_3\}\to a_2$	$(C_1,a_1,S_i),(C_2,a_1,S_i),(C_3,a_2,S_i)$	$R(a_1,S_i),R(a_1,S_i),R(a_2,S_i)$	
δ_6	$\{C_1,C_3\}\to a_1$ 且 $\{C_2\}\to a_2$	$(C_1,a_1,S_i),(C_2,a_2,S_i),(C_3,a_1,S_i)$	$R(a_1,S_i),R(a_2,S_i),R(a_1,S_i)$	
δ_7	$\{C_2,C_3\}\to a_1$ 且 $\{C_1\}\to a_2$	$(C_1,a_2,S_i),(C_2,a_1,S_i),(C_3,a_1,S_i)$	$R(a_2,S_i),R(a_1,S_i),R(a_1,S_i)$	
δ_8	$\{C_1,C_2,C_3\}\to a_1$ 且 $\varnothing\to a_2$	$(C_1,a_1,S_i),(C_2,a_1,S_i),(C_3,a_1,S_i)$	$R(a_1,S_i),R(a_1,S_i),R(a_1,S_i)$	

$$B(\delta_5)=\begin{pmatrix}P(S_1) & P(S_2)\end{pmatrix}\text{DiagExtr}\left\{\begin{bmatrix}P(C_1|S_1) & P(C_2|S_1) & P(C_3|S_1)\\ P(C_1|S_2) & P(C_2|S_2) & P(C_3|S_2)\end{bmatrix}\begin{bmatrix}R(a_1,S_1) & R(a_1,S_2)\\ R(a_1,S_1) & R(a_1,S_2)\\ R(a_2,S_1) & R(a_1,S_2)\end{bmatrix}\right\}$$

（式 6-1）

$$(0.6\ \ 0.4)\text{DiagExtr}\left\{\begin{bmatrix}0.7 & 0.2 & 0.1\\ 0.3 & 0.1 & 0.6\end{bmatrix}\begin{bmatrix}0 & 215.18\\ 0 & 215.18\\ 340.36 & 0\end{bmatrix}\right\}=54.85\text{（万元）}$$

同样可求出其余 $B(\delta_i)$，i=1,2,3,4,6,7,8。于是，本例的决策贝叶斯风险：

$$B(\delta_{\text{OPT}})=\min\{204.22,87.09,171.98,235.44,\underline{54.85},118.31,203.20,86.07\}=54.85\text{（万元）}$$

因此贝叶斯原则下最佳决策法则仍为 δ_5，这与第（1）问得出的结论必然完全一致。不加证明，必然可得出：$B(\delta_{\text{OPT}})$=EVPI－EVSI=86.08－31.23=54.85（万元），这个正数差值即项目风险衡量出抽样信息价值相对于完全信息价值的不足。

6.3.2　概率树或蒙特卡洛模拟方法与实例

决策树模型可分析多级决策的风险，但只适合离散型风险变量且风险变量取值个数有限的情形，比如：例 6-1 中的可行性论证结论只有三种情况，四年内经营态势只有好和差两种可能。但是，如果风险变量不止一个且关系复杂，或者服从连续的概率分布，那么采用概率树或蒙特卡洛仿真的方法进行风险分析和评价可能会有更好的效果。

概率树分析假设风险变量之间是相互独立的。概率树以事件分支形式表示，将所研究的风险事件作为树干，称为顶事件；导致这一事件发生的主要风险因素称为中间事件；按树枝的走向继续细分，得到引起顶事件的最下层风险因素，称为底事件。事件上中下之间的逻辑关系用树形分叉表示，即构成概率树。虽然都是树状图，但决策树包括随机事件和决策点，而概率树则只有随机事件。

概率树分析的一般步骤：

（1）通过敏感性分析，确定风险变量。

（2）判断各种风险因素可能发生的状态。

（3）确定各种状态可能出现的概率，每种状态发生的概率之和必须等于 1。

（4）对各种风险因素的不同状态进行组合，求出方案所有可能出现的净现值 NPV 及其发生的概率 P。

（5）求方案净现值的期望值（均值）E(NPV)和标准差 σ(NPV)。

（6）求出方案净现值非负的累计概率。

（7）对概率分析结果作说明。

当影响项目评价指标的风险变量是离散型的但其取值情况很多，或者多个风险变量中存在概率分布已知的连续型变量，那么评估风险就需要用蒙特卡洛模拟法而不是概率树法。

蒙特卡洛模拟法利用计算机软件，按照每个风险变量的概率分布随机地、重复地抽取许多组样本，每一组样本都按照事先确定模型计算出项目评价指标的数值，然后经统计处理和计算分析可获得评价指标的概率分布及累计概率分布、期望值、标准差，以及项目可行或不可行的概率等，据此可评估项目的投资风险。它既可以模拟项目的日程，也常被用来估算成本的变化范围。其模拟过程如下：

（1）通过敏感性分析，确定风险变量。

（2）构造风险变量的概率分布模型。

（3）为各输入风险变量抽取随机数。

（4）将抽得的随机数转化为各输入变量的抽样值。

（5）将抽样值组成一组项目评价基础数据。

（6）根据基础数据计算出评价指标值。

（7）整理模拟结果所得评价指标的期望值、标准差和它的概率分布及累计概率，绘制累计概率图，计算项目可行或不可行的概率。

【例 6-2】某地区大型健康理疗网络营销 O2O 项目 1，第一年年初进行固定资产投资 K。项目 1 年建成，第 2 年开始投入运营。从项目建成开始，预计以后每年产生利润 B，在年底核算。K、B 单位都是万元。资金年贴现率为 10%。项目经营期 n 预计为 10 年。

（1）如果投资该项目，则固定资产投资可能为 50 万元、60 万元、65 万元，发生概率分别为 0.2、0.55、0.25。但预计每年利润可能存在 10 万元、12 万元、14 万元三种情况，对应的概率分别为 0.3、0.5、0.2。假设项目只存在这两个风险因素，试运用概率树方法对该项目的投资经营风险进行评价。

（2）投资者还可选择投资另一个项目 2——农产品销售及线下体验网站：项目建设期同样是 1 年，经营期为 10 年，但固定资产投资服从悲观值为 80 万元、可能值为 60 万元、乐观值为 50 万元的三角形分布。每年年底利润服从期望值为 18 万元、均方差为 3 万元的正态分布。试利用蒙特卡洛模拟方法对项目 1 和项目 2 的投资经营进行风险比较分析。

解 （1）投资项目 1 的净现值 $NPV=-K+B\cdot(P/A,10,i)\cdot(P/F,1,i)$，其中 NPV 是目标变量，而 K、B 是离散型风险变量。因此，用概率树进行风险分析，如图 6-16 所示。计算举例：

①0.04=0.2×0.2；②−50+14×（P/A,10,10%）×（P/F,1,10%）=28.2036；

③0.04×28.2036=1.1281；④0.04×（28.2036−6.6646）²=18.5574；

⑤风险度 FD（标准差系数）$=\sqrt{86.8455}/6.6644=1.3983$。

将图 6-16 中净现值从小到大排序，列出其对应的发生概率，再计算累计概率，所得结果见表 6-7。

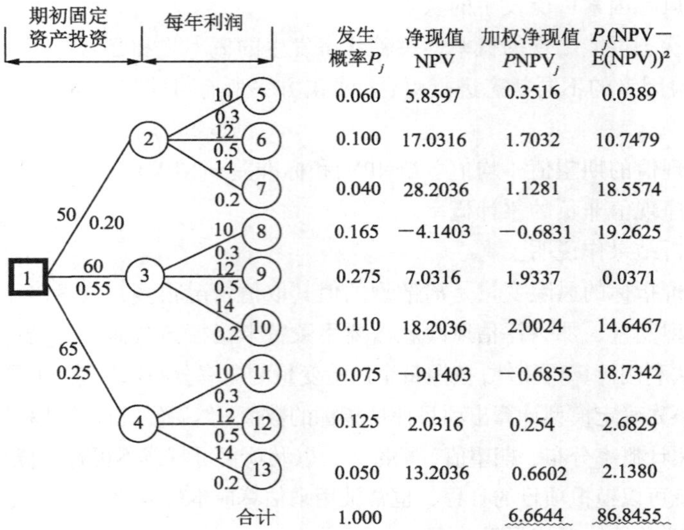

图 6-16 净现值计算概率树

表 6-7 净现值升序排列及累计概率计算

事件 j	NPV_j 升序	P_j	累计 P_j	—
7	−9.1403	0.075	0.075	←临界概率 $P(NPV\leqslant 0)$=0.24+(0.365−0.24)/[2.0316−(−4.1403)]×[0−(−4.1403)]=0.3239，即用线性插值法算出项目 1 投资不盈利的概率为 32.39%
4	−4.1403	0.165	0.24	
8	2.0316	0.125	0.365	
1	5.8597	0.06	0.425	
5	7.0316	0.275	0.7	
9	13.2036	0.05	0.75	
2	17.0316	0.1	0.85	
6	18.2036	0.11	0.96	
3	28.2036	0.04	1	

结论：项目 1 投资可行的概率为 67.61%（=1−0.3239），风险度为 1.3983，可见项目 1 具有中等程度的风险，风险不算小。

（2）NPV 是目标变量，而 K、B 是连续型风险变量。下文提到的函数 rand()为均匀分布于[0,1）的函数。

项目 2 期初固定资产投资 K 服从参数 a=50、c=60、b=80 的三角分布，因此随机变量

$$K=\begin{cases}50+\sqrt{(80-50)(60-50)\text{rand()}} & \text{当}0\leqslant\text{rand()}\leqslant\dfrac{60-50}{80-50}=\dfrac{1}{3}\\[2ex] 80-\sqrt{(80-50)(80-60)[1-\text{rand()}]} & \text{当}\dfrac{1}{3}<\text{rand()}\leqslant 1\end{cases}$$

项目 2 的每年年底利润 B 服从 $\mu=18$、$\sigma=3$ 的正态分布，因此随机数 $B=18+3\,\phi^{-1}$[Rand()]，其中 ϕ^{-1}()为标准正态分布函数的反函数。这个反函数的形式不得而知，但 Excel 等软件可以得出反函数的值。

按照上述公式分别随机抽取两个方案两个风险变量的数值，按 i=10%计算两个项目的净现值，重复实验 1 000 次，计算结果见表 6-8。

表 6-8　风险变量随机取值及目标变量的计算结果（保留四位小数）

方案	项目 2				
变量	期初固定资产投资		每年年底税前利润		投资净现值
	随机数 1	K 值	随机数 2	B 值	NPV1
单位	无	万元	无	万元	万元
（1）	（2）	（3）	（4）	（5）	（6）
模拟实验编号					0
1	0.8769	71.4044	0.4828	17.3706	23.4205
2	0.3215	59.8212	0.5297	18.2234	41.9745
3	0.9938	78.0702	0.0620	13.3860	-3.2966
……	0.4963	62.6152	0.9638	23.3912	68.0472
997	0.0894	55.1782	0.7559	20.0793	56.9844
998	0.6369	65.2400	0.7245	19.7888	45.2999
999	0.8156	69.4802	0.5708	18.5350	34.0559
1000	0.8141	73.9024	0.9562	23.1237	55.2658
			期望值 E(NPV)		36.3441
			样本标准差 STDEV(NPV)		17.8630
			min		-21.1222
			max		92.8706
			是否继续研究风险		是
			风险度 FD_j		0.4915

说明：

① 第 2 列、第 4 列在所在单元格输入 Excel 函数“=Rand()”，得到 0~1 之间随机数。

以模拟实验 2、模拟实验 999 为例，对表 6-8 中的数据计算进行说明。

② 项目 2 的风险变量 K 按照特定参数的三角分布进行抽样，抽取到的随机数 1 是 0.3215。因为 0.3215≤（60-50）/（80-50）=1/3，$K=59.8212=50+\sqrt{(80-50)\,(60-50)\times 0.3215}$。又如：实验 999 目前抽取随机数为 0.8156，因为 0.8156>1/3，所以 $K=69.4802=80-\sqrt{(80-50)\,(80-60)\,(1-0.8156)}$。

在 Excel 中，可通过 if()函数加 Rand()等函数来确定 K 值。

所在单元格可以输入 Excel 函数“=Norm.Inv(0.5297,18,3)”，抽取到项目 2 的 B=18.2234，当然，实际上三个参数应该输入它们在 Excel 文档中所在单元格的地址。NPV2= −59.8212+18.2234×（P/A,10,10%）×（P/F,1,10%）=41.9745。

③求 1 000 个 NPV 数值的期望值 E(NPV)和样本标准差 STDEV(NPV)比较简单，分别用 Excel 的 Average()和 STDEV.S()可实现。当 1 000 个数据全不小于 0，则这个方案没有风险，因此后续的风险评价就没有必要了；如果全不大于 0，则这个方案必然不盈利，那么这种投资也不是风险投资，因而也没有进行风险评价的必要。只有 1 000 个数据有正有负，才有必要计算风险度 FD=STDEV(NPV)÷E(NPV)。本例，投资项目 1 的风险度 FD1=1.3983>FD2=0.4915，故项目 1 相对于项目 2 而言风险较大。

将 NPV2 升序排列，再计算累计概率，结果见表 6-9。

表 6-9　NPV2 升序排列及其累计概率计算

升序编号	NPV2 升序	累计概率 $P2$
1	−21.1222	0.001
2	−19.9678	0.002
3	−19.2164	0.003
……	……	……
16	−0.8275	0.016
17	(−0.2699)	(0.017)
18	0.0000	0.0175←
19	(0.2421)	(0.018)
……	……	……
228	23.8059	0.227
229	23.8515	0.228
230	23.9428	0.229
……	……	……
997	85.3636	0.996
998	87.1887	0.997
999	88.9253	0.998
1000	92.3058	0.999
1001	92.8706	1.000

下面讲述如何用线性插值法求 P(NPV≤0)(“←”所指数值，计算须用表 6-9 中带括号的数据)。由于 P(NPV1≤0)位于[0.017,0.018]内，所以 P(NPV1≤0)=0.017+(0.018−0.017)/[0.2421−(−0.2699)]×[0−(−0.2699)]=0.0175，于是项目 1 投资可行的概率为 98.25%(=1−0.0175)。因此，项目 1 的风险明显比项目 2 大，具体来说：项目 1 的风险程度为中等，而项目 2 的风险度很低。目标变量 NPV 的累计概率分布如图 6-17 所示。

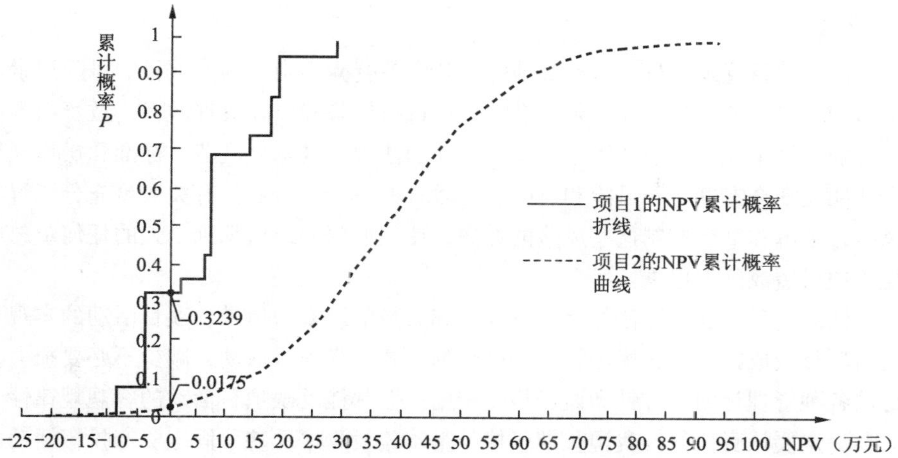

图 6-17　目标变量 NPV 的累计概率分布

6.4　电子商务项目风险的预防、应对与监控

应对电子商务项目的风险应立足于预防。风险应对是指针对风险定性、定量分析的结果，为降低项目风险的副作用而制定的风险应对措施。风险监控是风险应对计划制订以后，在每个报告期中对已识别的风险进行监察、反馈和管控，对新出现的风险进行不断地重新识别和应对的过程。

6.4.1　风险预防

风险预防是一种主动的风险管理策略，通常采取有形和无形的手段。

1. 有形手段

工程法是一种有形的手段，这种方法以工程技术为手段，消除物质性风险威胁。例如，为了防止山区区段山体滑坡危害高速公路过往车辆和公路自身，可采用岩锚技术锚住松动的山体，增加因为开挖而破坏了的山体稳定性。采用工程法预防风险有多种措施。

（1）防止风险因素出现。在项目活动开始之前，采取一定措施，减少风险因素。例如，在山地、海岛或岸边建设，为了减少滑坡威胁，可在建筑物周围大范围内植树栽草，同排水渠网、挡土墙和护坡等措施结合起来，防止雨水破坏建筑物主体的稳定性，这样就能根除滑坡这一风险因素。

（2）减少已存在的风险因素。施工现场若发现各种用电机械和设备日益增多，及时果断地换用大容量变压器就可以减少其烧毁的风险。

（3）将风险因素同人、财、物在时间和空间上隔离。风险事件发生时，造成财产损毁和人员伤亡是因为人、财、物在同一时间处于破坏力作用范围之内。因此，可以把人、财、物与风险源在空间上实行隔离，在时间上错开，以达到减少损失和伤亡的目的。

工程法的特点是，每一种措施都与具体的工程技术设施相联系，但是不能过分地依赖工程法。首先，采取工程措施需要很大的投入。因此，决策时必须进行成本效益分析；第二，任何工程设施都需要有人参加，而人员的素质起决定性作用；另外，任何工程设施都不会百分之百地可靠，因此工程法要同其他措施结合起来使用。

2．无形手段

（1）教育法。项目管理人员和所有其他相关各方的行为不当可构成项目的风险因素。因此，要减轻与不当行为有关的风险，就必须对有关人员进行风险和风险管理教育。教育内容应该包含有关安全、投资、城市规划、土地管理及其他方面的法规、规章、规范、标准和操作规程、风险知识、安全技能及安全态度等。风险和风险管理教育的目的，是要让有关人员充分了解项目所面临的种种风险，了解和掌握控制这些风险的方法，使他们深深地认识到个人的任何疏忽或错误行为，都可能给项目造成巨大损失。

（2）程序法。工程法和教育法处理的是物质和人员的因素，但是，项目活动的客观规律性若被破坏也会给项目造成损失。程序法指以制度化的方式从事项目活动，减少不必要损失。项目管理组织制订的各种管理计划、方针和监督检查制度一般都能反映项目活动的客观规律性。因此，项目管理人员一定要认真执行。我国长期坚持的基本建设程序反映了固定资产投资活动的基本规律。实践表明，不按此程序办事，就会犯错误，就要造成浪费和损失，所以要从战略上减轻项目风险，就必须遵循基本程序，那种图省事、走捷径、抱侥幸心理甚至弄虚作假的想法和做法都是项目风险的根源。

另外，在对电子商务项目风险因素识别的基础上，可构建电子商务企业内生风险防范体系、外生风险防范体系和协同防范体系。

6.4.2 风险应对

电子商务项目应对风险可以分为两类：一类是对于威胁大于机会的消极风险应对策略，一类是对于机会大于威胁的积极风险的应对策略。

1．消极风险应对策略

（1）回避：是指当项目风险潜在威胁发生可能性太大，不利后果也太严重，又无其他策略可用时，主动放弃项目或改变项目目标与行动方案，从而规避风险的一种策略，它是一种最彻底的风险处置技术。当然，这是一种消极的风险处置方法，因为同时也失去了实施项目可能带来的收益。

（2）转移：又叫合伙分担风险，其目的不是降低风险发生的概率和不利后果的大小，而是借用合同或协议，在风险事故一旦发生时将损失的全部或一部分转移到项目以外的第三方身上。购买保险是最重要的风险转移方式，非保险型转移方式有租赁、委托、分包、免责合同等。通过转嫁方式处置风险，风险本身并没有减少，只是风险承担者发生了变化。

（3）减轻：是指为了降低风险发生的可能性或减少后果的不利影响而采取的风险处置技术。比如在时间和空间上把风险因素与可能遭受损害的人、财、物隔离等。

2．积极风险的应对策略

（1）开拓：风险开拓是指通过确保机会肯定实现而消除与特定积极风险相关的不确定性，例如可以为项目分配更多的资源，如增派有经验、能力强的项目成员。

（2）分享：风险分享是指将风险的责任分配给最能为项目利益获取机会的第三方，比如建立风险分享合作关系，签订机会利润分享合同等。

（3）提高：风险提高是指通过提高积极风险的概率或其积极影响，识别并最大限度地发挥这些积极风险的驱动因素的作用，强化其触发条件，提高机会发生概率。

除上述六种措施外，不管是威胁还是机会都还可以采用风险接受的策略。风险接受又称作风险自留，是由项目团队自行准备风险准备金以承担风险的处置方法，在实践过程中有主动接受和被动接受之分。

主动接受是指在对项目风险进行识别和分析的基础上，明确风险的性质及其后果之后，风险管理者认为主动承担某些风险比其他处置方式更好，于是筹备资金或设计工作机动时间将这些风险自留。被动接受则是指未能准确识别和分析风险及损失后果的情况下，被迫采取自身承担后果的风险处置方式。被动自留是一种被动的、无意识的处置方式，有时会造成严重的后果，使项目团队遭受损失或错过机会。有选择地对部分风险采取接受方式，有利于项目团队获利更多，但接受哪些风险，是项目团队必须认真研究的问题，如自留风险不当可能会造成更大的损失。

例如，527GG 水果电子商务网站的风险评估、分析及应对（部分），见表 6-10。

表 6-10　527GG 水果电子商务网站的风险评估、分析及应对表（部分）

风险识别			风险定性与定量分析						风险应对			
编号	WBS 活动	风险事件	风险概率	风险影响描述	风险影响值	风险期望值	排序	级别	风险策略	风险应对措施	风险处理截止时间	风险负责人
1	组建团队	领导层的重视程度发生变化	50%	项目运作受影响	0.6	0.30	1	一级	缓解	预防与领导层多沟通	1 周	项目经理
2	编制项目计划	计划考虑不周	10%	影响项目计划评审	0.6	0.06	17	三级	接受	纠正，调整	1 天	项目经理
3	计划评审	不通过	50%	项目运作受影响	0.7	0.35	1	一级	缓解	纠正，调整	1 天	总经理
…	…	…	…	…	…	…	…	…	…	…	…	…
7	网站功能结构/界面风格设计	网站功能结构设计不合理，网站风格设计不合适	50%	网站建设受严重影响	0.5	0.25	3	一级	提高	预防	1 周	总经理
…	…	…	…	…	…	…	…	…	…	…	…	…
11	硬件采购	硬件采购不到位	50%	项目建设进度受影响	0.4	0.20	6	二级	接受	纠正，寻找其它供应商	3 天	主管副总
12	网站平台建设	网站平台建设不完善	10%	网站建设受影响	0.4	0.04	25	四级	接受	纠正，完善网站平台功能	3 天	项目成员
13	数据信息资料收集/网页制作	数据收集不及时、全面	50%	网站建设进度受影响	0.2	0.10	14	三级	缓解	预防	1 周	项目经理
14	网站功能测试/初发布	网站发布不顺利	50%	项目进度受影响	0.2	0.10	14	三级	接受	预防	1 周	项目经理
…	…	…	…	…	…	…	…	…	…	…	…	…
18	提交测试报告	测试报告不全而没通过	10%	影响项目建设	0.2	0.02	26	四级	接受	纠正，及时沟通	1 天	项目成员
…	…	…	…	…	…	…	…	…	…	…	…	…

6.4.3 风险的监控

风险监控是指识别和分析新生风险、追踪已识别风险和“风险应对表”中的风险，重新分析现有风险，审查风险应对策略的实施并评估其效果的过程。这是对已完成的风险识别、评估和应对活动进行更新、升级的一个过程。

在风险监控中，一般要关注以下五方面的工作：

（1）风险再评估。应安排定期进行项目风险再评估，同时要检查并记录风险应对策略处理已识别风险。

（2）偏差和趋势分析。通过挣值分析、项目偏差和趋势分析等对项目总体绩效进行监控，与基准计划的偏差可能表明威胁或机会的潜在影响。

（3）风险准备金分析。在项目任何时点都要将剩余的风险准备金金额与拟接受的风险进行比较，以确定剩余的风险准备金是否仍旧充足。

（4）更新风险登记册。将新的风险识别和应对情况、原有风险的变动情况纳入风险登记册中。

（5）更新风险数据库。对于典型的风险事件可以形成记录并对风险分解结构和组织的风险数据库进行更新。项目风险管理活动获取的经验教训，将有助于使风险数据库更加丰富。

下面对与风险监控紧密相连的几个常见概念做一区分。电子商务项目监控与监理、审计、测试和评价各有不同，具体如下：

（1）风险监控重大项目执行过程中对风险状态的跟踪、监察、反馈调控和措施优化，由项目承建单位负责。项目监理由具有相应监理资质的工程监理单位站在维护项目外部干系人利益的立场，管控项目的投资、进度、质量和合同，并协调有关单位间的工作关系，但不涉及财务效益评价。项目审计主指与项目组独立的政府机关、社会机构或内部机构对项目从投标中标、组织施工到竣工交付使用全过程的经济活动和财务管理进行的审计，并对其最终绩效进行评价，但不涉及工程的技术细节、现有工作方法合理性与项目交付成果未来前景评估。

（2）项目测试主要是测试系统是否实现了设计的逻辑模型，并且主要是从技术上进行测试，属于风险监控的一个工作环节；而项目审计更重要的是测试系统是否忠实于企业的实际运作原型，是否符合国家的法律法规。

（3）项目评价是项目审计的延伸，更带有主观性，与评价指标的选取有关；而项目审计相比较而言更客观，强调的是数据的真实性和系统性能的客观性。

习　　题

一、简答题

1. 电子商务项目实行全面质量管理的意义和内容是什么？
2. 简述软件能力成熟度模型的层次及其含义。
3. PDCA 循环的含义是什么？
4. 制造工程质量控制的工具和方法有哪些，其作用是什么？
5. 电子服务测评的经典量表有哪些？请就其功能进行简要比较。
6. 简述电子商务项目风险识别、分析与应对的过程。

二、选择题

1. 电子商务项目在（　　）过程中实行质量管理。

A. 全过程　　B. 在项目结束后　　C. 在项目实施前　　D. 在项目实施过程中

2. ISO 的意思是（　　）。

A. 质量保证技术委员会　　B. 国际标准化组织

C. 国际质量管理委员会　　D. 质量保证体系

3. PDCA 循环的关键阶段是在（　　）。

A. P 阶段　　B. D 阶段　　C. C 阶段　　D. A 阶段

4. 用来系统地收集和整理质量原始数据，确认事实并对质量数据进行粗略整理和分析的统计图表是指（　　）。

A. 流程图　　B. 树图　　C. 调查表　　D. 直方图

5. 以下（　　）不是积极风险应对策略。

A. 规避　　B. 转移　　C. 缓解　　D. 分享

6. 关于电子商务网站质量和电子服务质量的评价量表，下列说法中正确的是（　　）。

A. WebQual 的 12 个维度可以总结成五类：有形性、保证性、可靠性、移情性、响应性

B. WebQual 和 SITEQual 都侧重于评价网站质量，而不能全面评价电子服务质量

C. eTailQual 认为顾客满意度、顾客忠诚度及顾客评价很大程度上受有用性、易用性、环境、额外关系的影响

D. eTransQual 缺乏对服务过程质量的研究

三、计算题

1. 通过敏感性分析可知某类投资方案的敏感因素是第一年年初投资额 K 和年净收益 S，单位都是万元。假定第一年是建设期无现金流入，年净现金流量发生在第二年以后各年的年末，基准折现率为 10%，项目经济寿命终了时净残值为 0。

（1）A 投资方案 K 的三种情况及发生概率分别为 120 万元（0.3）、150 万元（0.5）、175 万元（0.2）；

而年净收益 S 亦存在三种情况——20 万元、28 万元、33 万元，并且每种情况发生概率分别为 0.25、0.40、0.35。该方案的经济生命周期为 10 年。请画出概率树，并计算净现值来确定项目投资可行的概率。

（2）A 投资方案数据同 1。又已知 B 投资方案 K 的三种情况及发生概率分别为 350 万元（0.5）、370 万元（0.25）、380 万元（0.25）；而年净收益 S 亦存在三种情况——150 万元、165 万元、190 万元，并且每种情况发生概率分别为 0.20、0.50、0.30。两个投资项目的经济寿命相同，但可能同为 10 年、11 年、12 年，三种情况出现的概率分别为 0.5、0.3、0.2。请通过蒙特卡罗模拟随机抽取两个方案的三个指标期初投资额、年净收益、经济生命周期的数值，重复进行 3 000 次试验。通过计算风险度来判断哪一个投资方案的风险相对较大。

2. 某水利工程公司拟对大江截流的施工工期做出决策。可供选择的方案有两种：一是在 9 月份施工；二是在 10 月份施工。假定其他条件都具备，影响截流的唯一因素是天气与水文状况。10 月份的天气与水文状况肯定可以保证截流成功。而 9 月份的天气水文状况有两种可

能。如果天气好，上游没有洪水，9 月底前截流成功，可使整个工程的工期提前，从而能比10 月施工增加利润 1 000 万元；如果天气坏，上游出现洪水，截流失败，则比 10 月施工增加500 万元的损失。根据以往经验，9 月份天气好的可能性是 0.6，天气坏的可能性是 0.4。为了帮助决策，公司拟请某气象站对气象作更进一步的预测与分析。过去的资料表明，该气象站事后为好天气与预报好天气一致的概率（即准确率）是 0.9，事后为坏天气与预报坏天气一致的概率是 0.7。要求：①绘制决策树图，并通过计算判断水利工程公司是否应在 9 月份施工，为该公司选择最佳的行动方案。②是否应购买气象情报？该项气象情报的平均价值是多少？③贝叶斯风险多大？

四、分析题

小李是刚毕业的大学生，想开网店，并进行了前期准备工作，包括市场调研、寻找货源、寻找合作伙伴等。运行了一段时间后，网店的效果并不是很好。请用因果图等工具方法帮小李分析问题所在并找到解决问题的举措。

第 7 章

电子商务项目验收与维护

学习和实践目标

本章是电子商务项目生命周期中的最后一个环节，它对项目的圆满结束有着非常重要的意义。通过本章的学习，可使学生初步掌握电子商务项目验收的含义和内容，包括电子商务项目收尾工作内涵和原则、电子商务费用的决算依据、内容和结果、费用审计，以及电子商务项目用户培训、运行与维护等内容。

实现目标的知识点

- 电子商务项目收尾的内涵。
- 电子商务项目的内容。
- 电子商务项目费用决算与费用审计的内容。
- 电子商务项目用户培训、运行与维护的内容。

7.1 项目收尾工作的重要性

项目收尾工作是整个项目生命周期中最后的一个环节，它对项目的圆满结束有着非常重要的意义。项目收尾的主要工作包括成果确认、质量验收、费用决算与审计、资料验收与归档、项目交接等工作，是项目全过程的最后阶段，也是协调项目相关利益方冲突的重要环节。项目收尾工作要客观、公正、具体、严谨、翔实。

7.1.1 项目收尾的内涵、项目收尾工作的重要性及宗旨

1. 项目收尾的内涵

项目收尾是一项阶段性工作。项目收尾是项目生命周期的最后一个阶段。当项目的所有目标工作均已完成，或者虽未完成，但由于某种原因而必须终止时，项目就进入了收尾阶段。拥有清晰的收尾阶段是项目区别于其他工作任务的一个重要特征。

（1）项目收尾阶段的工作目的主要有：确认本次项目实施的结果；实现项目的各方利益；总结本项目中的经验教训，以期改善未来项目的工作绩效。此阶段的工作任务是采取各种适当措施

以保证项目的妥善结束。

（2）项目收尾阶段的主要工作是范围核实、行政收尾和合同收尾。其中：范围核实，即核查项目计划规定范围内的各项工作或活动是否已经完成，可交付成果是否令人满意；行政收尾，即编制已收集和分发项目信息，正式宣布项目的结束；合同收尾，即了结合同，进行结算，包括解决所有未尽事宜。

2．项目收尾工作的重要性

项目的成功结束标志着项目计划任务的完成和预期成果的实现。没有项目结束阶段的工作，项目成果就不能正式投入使用，不能生产出预期的产品或服务，项目利益相关者也不能终止他们为完成项目所承担的责任和义务，也无法从项目的完成中获益。因此做好项目结束阶段的工作对项目的各参与方来讲都是非常重要的，项目各方的利益在这一阶段相对也存在着较大的冲突。同时项目进入收尾期后项目成员的注意力常常已开始转移,加上这一阶段的工作往往又是烦琐零碎、费时费力的，容易被轻视和忽略，所以更需要特别强调其重要性。

3．项目收尾工作的宗旨

理想的项目收尾方式应当是给予项目成果以及为之付出努力的所有工作人员以明确的肯定，以使项目各参与方都能够感受到成功完成项目的喜悦与成就感，并都能从项目的完成中获得利益和经验。因此，那种在项目的结束阶段就把注意力和人力转移到下一个项目，从而让当前项目的执行工作逐渐减弱并衰退的项目“自然死亡”的方式是不可取的，这样做不仅剥夺了项目成员感受自己工作成果的机会和快乐，而且持续进行看不到成果的工作也会伤害他们的工作积极性。

所以，成功的项目应当以某种类型的庆祝活动作为结束，这种庆祝活动可以是非正式的，如工作完成后项目成员内部的庆祝晚宴；也可以是比较正式的活动，如有客户代表参加的庆功酒会等；如果是重要的大型项目，还可以举办有领导出席的隆重的庆典仪式和颁奖会，在会上为项目的执行者授予奖金和颁发荣誉证书，并可通过新闻媒介进一步扩大项目的社会影响，对项目各方都能起到很好的宣传作用。

7.1.2　项目收尾应遵循的原则

由于项目进入收尾阶段后的工作往往十分烦琐细碎而使人缺乏兴趣，同时一部分项目成员的注意力可能已经转移到新的项目中去，而其他人则可能由于任务的结束而面临不确定的未来，产生失落或恐慌情绪，或者不愿意终止由此建立的个人地位和职业关系，因而不希望项目结束。这些情况可能使项目的结束遇到很多困难，因此我们需要一些行之有效的做法来保障项目的妥善结束。

1．完成计划内任务

结束一个项目首先要求做到完成所有列入目标计划的工作获得所有必需的认可和批准，并对工作成果符合预期要求的程度做出评价。按部就班地完成项目进度计划表上的所有任务，及时评价工作效果的满意度，对发生的各种偏差做出修正，是对项目进入结束阶段时一切工作能够井然有序顺利收尾的保证。

2．为项目收尾做详细计划

项目的收尾在某种意义上应当被当作一个独立进行的子项目来执行。所有未被调离的项目团队成员应当被召集起来共同拟定一份详细的项目终止计划，对目标、活动及相关资源分配等做出合理的计划和安排，以顺利完成结束项目的任务，建议准备一份列出所有已完成和应当完成工作的项目结束备忘录，以便对照检查为结束项目所需要的一切事项是否准备就绪。这些检查项应当包括：

（1）必须交付的产品或成果。

（2）必须通过的验收或测试。

（3）必须获得的认可或批准。

（4）必须编写的报表、报告或存档的其他书面材料。

（5）必须重新分配的项目资源。

（6）必须处理的其他行政事务。

项目结束备忘录上所开列的每一个检查项的工作都应当被明确分配给具体的责任人员，以确保该项工作得到落实。

3. 保持项目稳定

项目进入结束阶段后，更需要采取措施保持项目团队情绪的稳定和精神的振作。可行的办法有：

（1）召集团队开会。重申大家成功完成整个项目的目标与使命，以及当前阶段工作的重要意义；重新明确每个人的任务，有针对性地做好团队成员的思想工作。

（2）不断使团队的注意力集中于最终成果的价值和重要性上。

（3）密切监控结束阶段工作的执行情况，并向每位团队成员提供相关的反馈信息；加强成员间的及时沟通和交流。

（4）尽可能为每位项目团队成员做一份书面的员工绩效评估书，说明个人对于项目执行成果的获得做出了怎样的贡献，如何扩展了自己的经验和知识，还有哪些方面尚需改进和提高。这份评估书应当被归档并给当事人的直接上级主管提供备份。

（5）组织一些鼓舞人心的小型庆祝活动。

4. 做好保障工作

在开始着手结束项目之前，应当确保作为前提条件的各项先行工作都已就绪。事实上，在准备和执行项目计划时就应当为项目的结束预先奠定基础。在一开始的项目计划中就必须完整清楚地描述项目目标，并规定好所有相关的目标度量标准和规范。在项目的运行过程中，应当随时跟踪记录各项工作的进展以及内外部条件的变化情况，并保存好这些资料，以备在项目结束时作为收尾工作的参照依据和比较基数。同时，项目计划中应当包括项目的终止计划，为结束项目必须完成的所有工作都要明确地列入项目工作明细表中，并分配合理充分的时间、人力和资源。总之，周密制订并得到良好执行的计划是做好项目结束工作的保障条件。

5. 处理行政问题

为了结束项目，必须处理许多程序上或者法律上要求的行政问题。

（1）获得所有必需的认可和批准。项目结束之前，为了验证项目目标是否成功达到，所完成的工作成果必须接受必要的检验，通过各种相关的指标检查与性能测试，遵循所要求的标准并获取了有关的证明，才能得到客户一方的认可和接受。为顺利通过这些检验活动就需要做好充分的准备工作。

（2）调解矛盾冲突。项目结束阶段的工作密切关系到项目利益的最终实现，因此在这一时期项目各参与方往往存在着较大的利益冲突。同时，由于费用计划、工期计划、质量计划的要求以及项目结束工作本身的复杂性，在时间、人力、资金及其他资源的分配上都可能产生矛盾。这就需要随时调解因工作负荷或资源分配不当而产生的各种主观和客观上的矛盾与冲突，以使项目的结束工作得以顺利进行。

（3）整理好有关的档案资料。项目的执行过程中通常会留下大量的记录文件，形成项目档案。这些有形资料可能包括合同、计划、图纸、账目、报表、报告、文书、信函、单据、证书、工作日志、会议记录以及数据与程序等。项目档案是项目结束时成果验收和质量保证的重要依据之一，也是项目移交、维护和评价的重要原始凭证，在项目验收中起到十分重要的作用。对于大型项目，项目资料验收是项目竣工验收的前提条件，只有项目资料验收合格后，才能开始进行项目实体的竣工验收。因此，必须对这些文件资料进行清点、编目、立卷、归档，以方便随时调取和检索，为项目结束工作的顺利进行提供服务。

6．做好人员管理工作

项目的所有工作都要靠人来完成，项目成员的工作态度和工作效率是决定项目执行成效的关键。因此，在项目结束阶段，必须使得每一个团队成员都明确当前的目标与任务、自己的责任与权限，并帮助他们保持团结和具有工作热情。

7．宣布结束

当项目目标已经实现，项目全部计划任务都已完成后，向整个团队正式宣布项目结束（例如，可以采用庆祝活动的形式）是非常重要的，这可以让项目成员明确意识到自己的努力终于获得了结果，从而享受到成功的愉悦感，并可从中受到激励，增强自信。在一个小项目中，可能每个成员都很清楚项目何时结束以及所取得的成果，但对于一个大型、长期、涉及面广和结构复杂的项目来说，许多项目早期和中期的参与人员可能都没有机会看到他们的工作最后产生的实际成果。所以，请务必花费一些时间让人们能了解到自己付出的努力的实际意义，没有比这更能激发人们积极性的事情了。

7.2　电子商务项目验收

7.2.1　电子商务项目验收概述

1．项目验收的含义

项目验收又称项目范围确认或移交，是指项目结束或项目某一阶段结束时，项目团队将其成果交付给接受方以前，项目接受方会同项目团队、项目监理等有关方面对项目的成果进行审查，核查项目计划或合同规定范围内的各项工作或活动是否已经完成，应交付的成果是否令人满意。项目验收情况记录在案，并经过验收各方的签字确认，形成文件。电子商务项目在验收时，可以加上附加条件，如对于软件开发项目，在移交和验收时，可规定以后发现软件有问题可以找该软件项目开发人员解决，对项目完成后的后续工作也应有明确的规定，如可规定一年的免费支持，支持方式可以是通过电话、电子邮件和传真，并指定专人负责。另外，接到投诉后，2 小时内响应，并在 8 小时内赶达现场等。

2．项目验收的意义

对项目成果或阶段性成果进行及时的验收具有重要意义，主要表现在可以转移项目建设的成果，实现项目成果的效益；可以总结经验教训，积累项目有关资料；使项目承担方与项目接受方终止各自的最终或阶段性权利、义务与责任，以获得各自的权益；对项目承担方的鞭策与鼓励。

3．项目验收的分类

根据项目的类型、验收的目的、验收的时段等因素，项目验收可以分为按项目生命周期、项目验收的范围、项目的特点以及项目验收的内容等几种分类方法。

（1）按项目生命周期分类，分为合同期验收、中间验收和竣工验收三个阶段。

合同期验收指项目承担者根据项目目标、范围、资源等编制出项目进度、质量、预算等计划文件，由项目业主对这些计划文件进行验收，签订具有法律效力的合同，以此作为项目启动的依据和项目完成后进行评价的标准。

中间验收指在项目实施过程中，由项目业主、项目承担者、监理部门等根据项目计划对项目实施进行跟踪检查，按照阶段性成果的里程碑进行时间、质量、资源、费用等因素的验收，以确保项目的过程质量、进度和费用基本在计划以内。若存在项目变更，则进行多方签字确认方可有效。

竣工验收是指项目基本完成，在正式交付使用前，项目有关各方对项目的工作成果进行审查和验收，也是项目的总体验收。

（2）按项目验收的范围分类，分为部分验收与总体验收，对于工程项目又可分为单项验收或整体验收。

部分验收指项目在取得阶段性成果后，由项目接收方或其代理人对这一阶段成果进行检验，部分验收可以为总体验收奠定基础。一般经过项目承担方向验收方发出验收申请、整理文件与技术资料，由验收单位按合同和各种相关标准验收。

总体验收指项目全部完成以后，对取得的成果进行全面、综合的考核，以便为项目的终结做出合理的结论。所有的项目都要经过全部验收的环节。

（3）按项目的特点分类，主要分为投资建设项目验收、生产性项目验收、R&D 项目验收、系统开发项目验收和服务性项目验收等。

（4）按项目验收的内容分类，可分为质量验收与资料验收两类。

4．项目验收的范围与方法

（1）项目验收的范围。指项目验收的对象中所包含的内容，即项目验收时对验收对象的各个构成部分、相关内容以及形成的无形成果进行验收。项目验收的范围依据项目合同、标准以及项目成果的实际状况进行对比。

（2）项目验收的方法。根据项目的类型、特征，项目验收方法主要有观测法，试生产法，试运行法、性能指标检验，以及技术指标考核等多种验收方法。

5．项目验收的结果

在项目验收完成后，对于符合合同条款及法律法规和项目目标规定的有关标准的项目，项目承担方与项目接收方须在标准的文件上签字确认。投资建设项目在验收合格时要签署竣工验收鉴定书。竣工验收鉴定书表示项目已经竣工，并且是交付使用的依据。

项目竣工验收鉴定书的内容一般包括项目名称、地点、验收委员会成员、项目总说明、设计文件、成果鉴定（包括质量、成本与进度）、验收记录、验收结论等。

7.2.2 项目验收的依据与标准

1．项目验收的依据

在对项目验收时，主要根据有关标准和业主的目标对项目的工作成果（包括实体成果和知识成果）进行验收。验收的对象就是项目的工作成果。其中，知识性成果包括各种计划、管理报告以及技术设计与文件等。

2．项目验收的标准

项目验收标准一般选用项目合同书、国际国内的行业标准和有关政策法规与国际惯例等，应该具有权威性、科学性和公允性。

7.2.3 项目验收的内容

项目验收包括项目质量验收和项目文档验收两部分内容。

1．项目质量验收

项目质量验收是依据项目合同中的质量条款和指标要求，遵循相关的质量检验评定标准，对项目完成的质量情况进行测试、评定、认可和办理验收交接手续的过程。质量验收是项目接受方控制项目成果最终质量的手段，也是项目实体验收的最重要内容。

质量验收贯穿于电子商务项目生命周期的每一个阶段，是一个全程全员参与的过程。只有在项目的概念阶段、项目的规划阶段、项目的实施阶段对项目的质量进行验收合格的基础上，才能获得一个合格的项目。随着项目进度的逐步推进，就要根据工作分解和质量规划对每一项已完成目标进行单个评定和验收，然后对各项验收结果做出汇总统计，形成上一级目标的质量结果。在项目的结束阶段，质量验收的过程就是对项目实施阶段质量检验产生的每项结果进行汇总、统计、澄清，从而得出最终的项目整体质量结果。电子商务项目管理更重视项目移交后运行阶段的服务工作。实际中，有的还把项目生命周期延伸到项目移交后的运行阶段，确保客户在接受项目后真正获得期望的效益。

电子商务项目质量验收一般采取审阅文件、观测实物和对产品进行性能测试等方法。项目的每一个工序的质量检验评定报告经过汇总统计，形成上一级的质量检验评定报告，最终项目质量验收的结果是产生质量验收评定报告和项目技术资料。项目最终质量报告的质量等级一般分“合格”和“优良”两级，凡不合格的项目不予验收。

2．项目文档验收

高质量的项目文档编写工作是电子商务项目成功实施的重要保障，文档验收成为了电子商务项目验收的重要环节，也是项目交接、维护和评价的重要原始凭证，是项目竣工验收的前提条件，只有项目文档验收合格，才能开始项目竣工验收。在电子商务项目实施的过程中，文档编写工作往往容易被忽视，或者由于实践经验积累较少，文档编写人员对评价文档质量的标准把握不够准确。最常见到的情况是，在项目实施的分阶段过程中不能及时完成文档的编制工作，而要等到项目实施接近尾声的时候集中人力和时间专门编写文档。这些都导致了很难形成高质量的项目文档。

项目资料验收的范围主要有：

（1）项目启动与计划阶段的资料。项目可行性研究报告及相关附件；项目方案及论证报告；项目评估与决策报告；项目计划资料（包括项目进度计划、质量计划、费用计划、资源计划）。

（2）项目执行阶段的资料。全部项目采购合同的招标书和投标书；全部合格的供应商资料；全部合同变更文件，包括现场签证和设计变更等；项目质量记录、会议记录、备忘录、各类通知等；项目进度报告；各项变更控制申请及签证；现场环境报告；事故调查及处理情况；各种实验、检验的证明、报告等。

（3）项目结束阶段的资料。项目竣工报告及竣工图；项目质量验收报告；项目评价资料等。

项目资料的交验方应按合同条款有关资料验收的范围及清单进行自检和预验收，再由接收方分项逐一进行查验、清点、立卷、归档。对验收时认为不合格或有缺陷的科目要通知责任方弥补或改正。验收合格后交接双方要在项目资料验收报告上共同签字确认。

项目资料验收的结果是形成项目文档档案和项目文档验收报告。

7.3　电子商务项目的费用决算与审计

7.3.1　费用决算

决算是以实物量和货币为单位，综合反映项目实际投入和投资效益，核定交付使用财产和固定资产价值的文件。

费用决算是指项目从筹建开始到项目结束交付使用为止的全部费用的确定。要编好项目决算，首先要编好结算，结算是决算的主要资料来源。

（1）决算的依据。项目决算依据主要是合同、合同的变更。

（2）决算的内容。项目决算的内容包括项目生命周期各个阶段支付的全部费用。

（3）决算的结果。决算的结果形成项目决算书，经项目各参与方共同签字后作为项目验收的核心文件。决算书由两部分组成，即文字说明和决算报表。

① 文字说明。主要包括工程概况、设计概算、实施计划和执行情况、各项技术经济指标的完成情况、项目的成本和投资效益分析、项目实施过程中的主要经验、存在的问题和解决意见等。

② 决算报表。包括竣工项目概况表、财务决算表、交付使用财产总表和交付使用财产明细表。对于小型项目决算表，可按上述内容简化为小型项目决算总表和交付使用财产明细表。

7.3.2　费用审计

费用审计可贯穿在项目的全过程中。具体如下：

1．项目计划时期的费用审计

项目计划时期的费用审计主要对成本估算和成本计划进行审计，审计的内容主要有：成本估算采用了哪种方法；成本计划采用了什么方法，是粗线条还是细线条，能否满足控制成本的要求；不可预见费用的数量是否合理。然后形成审计报告。

2．项目实施过程中的费用审计

（1）成本报告的审计，包括：审核成本报告的内容是否全面，报告格式是否规范；核查报告与实际发生成本的吻合情况；结合进度报告和质量报告判断成本报告的真实性。然后形成审计报告。

（2）实施成本的审计，主要工作有：审查成本的超出和实际支出偏低的情况，查明发生成本与计划成本的偏差幅度及其原因；审查发生的成本是否合理，有无因管理不善造成成本上升和乱摊成本问题；审计成本控制方法、程序是否有效，是否有严密的规章制度；审查有无擅自改变项目范围；若存在成本失控问题，应查明原因，提出整改建议。然后形成审计报告。

3．项目结束时的费用审计

项目结束时的费用审计主要进行项目成本审计。其做法是对照项目预算审核实际成本的发生情况，看是超支还是节约。如果超支，要查明是项目成本控制不力还是因擅自扩大项目范围或乱摊成本所致；如果节约，则要查明是否缩小了项目范围或降低了实施标准。然后形成审计报告。

7.4 用户培训

对电子商务系统使用人员和系统维护人员的培训是系统投入应用的重要前提。需要进行培训的系统使用人员包括系统操作员、硬件及软件系统维护人员、管理决策人员、档案管理员等。对于尚未掌握计算机基本知识的人员，还要进行计算机基本知识方面的培训。

对用户的培训，总体包括下列内容：

（1）电子商务系统的总体方案。

（2）电子商务系统网络的操作与使用。

（3）电子商务系统的功能结构。

（4）计算机的操作与使用。

（5）数据库系统、开发工具等系统软件。

（6）系统事务型业务功能的操作和使用方法。

（7）系统维护型功能的操作和使用方法。

（8）系统统计分析型功能的操作和使用方法。

（9）系统的参数设置。

（10）系统初始数据输入功能的操作和使用方法。

（11）可能出现的问题及解决方法。

（12）汉字的输入方法。

（13）系统的使用权限与责任。

（14）系统的文档管理规范。

并不是系统的所有使用人员都要进行上述全部内容的培训。根据工作岗位的不同选择不同的内容进行培训，既可以节省宝贵的时间，也便于系统的安全与管理，可以参考表 7-1 中的建议进行培训内容的选择。

表 7-1　工作岗位与培训内容表

培训内容	操作人员	维护人员	管理决策人员	归档人员
系统的总体方案	√	√	√	√
系统网络的操作与使用		√		
系统的功能结构		√	√	
计算机的基本操作与使用	√		√	

续表

培训内容	操作人员	维护人员	管理决策人员	归档人员
数据库、开发工作等系统软件		√		
系统事务型业务功能的操作和使用	√	√		
系统维护功能型的操作和使用		√		
系统统计分析型功能的操作和使用		√	√	
系统的参数设置		√		
系统初始数据输入功能的操作和使用	√	√		
可能出现的问题及解决方法		√		
系统的使用权限与责任	√	√	√	
系统的文档管理规范		√		√

维护人员应该具有丰富的计算机知识，否则他们将不能胜任系统维护的工作。管理决策人员的主要工作是分析决策，制定未来的发展战略，他们一般不需要进行具体业务的操作，关心的是综合性的统计信息。因此，管理决策人员除了要了解系统的业务功能结构，更要重点掌握统计分析功能的操作和使用方法。

7.5　电子商务系统维护管理

电子商务系统在完成系统实施、投入正常运行之后，就同时进入了系统维护阶段。为保持站点的吸引力，电子商务系统应能提供给访问者最新的、内容丰富的信息，以配合企业商务流程或产品的变化。同时，还需要保证电子商务系统正常且可靠地运行，并能使系统不断得到改善和提高，以充分发挥作用。这就需要在站点开发完成后，定期对电子商务系统进行维护。

7.5.1　电子商务系统维护管理内容

与一般的管理信息系统相比，企业电子商务系统的运行过程更为复杂，既包括商务活动的内容，例如订单的处理，也包括信息系统技术的内容、例如系统可靠性与稳定性。因此，电子商务系统的维护需要涵盖商务和技术两个方面，主要包括四部分的内容：网站运营维护、硬件系统维护、软件系统维护和数据维护。

1. 网站运营维护

网站运营维护包括前台网页维护、交互性组件维护、网站更新、网站后台数据维护等。

（1）前台网页维护。即对网站前台显示内容的维护，例如：修改和更新网页内容，以保证信息的准确性和有效性；添加新的内容；删除过期的网页等。

（2）交互性组件维护。网站中交互性组件包括留言簿、BBS（bulletin board system，电子公告板系统）、客户邮件等。要定期对这些组件上的信息进行维护。例如对时间较长且没有价值的信息，以及一些恶意的、带有攻击性的信息，要及时进行删除；对访问者提出的问题，要及时进行解答和回复。

（3）网站更新。企业网站发布后，随着企业的发展，以及经营项目、经营环境和竞争优势的变化，网站内容也应该进行更新。例如，完善内容、更换内容、更换风格等。

（4）网站后台数据维护。即对网站后台日常交易数据的维护，例如客户信息管理、订单管理、新闻管理、广告管理等。

2．硬件系统维护

硬件系统维护主要是指对主机及外设的日常维护和管理，例如机器部件的清洗、润滑，以及设备故障的检修、易损部件的更换等，都应由专人负责，定期进行，以保证系统正常有效地运行。

硬件系统的维护应由专职的人员来负责，主要有两种类型的维护活动：一种是定期的设备保养性维护，保养周期可以是一周至一个月不等，维护的主要内容是进行例行的设备检查与保养；另一种是突发性的故障维修，即当设备出现突发性故障时，由专职的维修人员或请厂商来排除故障，这种维修活动所花时间不能过长，以免影响系统的正常运行。

为了提高硬件系统的可靠性，一般可采取双机备份的形式，当一组设备出现故障时，立即启动另一组备用设备投入运行，故障排除后再一次进入双机备份状态。

3．软件系统维护

软件系统维护主要是指系统中应用程序的维护。系统的业务处理过程是通过应用程序的运行来实现的，一旦程序发生问题或业务发生变化，就必然会引起程序的修改和调整。软件系统的维护是系统维护中最重要的，也是工作量最大、耗时最多的一项工作。

软件系统维护有纠错性维护、适应性维护、完善性维护和预防性维护。

（1）纠错性维护是改正系统开发阶段已发生而系统测试阶段尚未发现的错误。这类错误通常是由于遇到了以前从未有过的某种输入数据的组合而导致的，必须要修改。

（2）适应性维护是为适应软件外界条件的变化而进行的修改。例如，系统运行后，系统业务规模的扩大、用户访问人数的增加，导致计算机设备的档次提升，操作系统或数据库版本升级，这种情况下应用软件可能需要进行相应的调整，以适应系统环境的变化。

（3）完善性维护是为了扩充功能和改善性能而进行的修改。例如，对已有的软件系统增加一些新的功能、修改程序，以便提高处理效率，根据需要还可以对软件进行优化设计。

（4）预防性维护是为提高软件的可维护性和可靠性，从而减少或避免以后可能需要的前三类维护而对软件配置进行的工作，例如对源程序可读性的调整等。这种维护活动可以被理解为：将今天的方法用于昨天的项目以满足明天的需求。

根据对各种维护工作分布情况的统计结果，一般纠错性维护占 21%，适应性维护占 25%，完善性维护达到 50%，而预防性维护及其他类型的维护仅占 4%。可见系统维护工作中，一半以上的工作是完善性维护。

4．数据维护

数据维护是指对系统的文件、长期存储数据的阶段性维护。电子商务系统的资源由服务器端一个个网页代码文件和其他各类资源文件组成，系统运行一段时间后，可能会出现日志文件逐渐增大、系统临时文件增多的现象，同时，系统产生的数据也需要备份或者恢复等，这都需要对数据进行维护管理。一般来说，数据维护包括系统文件的组织、系统数据备份、系统数据恢复和系统垃圾文件处理等。

电子商务系统运行一段时间后，如果系统维护工作量过大，系统功能已不能满足企业管理与业务的要求，就应考虑进行系统的升级或新系统的建设。

7.5.2　电子商务系统维护管理主要步骤

电子商务系统维护工作可分为两个层次：一是网站运营维护，包括验证链接、更新产品信息、回复客户问题等；二是系统维护，主要对系统总体运行的稳定性和可靠性进行维护。对于网站运营维护来讲，维护的步骤比较简单，可结合客户的建议，由网站运营人员来进行；而对于系统维护，则需要严格按规范步骤进行。具体来说，系统维护工作可以参照如下步骤：

1．电子商务运营人员提交维护请求

网站开发完成后，其主要使用者是企业外部客户（或潜在客户）及企业内部的电子商务运营人员（通常在市场部门）。在网站运行过程中，两者都有可能发现流程不畅、系统运行错误或其他问题。外部客户可通过电话或网站留言的方式将问题反馈给市场部门。市场部门应将这些问题进行总结，并向网站维护人员提交维护请求。

维护请求应该以书面形式的“维护申请报告”提出。对于纠错性维护，报告中必须完整描述导致出现错误的环境，包括输入数据、输出数据以及其他系统状态信息；对于适应性和完善性维护，应在报告中提出简要的需求规格说明书。维护管理员根据用户提交的申请，召集相关的系统管理员对维护申请报告的内容进行核实和评价。对于情况属实且合理的维护要求，应根据维护的性质、内容、预计工作量、缓急程度或优先级以及修改所产生的变化结果等，编制维护报告，提交维护控制部门审批。

2．维护控制部门审查请求

维护控制部门从整个系统出发，从业务功能合理性、技术可行性和经济可行性等三个方面对维护要求进行分析和审查，并对修改所产生的影响做充分的估计。对于不妥的维护，在与管理部门协商的条件下予以修改或撤销。

3．维护管理员制订维护计划

通过审批的维护报告，由维护管理员根据具体情况制订维护计划。对于纠错性维护，估计其缓急程度，如果维护要求十分急迫，严重影响系统的运行，则应安排立即开始修改工作；如果问题不是很严重，可与其他维护项目在维护开发资源上统筹安排。对于适应性或完善性维护要求，高优先级的安排在维护计划中，优先级不高的可列入待开发的新系统进行项目规划。

4．系统管理员进行维护测试

维护管理员将维护计划下达给系统管理员，由系统管理员按计划进行具体的修改工作。修改后应经过严格的测试，以验证维护工作的质量。

5．维护控制部门审查确认维护工作

测试通过后，再由管理部门对其进行审核确认，不能完全满足维护要求的应返工修改。只有经过确认的维护成果才能对系统的相应文档进行更新，最后交付使用。

系统维护之所以要按照严格的步骤进行，是为了防止维护人员未经允许擅自修改系统，因为无论业务部门直接找程序人员还是程序人员自行修改程序，都可能引起整个系统运行的混乱，例如不及时更新文档会造成程序与文档不一致、多个人修改的结果不一致，以及缺乏全局考虑的局部修改。

7.5.3　电子商务系统集成

企业在建立电子商务系统进而从事商务活动时，并不希望所建立的系统成为一个“信息孤岛”，

因此电子商务系统需要与企业的其他系统进行集成。

1．系统集成与电子商务系统集成

所谓系统集成，就是通过结构化的综合布线系统、计算机网络技术和软件接口技术，将各个分离的设备、功能和信息等集成到相互关联的、统一和协调的系统之中，使资源达到充分共享，实现集中、高效、便利的管理。

电子商务系统集成，是指电子商务系统在企业内部信息系统（如 ERP，企业资源计划）的基础上，充分利用互联网技术，将企业对内对外的功能全面集成，实现资源共享和数据共享。在电子商务集成系统支持下，客户可在电子商店了解产品性能、价格，并给生产厂家下订单。生产商通过电子商务方式完成物料采购、资金支付，以及下达生产指令，最后将商品按时送交用户，在网上完成交易结算。它使供应商、生产商、分销商、客户通过供应链紧密集成，实现物料的有效流动，从而提高企业市场竞争能力和经济效益。

2．电子商务系统集成内容

根据集成主体的不同，电子商务系统的集成包括网络集成、功能集成、软件界面集成和数据集成等。根据集成范围的不同，电子商务系统的集成又可分为电子商务系统与企业内部的集成（例如 ERP、BI、APS 等），以及电子商务系统与企业外部的集成（例如 CRM，SCM 等）两部分。

（1）与企业资源计划（ERP）系统集成。若后端信息系统为一个 ERP（enterprise resources planning，企业资源计划）系统，电子商务系统的应用服务层主要负责与电子商务有关的业务处理，而 ERP 系统则负责除此之外的各种业务处理功能以及对业务数据的集中存储和管理。

（2）与高级计划和排产（APS）系统集成。APS（advanced planning and.scheduling，高级计划与排产技术）是对整个制造业的物流系统进行优化和控制。它要考虑每种货源的实时可用性，确定采购、制造和发货日期。它从 ERP 中抽取数据进行优化和分析，做出最佳行动决策，是对 ERP 的重要补充。电子商务与 APS 的集成后，可以直接根据客户的订单和需求合理快速地安排生产。

（3）与商务智能（BI）系统集成。BI（business intelligent，商务智能）是以企业数据库为资源，应用决策分析工具进行财务分析与市场预测、销售统计、采购决策、质量评估、投资分析等经营管理活动的智能系统。电子商务系统与 BI 的集成，可以充分发挥 BI 的决策支持能力，使得商务活动的准确性得以提升。

（4）与客户关系管理（CRM）系统集成。为了充分赢得客户的满意，CRM（customer relationship management，客户关系管理）会记录和跟踪每个客户的详细状况，包括营销、销售、服务的全过程，还可以将企业自身产品的技术性能、配置等信息充分展示给客户。此外，CRM 还能提供竞争对手的情况，以进行市场的预测和分析。与电子商务系统集成后可使客户在个性化的界面享受互动交流，提高个性化订单，真正提高客户满意度。

（5）与供应链管理（SCM）系统集成。物料从供方开始沿着生产制造各个环节向需求方移动，每个环节都存在“需方”与“供方”的对应关系，形成一条首尾相连的长链，即为供应链。如制造业，是根据客户或市场需求，开发产品、购进原料、加工制造出成品，以商品形式销售给客户，并提供售后服务。供应链管理（supply chain management，SCM）系统使原本独立的生产销售等部门紧密联系在一起，与电子商务系统集成后可实现上下游相关信息的共享。

与上述几个系统之间实现高度数据共享和无缝集成，是电子商务系统与企业信息系统集成的比较典型的情况。

电子商务系统还可能与上述系统之间进行进一步整合。整合是企业根据发展战略和业务流程，合并、撤销或增加一些业务部门，包括水平整合和垂直整合。例如用 ERP 识别并计划企业全部资源的需求，是为制造商、分销商、服务公司在采购、制造、发货和接收客户订单等业务过程中所需的所有资源提供有效计划和控制的方法，电子商务与 ERP 的整合需要有业务流程重组相配合，同时也要求应用软件各个模块的合理划分和有机集成。

7.5.4　电子商务系统外包

随着企业经营规模的扩大，以及商务数据的日益庞杂，企业需要越来越多的人力和物力投入到电子商务系统的维护中，而企业自身的能力却不足以完成这些工作。电子商务系统外包就自然被提上了议事日程。

1．电子商务系统外包的含义

电子商务外包服务，包括电子商务系统外包服务和业务流程外包服务两大类。电子商务系统外包是指企业将自己的整体电子商务系统或部分电子商务系统委托给专业服务公司，由其按照服务水平协定的要求进行管理、运营和维护的服务过程。业务流程外包是指企业将自己基于 IT 技术之上的业务系统委托给专业服务公司，由其按照服务水平协定的要求进行管理、运营和维护，包括客户管理外包、人力资源外包、财务流程外包等。

2．电子商务系统外包的优势

通过电子商务系统外包，企业可以整合利用其外部优秀的 IT 专业化资源。作为电子商务系统维护管理的一个重要趋势，电子商务系统外包可以给电子商务运营企业带来如下的益处：

（1）增强企业的核心竞争力。通过外包那些企业自身缺少能力的部分，企业可以更加专注于能创造价值的核心竞争力。另外，外包过程将促进企业业务流程、信息流程和管理流程的根本性再思考和再设计。高性能和强柔性的信息技术作为企业重组的驱动器，对企业商务过程和部门职能的改进有不可抵御的激励作用。

（2）获得经济效益。外包业务的企业获得的利益来自承包商的规模经济和承包商的专业技能。一方面，信息技术供应商可以在多个客户之间共享软硬件、人力资源和知识，从而使他们在固定成本投入上更加节约；另一方面，他们还可以通过批量购入硬件和软件而获得更多的折扣。

（3）提高系统维护服务质量。信息技术供应商可能有比客户更全面的技术，或具有客户企业所不具备的特定技术和资源，这些能大大增强他们解决问题的能力。另外，信息技术供应商往往具备较强的软件过程管理能力，可以实施严格的软件质量管理标准，从而能提高信息技术服务的质量。他们还会不断跟踪领域内的最新技术，以保证他们的技术具有竞争力。因此，信息技术供应商一般能提供高质量、高效益的产品和服务。

3．电子商务系统外包的风险

电子商务企业采用系统外包的方式，一方面会有很多的收益，另一方面，也对正常业务的运营管理带来一定的风险。

（1）质量、及时性达不到预期效果。由于所需的服务由外部的服务商提供，服务商能在多少时间内完成相应商务工作是难以把握的，需要加强控制。

（2）企业对承包商的依赖度高反而降低了企业的灵活性。由于系统维护被外包给外部服务商，因此企业在制定新的决策时，一方面必须顾及服务商是否配合，或者是否有能力提供所需的服务；另一方面，随着外包时间的延长，企业对服务商的依赖程度也会越来越大，企业的新战略可能会因为服务商的不配合而受挫。

（3）企业的商业机密可能会被泄露。现在的信息技术已经涉及企业运营的方方面面，因此，服务商完全有可能接触到企业的机密资料。而这就对企业，尤其是管理大量交易数据和支付信息的电子商务企业带来可能泄露商业机密的风险。

习　题

一、单项选择题

1.（　　）不属于按电子商务项目生命周期进行分类。

A. 合同期验收　　B. 中间验收　　C. 竣工验收　　D. 部分验收

2. 电子商务项目的费用决算依据是（　　）。

A. 合同　　B. 电子商务项目计划

C. 电子商务项目 WBS　　D. 电子商务项目的成本计划

3. 电子商务费用审计发生在（　　）。

A. 项目计划时期　　B. 项目实施过程中

C. 项目结束时期　　D. 电子商务项目全过程

4.（　　）不是电子商务系统维护管理内容？

A. 网站运营维护　　B. 硬件系统维护　　C. 软件系统维护　　D. 人员培训

5. 电子商务系统外包的优势是（　　）。

A. 增强企业的核心竞争力　　B. 获得经济效益

C. 提高系统维护服务质量　　D. 质量得到保证

二、简答题

1. 电子商务项目收尾工作的重要性体现在哪里？
2. 电子商务项目验收包括哪些内容？
3. 电子商务项目用户培训的内容有哪些？
4. 电子商务项目维护管理的内容有哪些？
5. 简述电子商务系统维护管理主要步骤。

三、操作题

A 公司是南京一家小型的软件公司，主要为餐饮企业提供信息化服务。目前正在为一家连锁餐饮企业实施信息系统。这家餐饮连锁企业在当地有五家门店，员工 80 余人。目前信息系统已初步安装完备，马上进入用户培训阶段。根据公司以往的经验，实施信息系统的餐饮企业，由于企业员工流动性大，计算机操作水平不高，员工培训总是很难一步到位，甚至经常要多次培训。请你为这家公司设计餐饮信息系统的员工培训计划和内容。

案例：电商平台洋码头物流管理模式案例

洋码头成立于 2009 年，是国内首个一站式海外购物平台，为中国消费者提供海外直购直邮的海淘体验。洋码头已在全球主要城市建立了十大国际物流仓储中心（纽约、洛杉矶、东京、巴黎等），保证货品安全、快速地送到消费者手上。

洋码头的主要业务是推广销售海外的箱包、首饰、手工艺品、化妆品等商品。由于商品都是在海外生产，而客户是国内消费者，这就使商品的供应链管理变得困难，如在处理商品包装、快递转运、商品清关等环节时，会遇到不少的难题，间接加重洋码头物流成本。洋码头先后在多个国家建立了仓储中心来解决物流难题，提高供应链效率，但是仓储中心只能提高商品管理和发货收货环节的工作效率，物流管理却悬而未决。

物流管理是个急需解决的问题，洋码头的物流成本对营收影响特别大。因为洋码头的消费者下单后，会迫切想知道包裹的一切信息，许多消费者会高频率地联系洋码头的客服人员询问包裹运输情况。这种物流咨询通常是没有意义的，物流运输信息不会短时间有过多的变化，客服人员和消费者也耗费大量的精力在这些问题的沟通上，甚至还会因为回复不及时而导致用户退货。因此，洋码头希望可以在 App 的订单中心看到货物从原产国发出，让消费者和客服人员清楚地看到物流每一个节点变更信息，让消费者可以自助查询物流信息，安抚消费者的焦虑情绪，减轻客服人员的工作压力。

洋码头想要的是一整套物流解决方案。他们最初是自主对接所有快递公司，但是效果不如预期，比如对接之后要安排专职团队维护各个快递公司的接口；他们找了软件整合服务商，但是服务商只能解决数据的问题，软件服务商不能一站式解决数据获取和字段处理的问题。最后，洋码头选择综合性物流信息服务提供商——快递 100，来帮助洋码头解决这个问题，在完成需求评审开发后，洋码头获取物流解决方案如下：

客户从下单到签收：快递 100 支持 1 200 家快递公司的查询，其中有 300 家是国外的快递公司。只要对接快递 100 一家，即通过快递查询 API 追踪到全部的物流。快递 100 的快递查询 API 还会根据轨迹提供中文的物流状态，方便洋码头展示给客户。

订单物流监控：洋码头对全部快递单进行了物流跟踪，只需要对单号进行了订阅，客户即可自动获取物流的更新信息。同时，快递 100 可以根据国外段和国内段分开展示，方便洋码头进行物流管理，识别哪一段物流时效需要提升。

顾客退货跟进：如有商品质量问题，消费者需要退货，洋码头会核实是否是在自签收之日起 15 天内提交的退货申请，并查看消费者回填的退货物流单号是否及时送达仓库。

和快递 100 合作后，洋码头实现了：①百分百支持买手使用的物流服务商的物流状态查询；②为整体物流效率提升提供了数据支持，累积的数据用于出入库管理、精准化营销等方面；③洋码头无须安排专职团队人力维护物流查询系统，至少可以少雇佣 2 名程序员和 1 个名产品运营；④买手风险管控升级，买手发空包率降至 0%。

（来源：根据网络资料整理）

思考题

1. 洋码头物流管理遇到了哪些问题？
2. 洋码头与快递 100 的合作解决了跨境电商平台物流的哪些实际问题？
3. 该物流管理案例给电商平台带来了哪些启示？

第 8 章 电子商务项目管理软件

学习和实践目标

本章并非单纯将 Microsoft Project 2019 作为 Microsoft Office 系列中的一个软件去讲，而是充分结合项目管理，用做项目的眼光去学习和使用一个工具，包括项目进度计划的编制、更新、项目管理控制，重点是掌握如何用 Project 来实现项目的快速创建与执行管理。在整个软件操作使用过程中把项目管理知识与软件实际操作结合起来，如何用软件工具实现项目管理是学习的关键。本章实践的目标是了解 Microsoft Project 2019 的整个操作界面，掌握软件的基本操作技能，并通过实例来对 Microsoft Project 2019 进行深入学习。

实现目标的知识点

- 项目管理软件的作用和特点。
- Microsoft Project 2019 的管理功能。
- Microsoft Project 2019 的应用操作。

8.1 项目管理软件概述

项目管理是在一定的约束条件下，以高效率地实现项目业主的目标为目的，以项目经理个人负责制为基础，以项目为独立实体进行经济核算，并按照项目内在的逻辑规律进行有效的计划、组织、协调、控制的系统管理活动。项目管理的核心技术是网络计划技术。网络计划技术是 20 世纪 50 年代中期发展起来的一种科学的计划管理技术，主要有两个起源：

其一，1956 年美国杜邦公司首先在化学工业上使用了 CPM（关键路径法）进行计划编排。

其二，美国海军在建立北极星导弹时，采用了 Buzz Allen 提出的 PERT(计划评审法)技术。

这两种方法逐渐渗透到许多领域，为越来越多的人所采用，成为网络计划技术的主流。

项目管理技术的发展和计算机技术的发展是密不可分的。项目管理技术出现之时也正是计算机诞生之时，因此，早期开发的网络计划软件都是在大型机上运行的，主要运用于国防和土木建筑工程。这个时期的项目管理软件的成本也相当高。

20 世纪 90 年代，随着微型计算机的出现和运算速度的迅猛提升，项目管理技术也呈现出繁荣发展的趋势，涌现出大量的项目管理软件，软件的价格也大幅下降。与此同时，国内许多高等院校和科研单位也开发了很多项目管理软件。但很多国内软件作为课题开发，形成成果后没有商品化，也没有进行维护升级工作。

目前，项目管理软件根据功能和价格水平被分为两个档次:一种是高档项目管理软件，是供专业项目管理人士使用的软件,这类软件功能强大,价格高昂,如 Welcom 公司的 OpenPlan、Primavera 公司的 P3、ABT 公司的 WorkBench Gores 技术公司的 Artemis 等；另一类是一般项目管理软件，应用于中小型项目，这类软件价格相对较为便宜，易用性强，如 Scitor 公司的 ProjectScheduler、TimeLine 公司的 TimeLine、Primavera 公司的 SureTrak、Microsoft 公司的 Project2010 等。

8.2　项目管理软件的基本工作原理

项目管理软件是指在项目管理过程中使用的各类软件，这些软件主要用于收集、综合和分发项目管理过程的输入和输出。传统的项目管理软件包括时间进度计划、成本控制、资源调度和图形报表输出等功能模块，但从项目管理的内容出发，项目管理软件还应该包括合同管理、采购管理、风险管理、质量管理、索赔管理、组织管理等功能，如果把这些软件的功能集成、整合在一起，即构成了工程项目管理信息系统。

项目管理软件的技术支持主要有两个方面：

（1）计划评审法（program evaluation and review technique，PERT）网络是一种类似流程图的箭线图，是以网络图为基础的计划模型，它描绘出项目包含的各种活动的先后次序，标明每项活动的时间或相关的成本。简单地说，PERT 是利用网络分析制订计划以及对计划予以评价的技术。它能协调整个计划的各道工序，合理安排人力、物力、时间、资金，加速计划的完成。PERT 与关键路径法在网络图的画法上基本相同，主要区别在时间的估算与分析上。在现代计划的编制和分析手段上，PERT 被广泛使用，是现代化管理的重要手段和方法。

（2）关键路径法（critical path method，CPM）是一种基于数学计算的项目计划管理方法，是网络图计划方法的一种，属于肯定型的网络图。关键路径法将项目分解成为多个独立的活动并确定每个活动的工期，然后用逻辑关系（结束-开始、结束-结束、开始-开始和开始-结束）将活动连接，从而能够计算项目的工期、各个活动时间特点（最早最晚时间、时差）等。在关键路径法的活动上加载资源后，还能够对项目的资源需求和分配进行分析。关键路径法是现代项目管理中最重要的分析工具之一。

8.3　项目管理软件的功能与选择标准

目前，在项目管理过程中使用的项目管理软件较多，应用面相当广泛，几乎覆盖了工程项目管理全过程中的各个阶段和各个方面，因此，为了更好地了解工程项目管理软件的应用，我们有必要对其进行分类。

8.3.1　按照项目管理软件提供的基本功能划分

项目管理软件提供的基本功能主要包括进度计划管理、费用管理、资源管理、风险管理、沟通管理和过程控制等，这些基本功能有些独立构成一个软件，而大部分则是与其他某个或某几个功能组合构成一个软件。

1. 进度计划管理

对于工程项目建设来说，时间是最重要的资源。基于网络技术的进度计划管理功能是工程项目管理中开发最早、应用最普遍、技术上最成熟的功能，它也是目前绝大多数面向工程项目管理软件的核心部分。具备该功能的软件至少应能做到：定义作业（也称为任务、活动），并将这些作业用一系列的逻辑关系连接在起来；计算关键路径；时间进度分析；实际的计划执行状况；输出报告，包括甘特图和网络图等。

2. 费用管理

项目管理软件具备的最基本的费用管理功能，是与进度计划集成在一起的费用计划与跟踪功能，对作业中所消耗的人力、材料设备、管理费用等可以按项目一次性计算，也可以分摊到具体的某个作业中。进度计划管理系统建立项目时间进度计划，成本（或费用）管理系统确定项目的价格，这是现在大部分项目管理软件功能的构成方式。最简单的费用管理是用于增强时间计划性能的费用跟踪功能，这类功能往往与时间进度计划功能集成在一起，但难以完成复杂的费用管理工作；高水平的费用管理功能应能够胜任项目生命周期内的所有费用单元的分解、分析和管理的工作，包括从项目开始阶段的预算、报价及分析、管理，到中期结算与分析、管理，再到最后的决算和项目完成后的费用分析，这类软件有些是独立使用的系统，有些是与合同事务管理功能集成在一起的。

具备高水平的费用管理功能的软件能够集成完成项目生命期内的所有费用的分析和管理，保持各项管理的一致性，并与合同相关内容联系，费用管理应提供的功能包括：投标报价、预算管理、费用预测、费用控制、绩效监测和差异分析。

3. 资源管理

项目管理软件的资源管理功能可以为所有资源建立完善数据，对资源状况以及资源对作业的贡献进行管理，能够根据作业要求和已有资源自动调配，对资源受限或过剩的情况进行资源均衡。项目管理软件中涉及的资源有狭义和广义之分。狭义资源一般是指在项目实施过程中实际投入的资源，如人力资源、施工机械、材料和设备等。广义资源除了包括狭义资源外，还包括其他诸如工程量、影响因素等有助于提高项目管理效率的因素。所有这些资源又可以根据使用过程中的特点划分为消耗性资源（如材料、工程量等）和非消耗性资源（如人力）。

资源管理功能应包括：拥有完善的资源库，能自动调配所有可行的资源，能通过与其他功能的配合提供资源需求，能对资源需求和供给的差异进行分析，能自动或协助用户通过不同途径解决资源冲突问题。

4. 风险管理

变化和不确定性的存在使项目总是处在风险的包围中，这些风险包括时间上的风险（如零时差或负时差）、费用上的风险（如过低估价）、技术上的风险（如设计错误）等。针对这些风险的风险管理技术已经发展得比较完善，并体现在项目管理软件中，从简单的风险范围估计方法到复杂的风险模拟分析，都在工程项目上得到了一定程度的应用。项目管理软件的风险管理功能大都采用了这些成熟的风险管理技术。风险管理功能中集成的常见风险管理技术包括综合权重的三点估计法、因果分析法、多分布形式的概率分析法和基于经验的专家系统等。

项目管理软件中的风险管理功能应包括项目风险的文档化管理、进度计划模拟、减少乃至消除风险的计划管理等。目前的风险管理软件包有些是独立使用的，有些是和上述的其他功能集成使用的。

5. 沟通管理

沟通交流是任何项目组织的核心，也是项目管理的核心。事实上，项目管理就是从项目有关各方之间及各方内部的沟通交流开始的。

大型项目的各个参与方经常分布在跨地域的多个地点上，大多采用矩阵化的组织结构形式，这种情况对沟通管理提出了很高的要求；信息技术，特别是近些年的 IT 技术的发展为这些要求的实现提供了可能。目前流行的大部分项目管理都集成了沟通管理的功能，所提供的功能包括进度报告发布、需求文档编制、项目文档管理、项目组成员间及其与外界的通信与交流、公告板和消息触发式的管理交流机制等。

6. 过程管理

项目是由过程组成的，项目管理的工作就是要将这些过程集成在一起，以保证项目目标的实现。过程控制功能应是每个项目管理软件所必备的功能，它可以对项目管理工作中的项目启动、计划编制、项目实施、项目控制和项目收尾等过程提供帮助。

过程控制的工具能够使项目组织的管理方法和管理过程实现电子化和知识化。项目负责人可以为其所管理的项目确定适当的过程，项目管理团队在项目的执行过程中也可以随时对其应完成的任务进行深入的了解。

7. 多功能集成的项目管理软件套件

目前流行的项目管理软件大部分是系列化的项目管理软件，通常称为项目管理软件套件（project management software suite）。套件指的是将管理工程项目的所需信息集成在一起进行管理的一组工具。一个套件通常可以拆分为一些功能模块或独立软件，这些模块或独立软件大部分可以单独使用，但如果这些模块或独立软件组合在一起使用，可以最大限度地发挥它们的效力。这些模块或独立软件都是由同一家软件公司开发，彼此间有统一的接口，可以互相调用数据，并且功能上互为补充。

8.3.2　按照项目管理软件适用的工程对象来划分

1. 面向大型、复杂工程项目的项目管理软件

这类软件锁定的目标市场一般是那些规模大、复杂程度高的大型工程项目。其典型特点是：专业性强，具有完善的功能，提供了丰富的视图和报表，可以为大型项目的管理提供有力的支持；但购置费用较高，使用上较为复杂，使用人员必须经过专门培训。

2. 面向中小型项目和企业事务管理的项目管理软件

这类软件的目标市场一般是中小型项目或企业内部的事务管理过程。典型特点是：提供了项目管理所需要的最基本的功能，包括时间管理、资源管理金和费用管理等；内置或附加了二次开

发工具；有很强的易学易用性，使用人员一般只要具备项目管理方面的知识，经过简单的引导就可以使用；购置费用较低。

除以上的划分方式外，还包括诸如从项目管理软件的用户角度划分的方式等。

8.3.3 按照项目管理软件适用的各个阶段进行划分

1．适用于某个阶段的特殊用途的项目管理软件

这类软件种类繁多，软件定位的使用对象和使用范围被限制在一个比较窄的范围内，所注重的往往是实用性。例如用于项目建议书和可行性研究的工作项目评估与经济分析软件、房地产开发评估软件，用于设计和招投标阶段的概预算软件、招投标管理软件、快速报价软件等。

2．普遍适用于各个阶段的项目管理软件

例如进度计划管理软件，费用控制软件及合同与办公事务管理软件等。

3．对各个阶段进行集成管理的软件

工程建设的各个阶段是紧密联系的，每个阶段的工作都是对上一阶段工作的细化和补充，同时要受到上一阶段所确定的框架的制约，很多项目管理软件的应用过程就体现了这样一种阶段间的相互控制、相互补充的关系。例如一些高水平费用管理软件能清晰地体现“投标价（概预算）形成→合同价核算与确定→工程结算、费用比较分析与控制→工程决算”的整个过程，并可自动将这一过程的各个阶段关联在一起。

8.4 Microsoft Project 2019 的使用

Microsoft Project 2019 是一个功能和适用性都很强的项目计划、管理软件。它能帮助用户管理从简单的个人计划到复杂的企业任务，并使用户能够跟踪、管理任务的实施过程。Project 2019 的基本操作主要包括以下四方面：如何新建项目文件，如何定义和使用模板，如何使用管理器以及如何使用数据域。

8.4.1 新建项目文件

新建一个项目文件时，用户应指定项目的开始日期或结束日期，以便 Project 2019 依据该信息来排定任务。需要注意的是，在开始日期和结束日期中，只能给项目指定一个日期。

当已知项目开始时间，而不能确定最后完成时间时，Project 2019 使用默认的“越早越好”限制来安排任务。也就是说，Project 2019 利用用户输入的某任务和其他任务的信息设置该任务尽早开始，并以此开始时间及其后面的任务工期为基础，计算出整个项目的完成日期。

如果项目最后期限已经确定，而需要依次排定前面的任务。Project 2019 在保证项目按时完成的前提下，对新增的任务采用“越晚越好”的限制，尽早延迟任务的开始时间。新建项目文件“项目 1”，并指定项目开始日期为 2023 年 10 月 15 日，完成日期为 2023 年 11 月 15 日。新建项目文件的操作步骤如下：

（1）在“常用”工具栏上单击“新建”按钮，或选择“文件”→“新建”命令，在打开的“新建项目”任务窗格中单击“新建”选项区域下的“空白项目”超链接，新建一个项目文件“项目 1”。

（2）选择【项目】→【项目信息】命令，打开项目信息对话框，如图 8-1 所示。

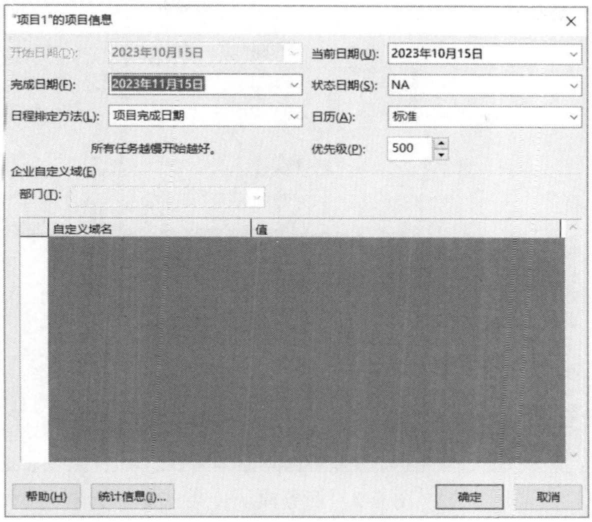

图 8-1　项目信息对话框

（3）默认情况下，用户可利用项目信息对话框指定项目的开始日期。若要指定项目的完成日期，则从“日程排定方法”下拉列表中选择“项目完成日期”选项，在下拉列表框中输入项目的完成日期为“2023 年 11 月 15 日”（此时，“开始日期”下拉列表框将处于禁用状态）。

（4）在“当前日期”下拉列表框中设置当前日期为“2023 年 10 月 15 日”，在“状态日期”下拉列表框中设置状态日期为 2023 年 10 月 15 日（若使用默认值 NA，则 Project 2019 将当前日期作为状态日期）。

（5）在“日历”下拉列表中，指定一个用于计算工作时间的“标准日历”。标准日历为每周工作 5 天，每天工作 8 小时（从上午 8 点到下午 5 点。其中，上午 12 点到下午 1 点为午餐时间）。

（6）完成上述操作后，单击“确定”按钮即新建了一个项目文件。

在“当前日期”下拉列表框中的日期由计算机内部时钟决定。用户可以将当前日期添加到视图或报表的页眉、页脚或图例中，以便于用户跟踪视图或报表的不同打印件。状态日期用于计算盈余值，这会在设置任务进度线时用到。

8.4.2　使用模板创建项目文件

所谓模板，就是一种 Project 文件格式（*.mpt），允许用户重复使用现有的日程作为创建新日程的起始点。任务和资源信息、格式设置、宏和项目专用的设置都可以成为模板的一部分。当用户创建一个新的、空白的项目文件时，实际上也就启用了一个模板，即 Global.MPT。它会自动为项目文件命名为“项目 1”“项目 2”“项目 3”等。使用 Project 2019 提供的“新产品”模板创建一个项目文件。使用模板创建项目文件的操作步骤如下：

（1）选择“文件”→“新建”命令，打开“新建”任务窗格。

（2）找到“可用模板”选项区域下的“office.com 模板”，如图 8-2 所示。

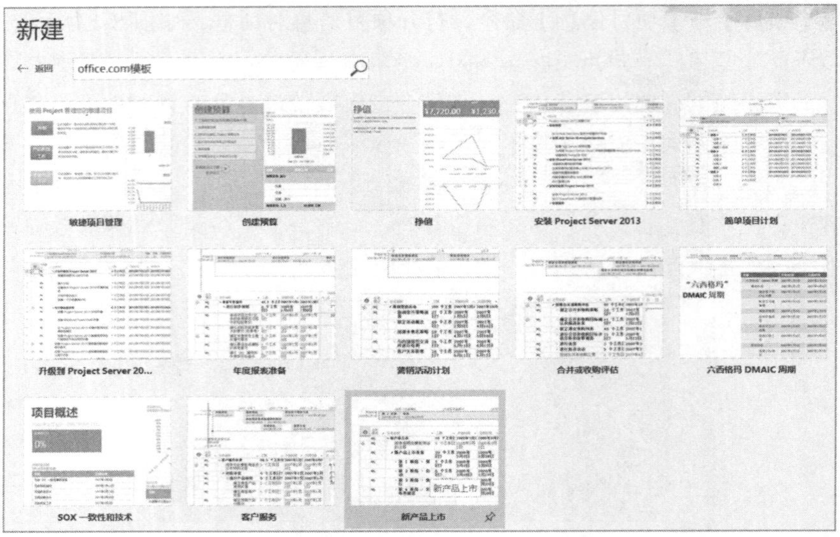

图 8-2　商务模块分类

（3）在内置的 36 种模板样式里选择所需的模板，例如选择“新产品上市”模板，然后单击“确定”按钮。建好的项目甘特图如图 8-3 所示。

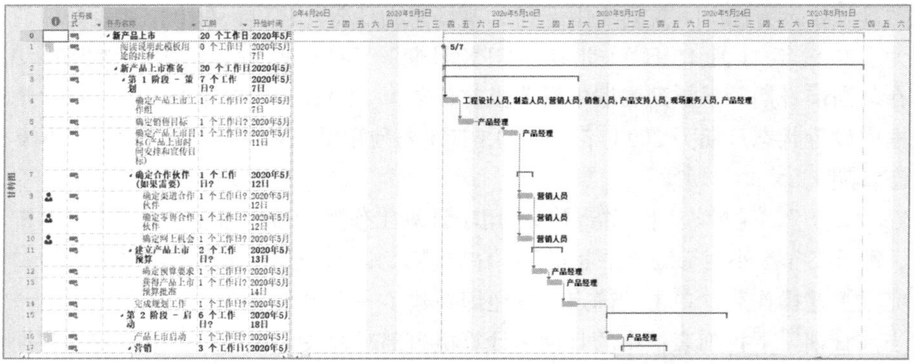

图 8-3　“新产品上市”模板

（4）创建模板文件后，用户即可对该文件中的项目按照自己的需要进行修改。

在定义和使用模板的过程中，也可以通过其他方式来进一步更好地使用模板。首先，用户可以通过内置的联机帮助，使用 Office Online 获得模板信息以及其他内容。其次，除了使用 Project 2019 所提供的模板外，用户还可以根据实际需要创建自己的模板。这时需要新建一个项目文件，并根据实际需要对该文件进行编辑，然后选择“文件”→“保存”命令，在“另存为”对话框中将文件以“模板”格式进行保存，此时系统将弹出“另存为模板”的对话框，在这里可以选择需要保存的文件特定信息。保存后的模板文件扩展名为.MPT。

8.4.3　设置关键项目信息

每个项目都包含一组特有的组件：项目目标、特定的任务以及工作人员等。用户可利用 Project 2019 帮助自己记录这些重要的详细信息，以便于与他人交流或在需要时查阅相关信息。以

8.4.1 节创建的项目为例，创建项目的标题为“项目 1”，主题为“电子商务项目实施方案”，优先级为“500”，工期为“30 个工作日”。设置关键项目信息的主要步骤如下：

（1）选择“任务”→“属性”命令，打开项目属性框中的“详细信息”界面进行设置，如图 8-4 所示。

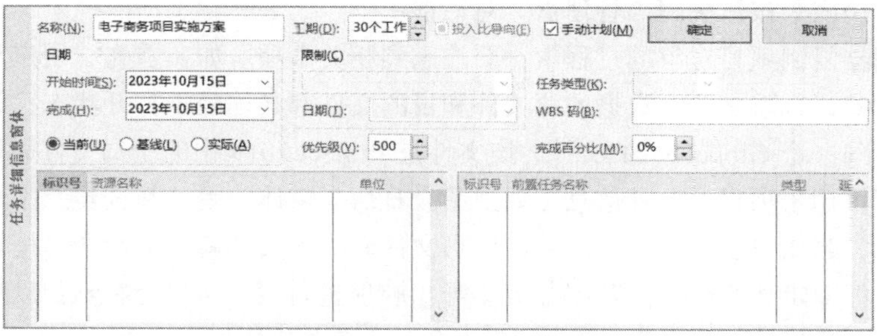

图 8-4　“详细信息”界面

（2）按照“详细信息”界面中所列出的条目输入与项目有关的信息，标题是“项目 1”，主题是“电子商务项目实施方案”，优先级是“500”，工期是“30 个工作日”等。

（3）设置完成后，单击“确定”按钮即可。

8.4.4　使用管理器复制项目对象

如果用户在创建项目文件的过程中，根据实际情况自定义了一个日历、报表或视图等对象，则这些对象只适用于当前的项目文件。若要使其他项目文件也能够使用该对象，可使用 Project 2019 提供的管理器。使用管理器可将自定义视图、表、筛选器、日万、报表、窗体以及工具栏等复制给其他的文件或用户，也可将自定义的对象删除或重命名。以上面创建的项目为例，使用管理器复制“新产品”模板中的项目对象。使用管理器复制项目对象的操作步骤：

（1）以 8.4.1 节创建项目所示步骤使用“新产品上市”模板并新建目标文件“项目”。

（2）在目标文件“项目 1”中选择“文件”→“信息”命令，打开“管理器”对话框，如图 8-5 所示。

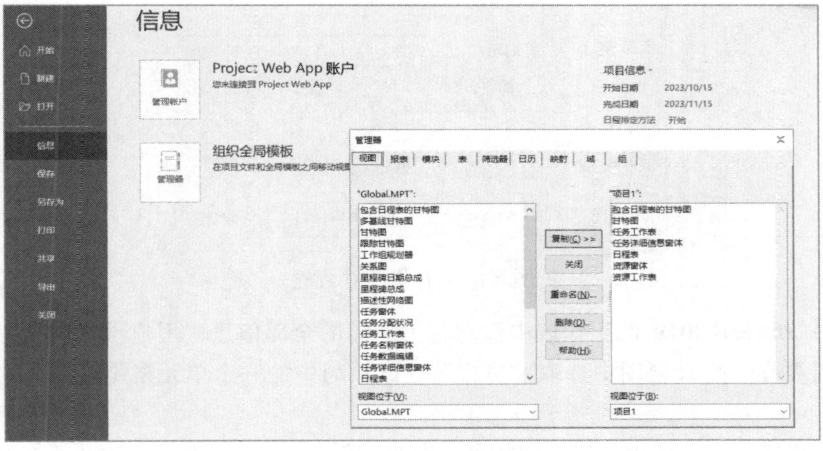

图 8-5　“管理器”对话框

（3）在对话框左下角的“视图位于”下拉列表框中选择项目对象所在的源文件“Global.MPT”，在右下角的“视图位于”下拉列表中选择要将项目对象复制到的目标文件“项目 1”。

（4）在对话框上方选择项目对象所在的选项卡。

（5）在左侧列表中选择要复制的对象，单击“复制”按钮，将对象复制到目标文件中。

（6）单击“关闭”按钮关闭“管理器”对话框。

在使用管理器复制项目对象的过程中，要注意到相关事项。如：首先，用户只能在活动文件之间复制项目对象，也就是说，数据的源文件和目的文件都必须处于打开状态；第二，用户在选择源文件时会看到一个 Global.MPT 文件，该文件是 Project 2019 中的全局文件，是一个标准的模板，其中包含了可用于项目的各种信息（如视图、日历、窗体、表、筛选器及工具栏等）及一些选项设置；第三，当用户创建一个新的空白项目文件时，该文件就会继承全局模板文件的所有特性。改变全局文件（如对工具栏、菜单或导入/导出映射进行更改）将会影响到以后创建的所有新文件；第四，若使用管理器删除或重命名项目对象，只需在选择相应对象后，单击“删除”或“重命名”按钮，并按照提示进行操作即可。

8.4.5　数据域的使用

域是指工作表、窗体或图表中包含有关任务、资源或工作分配的特定类型信息的位置。例如，在工作表中，域是行和列的交会处。用户可以方便地选择数据域、在域中查找特定的任务或资源，以及向表中添加数据域。数据域的使用操作步骤如下：

（1）若要选择单个的数据域单元格，通常是将鼠标指针移至所要选择的单元格并单击，此时单元格被黑框包围，表示被选中。

（2）若用户已知某任务或资源的名称或其中的部分文字而难以找到它，可以选择“任务”→“编辑”命令，打开“查找”对话框，如图 8-6 所示。在“查找内容”文本框中输入要查找的内容。同时可在“查找域”下拉列表中选择在哪个域中进行查找，以及在“条件”下拉列表中设置查找条件，并可以选择搜索方式：向上或向下。

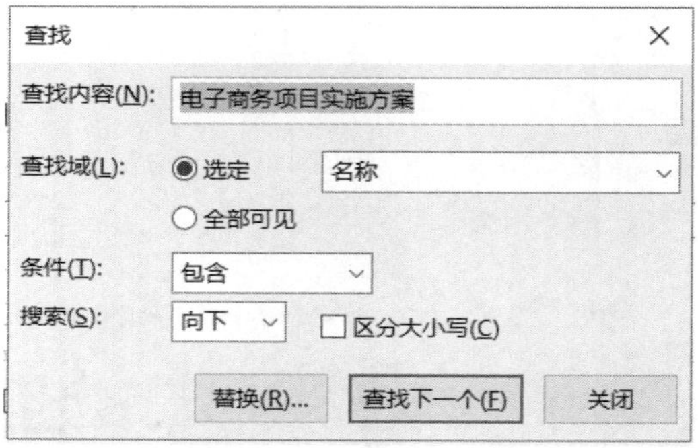

图 8-6　“查找”对话框

（3）如果 Project 2019 的工作表中没有显示所需的全部信息，用户可以向现有表中添加列（域）。这时需要在工作表视图中选取“格式”列或该列中的一个单元格（新插入的列将位于该列的左侧）。

（4）在“格式”的窗体中可以选取域名，“自定义域”对话框中可选择在工作表中显示出的列标题。同时可重命名任务名，“要显示的值”则用来设置数据的大小，如图 8-7 所示。

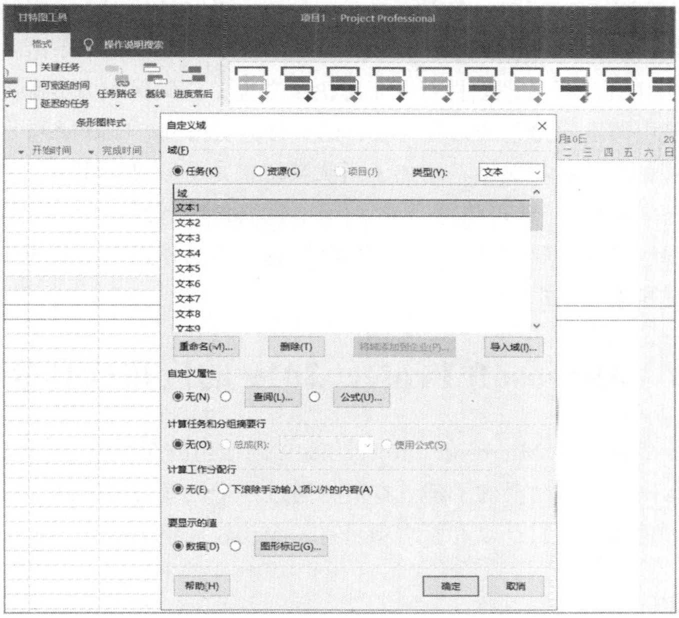

图 8-7　设置“列定义”

在数据域的使用过程中，要注意几点：第一，用户可对所插入的列或原有列进行编辑，只需双击该列打开“自定义字段”对话框，重新设置其中的项目即可。第二，若要将列标题文本转到下一行，可选中“标题文字换行”复选框。第三，若要将列宽设置为所含内容最长的单元格宽度，可单击“最佳匹配”按钮。第四，若要删除某列，可在选择该列后按【Delete】键。若要隐藏某列，可在选择该列后选择“编辑”→“隐藏列”命令。

8.4.6　使用项目向导

为帮助用户方便快捷地创建项目计划、管理任务和资源、指定和更改工作时间、跟踪项目进度和查看项目信息等，Project 2019 为用户提供了项目向导功能。在使用项目向导的过程中，只需单击任务窗格中的相应项目，并按照提示进行操作即可。单击任务栏中的“任务”、“资源”、“跟踪”和“报表”按钮，可在“任务”窗格中打开相应项目。单击按钮，可打开或关闭任务窗格。

8.5　HotPM 项目管理软件的使用

华炎 HotPM 企业项目管理软件的设计思想，是把如何融入人的因素、充分发挥“人”的作用当作衡量软件应用成败的关键因素。

HotPM 项目管理软件基于三个方面做了重点理论研究和设计：第一，软件如何基于人来排兵布阵；第二，如何基于项目组织团队；第三，如何基于团队充分管理。具体应用的效果补充证明了设计思路的正确性。

对于具体任务项目而言，HotPM 项目管理软件将其当作战场上的“排兵布阵”，能够清晰地确定、分配项目中不同角色、不同职责的人，并分析相互的回报关系。HotPM项目管理软件明确了具体项目的角色及其职责，使同一项工作由专人具体负责的管理方式，将每个项目任务的工作明确后，使其能够顺利进行，充分强调每项工作只能有唯一的负责人（或小组）。一个任务项目需要多少人力参与，HotPM项目管理软件资源参考决策功能，能确保人力资源充分有效安排。有效的项目组织安排，是协调不同角色的人参与项目的一种务实措施，HotPM项目管理软件以图形方式描述项目成员之间的工作汇报关系，增加了团队亲切感，易形成战斗力。项目的成败，管理是重点。HotPM中融入了考核功能，可依据完成工作任务的进度累计情况实行项目的奖惩管理功能。

由于HotPM产品应用的网络开发技术具有高可用性，可实现远程协同同步沟通完成项目任务的需求，在同类产品中有较高的性能优势。

8.6 Microsoft Project 2019 的应用操作实例

通过前面对项目管理软件 Microsoft Project 2019 的使用的介绍，相信读者已经对 Microsoft Project 2019 的基本操作有了简要的了解。本节将通过一个在线订餐网站项目管理实例的建立过程，来使读者对于如何建立项目计划和管理项目有一个比较完整的了解。

8.6.1 新建项目

可以使用多种方法建立新项目。其一，直接建立空白项目；其二，根据模板建立项目计划；其三，根据项目向导建立项目计划。图 8-8 所示为“新建项目”窗口。

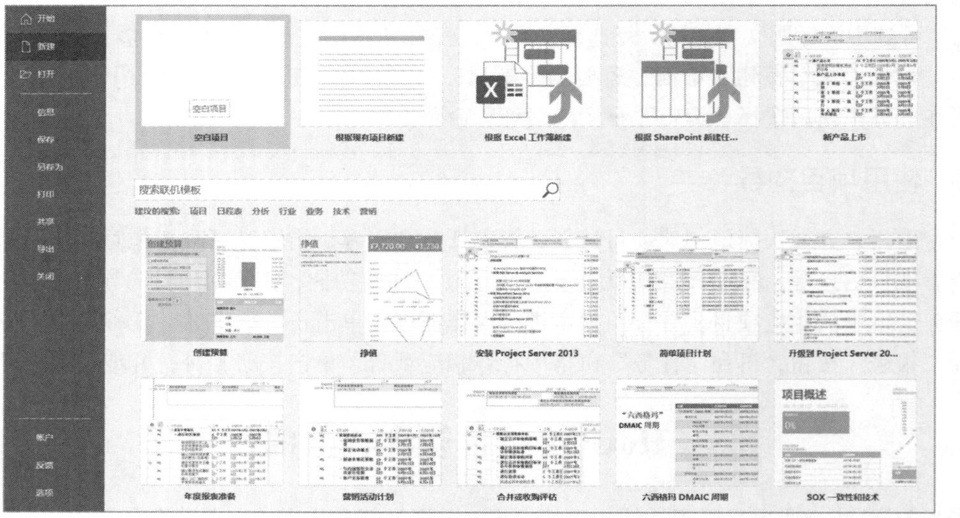

图 8-8 “新建项目”窗口

8.6.2 设置项目基本信息

由于制作出一个好的工作分解结构（WBS）是有效进行项目管理的基础和重要环节，所以在这里先给出实例“瞌睡虫在线订餐网站”项目的工作分解结构图，如图 8-9 所示。

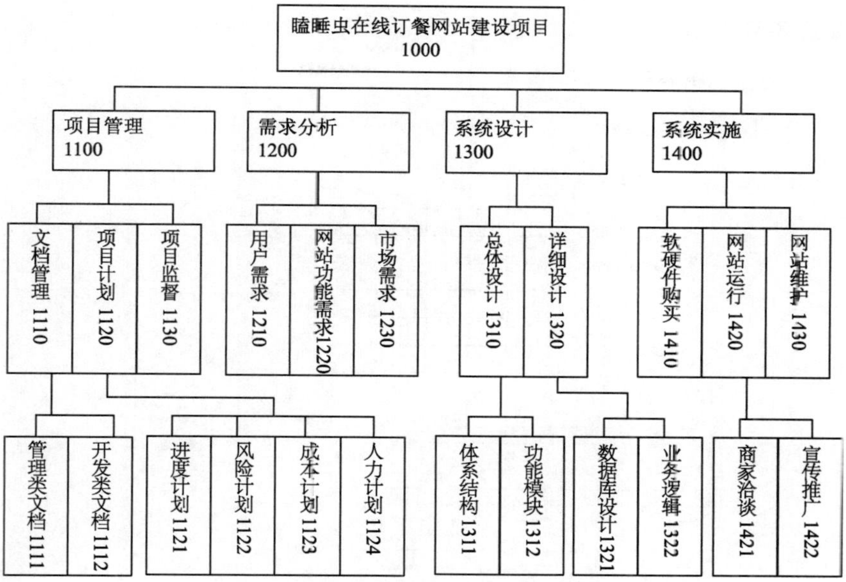

图 8-9　“瞌睡虫”网站建设项目的工作分解结构

1．设置项目信息

新建一个项目时，选择“任务”→“属性”命令，打开“详细信息”对话框。在该对话框中设置好项目的开始日期以及完成日期。

2．定义系统以及项目的默认值

选择“文件”→“选项”命令，打开“选项”对话框，并单击打开每个选项卡。一一对照进行设置确定，如图 8-10 所示。

图 8-10　“选项”对话框

3．定义日历

选择“项目”→“更改工作时间”命令，打开“更改工作时间”对话框，利用此对话框修改、建立日历，如图 8-11 所示。

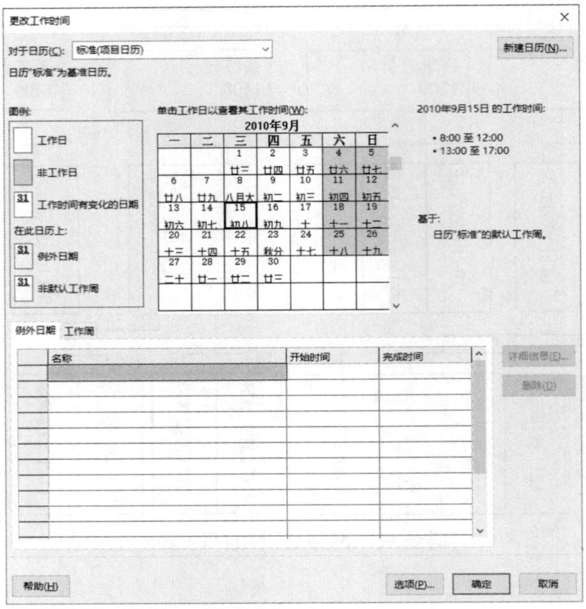

图 8-11 “更改工作时间”对话框

4．定义资源库

在“资源工作表”视图中，输入项目所用资源的信息，如图 8-12 所示。

图 8-12 “资源工作表”视图

8.6.3 输入详细任务列表

完成了鲜明的初始设置以后，向项目输入详细任务列表。在甘特图中，依次输入未完成项目所要进行的所有任务。将该在线订餐网站项目的生命周期分为三部分：可行性调研、项目的前期准备、网站的正式运营和维护，见表 8-1。

表 8-1 “瞌睡虫”网站建设项目任务细分

活　　动	小 活 动
可行性调研	项目的开发立项
	项目团队的组建
	筹集运作资金
	可行性调查和研究
	调查学生在外订餐的数量和潜在客户量
	调研数据的统计和分析
	估算建设网站所需费用
	评估网站的建立是否有利可图
项目的前期准备	软件、硬件的采购和准备
	网站的框架与数据库的建立
	确定网站建设约束（时间和成本）
	确定人员组成与职责分配
	功能模块与业务结构的设计
	网站的详细设计
	编写系统设计说明书
网站的正式运营与维护	网站的推广和与商家的谈判
	图文的采集和上传
	网站的宣传和推广
	网站的试运行
	网站的管理与维护
	根据实际情况，制定新的运营方针

8.6.4　调整任务级别，设置摘要任务

输入完成任务列表以后，就可以设置任务工期和摘要任务。选择“项目”菜单下“大纲”子菜单中的“升级”“降级”命令，或者使用工具栏中的升、降级按钮设置任务的大纲级别。使用工具栏中的按钮，可以展开或隐藏子任务。

8.6.5　输入任务工期

给各具体子任务输入工期，可以按照“纯的工作时间”输入工期，单位分别是分钟工时、工时、工作日、周工时和月工时，可以用 m、h、d、w 和 mo 表示。

8.6.6　检查与调整

经过以上步骤，基本完成了项目计划的初步设计。接下来检查并调整项目：

（1）浏览任务列表，检查是否忽略了阶段性任务或某阶段中的子任务。

（2）检查任务相关性是否合理。

（3）某些任务给以相关的延隔时间或重叠时间，图 8-13 所示。

	任务模式	任务名称	工期	开始时间	完成时间	前置任务	资源
1		一、可行性调研	15 个工作日	2023年9月15日	2023年10月5日		
2		1.1项目的开发立项	2 个工作日	2023年10月6日	2023年10月7日		
3		1.2项目团队的组建	4 个工作日	2023年9月17日	2023年9月22日	2	
4		1.3筹集运作资金	2 个工作日	2023年9月23日	2023年9月24日	3	
5		1.4可行性调研和研究	2 个工作日	2023年9月27日	2023年9月28日	4	
6		1.5调查学生在外订餐的数量和潜在的客户量	2 个工作日	2023年9月29日	2023年9月30日	5	
7		1.6调研数据的统计和分析	1 个工作日	2023年10月1日	2023年10月1日	6	
8		1.7估计建设网站所需费用	1 个工作日	2023年10月4日	2023年10月4日	7	
9		1.8评估网站的建立是否有利可图	1 个工作日	2023年10月5日	2023年10月5日	8	
10		二、项目的前期准备	16 个工作日	2023年10月6日	2023年10月27日	1	
11		2.1软件、硬件的采购和准备	2 个工作日	2023年10月6日	2023年10月7日		
12		2.2网站的构架的数据库的建立	3 个工作日	2023年10月8日	2023年10月12日	11	
13		2.3确定网站建设约束（时间和成本）	2 个工作日	2023年10月13日	2023年10月14日	12	
14		2.4确定人员组成与职责分配	3 个工作日	2023年10月15日	2023年10月19日	13	
15		2.5功能模块与业务结构的设计	2 个工作日	2023年10月20日	2023年10月21日	14	
16		2.6网站的详细设计	3 个工作日	2023年10月22日	2023年10月26日	15	
17		2.7编写系统设计说明书	1 个工作日	2023年10月27日	2023年10月27日	16	
18		三、网站的正式运营与维护	17 个工作日	2023年10月28日	2023年11月19日	10	
19		3.1网站的推广	4 个工作日	2023年10月28日	2023年11月2日		
20		3.2图文的采集与上传	4 个工作日	2023年11月3日	2023年11月8日	19	
21		3.3网站的宣传与推广	3 个工作日	2023年11月9日	2023年11月11日	20	
22		3.4网站的试运行	2 个工作日	2023年11月12日	2023年11月15日	21	
23		3.5网站的管理与维护	2 个工作日	2023年11月16日	2023年11月17日	22	
24		3.6根据实际情况，制定新的运行方针	2 个工作日	2023年11月17日	2023年11月18日	23	

图 8-13　检查并调整项目

8.6.7　分配资源与成本

完成任务输入以及检查调整工作以后，就可以单击工具栏中的“分配资源”按钮，打开“分配资源”对话框，将资源分配给任务，如图 8-14 所示。

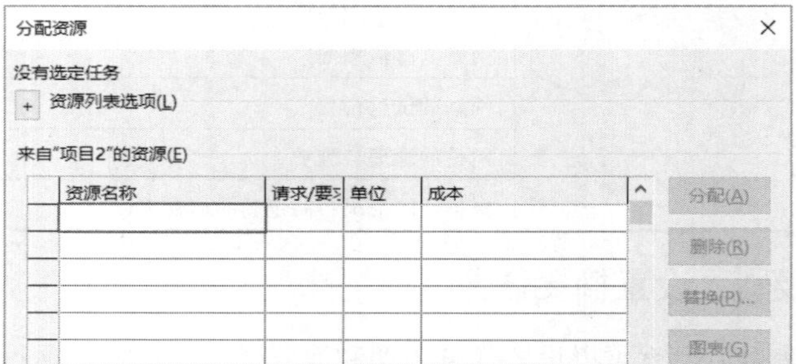

图 8-14　“分配资源”对话框

8.6.8　跟踪项目进度

制订项目计划是进行管理项目的开端，通过项目跟踪，使项目经理以及项目干系人随时掌握和管理项目的实际进度。该在线订餐网站项目的计划与实施过程通过 Microsoft Project 2019 的项目策划，以甘特图和相应网络图体现出整个项目进行的结果，图 8-15 所示为“瞌睡虫”网站建设项目甘特图。

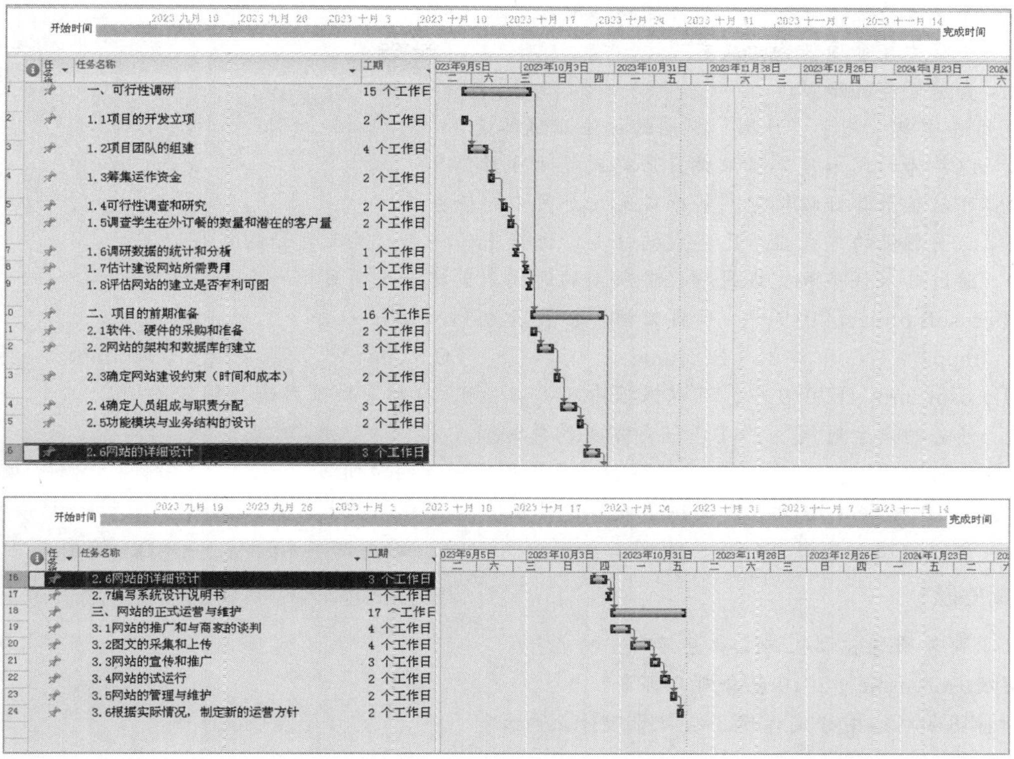

图 8-15　“瞌睡虫”网站建设项目甘特图

习　　题

一、选择题

1. 目前项目管理软件根据功能和价格水平被分为（　　）两个档次。
   A. 高档项目管理软件　　B. 低档项目管理软件
   C. 中端项目管理软件　　D. 前沿项目管理软件
2. 传统的项目管理软件包括（　　）。
   A. 时间进度计划　　B. 成本控制　　C. 资源调度　　D. 图形报表输出
3. 项目管理软件的技术支持主要有：（　　）。
   A. 时间最短法　　B. 成本最小法　　C. 关键路径法　　D. 计划评审法
4. 数据域包括的内容是指（　　）。
   A. 工作表、窗体或图表中包含有关任务、资源或工作分配的特定类型信息的位置
   B. 用户在创建项目文件的过程中，根据实际情况自定义的日历、报表或视图等对象
   C. 任务和资源信息
   D. 宏和项目专用的设置部分信息
5. 下列选项中，关于“甘特图”视图的说法错误的是（　　）。
   A. 视图的左侧用工作表显示任务的详细数据

B. 可以通过链接任务在任务之间建立顺序的相关性

C. 可以估算每项任务的成本

D. 查看任务的进度

6. 下列选项中，关于“日历”视图的说法正确的是（　　）。

A. 以年为时间刻度单位来按日历格式显示项目信息

B. 可以显示其日程排定在某个或某几个月中的任务

C. 以图形化的方式显示已完成的任务、进行中的任务以及未开始的任务

D. 通过输入任务和完成每项任务所用的时间来创建一个项目

7. Microsoft project 2019 中，项目文档的扩展名为（　　）。

A. mpp　　B. mpw　　C. doc　　D. mpt

8. Microsoft project 2019 中，可以根据输入（　　），自动重排项目剩余的任务。

A. 任务的剩余时间　　B. 任务需要的总时间

C. 开始时间　　D. 实际已完成的各项任务的时间

9. Microsoft project 2019 中，提供了许多工具栏，以下（　　）不是工具栏。

A. 资源管理工具栏　　B. 审阅工具栏　　C. 跟踪工具栏　　D. 绘图工具栏

二、简答题

1. 电子商务项目管理软件主要包括哪些功能？
2. Microsoft project 2019 包含哪几部分？
3. 甘特图和网络图分别体现了项目管理什么内容？
4. 项目计划的作用是什么？
5. 项目启动阶段主要工作有哪几个阶段？

三、操作题

1. 结合实际，探讨“瞌睡虫”网站建设项目需要补充和修改的内容，用文字记录下来。
2. 讨论“瞌睡虫”网站建设项目的开发步骤，并用图形描述。
3. 图 8-16 的关键路径是哪一条？计算出这个项目用了多少天才完成。

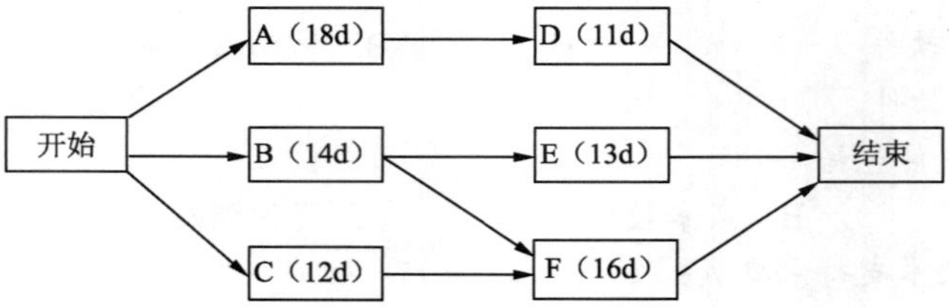

图 8-16　判断关键路径

案例分析：项目背景

小张为蓝德公司项目经理，最近接到公司任务，负责发开一个电子商务平台，由于公司业务发展需要，公司总经理急于启动该平台项目，要求小张尽快准备关于启动电子商务平台的立项报告。

小张粗略估算该项目正常速度下的时间和成本。

在第一次项目策划会议上，项目团队确定了与项目相关的活动。

（1）项目活动：

活动一：调研现有的电子商务平台。

- 按照正常速度估计完成该任务需 10 天，成本 15 000 元。
- 允许最多加班情况下，需要 7 天，成本 18 750 元

活动二：制订项目计划并提交管理层评审。

- 估计正常情况下需要 5 天，成本约 3 750 元。
- 加班赶工时可在 3 天完成，成本为 4 500 元。

活动三：需求分析、系统设计。

- 历史估计为 15 天，成本 45 000 元。
- 加班时约需 10 天，成本 58 500 元。

（2）设计完成后，开发阶段有三项活动必须同时进行：

① 开发电子商务后台数据：

- 在不加班情况下估计需 10 天，成本 9 000 元。
- 加班情况下估计需要 7 天，成本 11 250 元。

② 开发和编码前台网页脚本：

- 项目团队估计在 10 天完成，成本 17 500 元。
- 如果允许加班缩短 2 天时间，成本 19 500 元。

③ 电子表单控件设计与开发：

- 采用外包方式进行，需要 7 天，外包成本 8 400 元。
- 没有加班赶工方案。

整个电子商务平台集成、测试约 3 天，成本 4 500 元，如果允许加班可节省 1 天，成本 6 750 元。

（来源：根据网络资料整理）

思考题

【问题一】

（1）如果不加班，完成此项目的成本和时间是多少？

（2）考虑加班，项目可以完成的最短时间和最短时间内完成项目的成本是多少？

【问题二】

假定调研其他电子商务平台的任务需要 13 天而不是原先估算的 10 天，项目经理小张应采取什么行动来保持项目按正常速度进行且增加的成本最少？

【问题三】

（1）假定总经理要求在 35 天内完成项目，项目经理应采取什么措施达到预期要求？

（2）在 35 天完成项目将花费的成本是多少？

第 9 章 电子商务项目综合运作案例

学习和实践的目标

通过对本章内容的学习，可以了解一个完整的电子商务项目从构思到初步实施的全部过程，以及在所有环节的实际运作方法和项目的实现，希望有助于提高读者的应用与实践能力。本章的学习目标是基本掌握电子商务项目综合运作的思路方法和步骤。本章实践的目的在于理论和实践相结合，使学生可以通过知识的应用、案例的学习与分析及项目的实践操作练习，培养实际应用能力。

实现目标的知识点

- 从项目构思到实施包括的过程。
- 各种知识与方法工具的在电子商务项目运作过程中的具体应用。
- 具体的电子商务项目的构思、可行性分析报告及项目章程的撰写和编制。
- 如何实施与运作策划好的项目。

9.1 综合母婴购物网站的项目构思

9.1.1 项目名称及背景

1. 项目名称

瑶乐购——基于心理疏导的综合母婴购物网站。

2. 项目背景

1）电子商务发展迅速

基于互联网近几年的飞速发展，无论在哪个国家或者地区，电子商务的发展都非常迅速。相较于国外，我国的电子商务起步比较晚。不过这并不影响我国电子商务的迅速发展，因为目前我国电子商务拥有庞大的消费群体以及先进的互联网技术，这为电子商务的发展提供了重要的基础和动力。随着网上购物和移动购物的不断普及，线上购物方式已经成为人们的主要购物方式。线上购物有着商品款式多、品类全、商品价格实惠经济、商品配送快、商城客服回复速度快等诸多优势，基于以上优势，电子商务网站的发展前景依旧很好。新冠疫情对传统消费市场带来了一定的打击，同时也给网上消费市场带来了不错的机遇。

2）生活水平提高带动孕妈妈的潜在需求

生育消费能力方面：女性从怀孕开始，一个家庭就进入强消费期。孕妈妈的保健品、防护服、孕妇装、护理用品，婴儿的奶瓶、童车、童装、专用洗涤用品、玩具，甚至胎教、家政服务、幼教服务，等等。可以说，一旦小孩进入家庭，家庭的刚性消费支出才刚刚开始。

信息知识需求方面：现在对育儿的要求非常高，从准备怀孕时起，未来的妈妈们就迫切渴望帮助——为了孕育健康的宝宝，自己该如何调整生活的方方面面？对于这些疑问，孕妇们往往会征询长辈、同事、朋友的经验，但个体差异不同，怎样才更安全、更科学，成为孕妈妈的知识盲区。

交流分享方面：由于准妈妈一般都有足够的休息时间，并且有与人分享孕期、育儿经验的需求，因此，他们非常迫切与人进行交流。母亲这个群体，很重视品牌和口碑，她们为什么会买网上出售的东西？往往是因为在网上交流了经验。

9.1.2　综合母婴购物网站项目构思

1. 综合母婴购物网站项目定位

综合母婴购物网站项目定位是国内母婴产品销售和互动社区市场，面向全国的准妈妈、孕妈妈或居家带娃的家庭主妇提供一个集娱乐、休闲、购买、客服于一体的母婴网。综合母婴购物网站首先要做的网站是安全、健康，以母婴服饰为网页主要元素，以母婴产品为主要内容，同时在网上进行电子商务活动的网站。

其次，综合母婴购物网站要做到的是“快乐孕、无烦恼”，打造功能齐全的母婴咨询互动交流平台，为准妈妈提供集优质产品、科学知识等于一体的整套贴心服务。

2. 综合母婴购物网站销售渠道

母婴产品主要的通过两类渠道进行销售：通过传统的实体店销售；建立母婴网上社区，通过网站平台在网上进行母婴产品的销售。

3. 项目内容

（1）建立综合性母婴产品信息平台和交易平台，从营销策划的总体思路出发，网站设计思路要求网页风格应趋于便捷、轻松。网站结构规划图如图 9-1 所示。

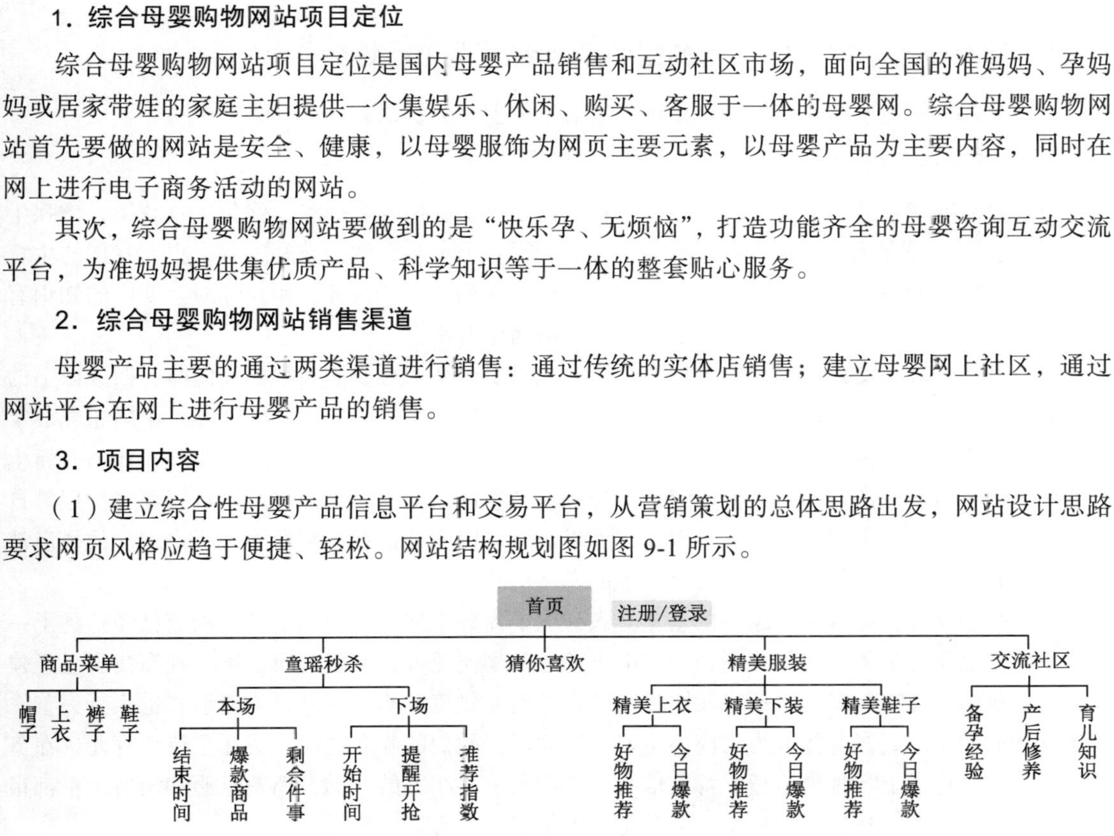

图 9-1　网站结构规划图

（2）建立完善的后台数据库和管理信息系统。信息系统规划如图 9-2 所示。

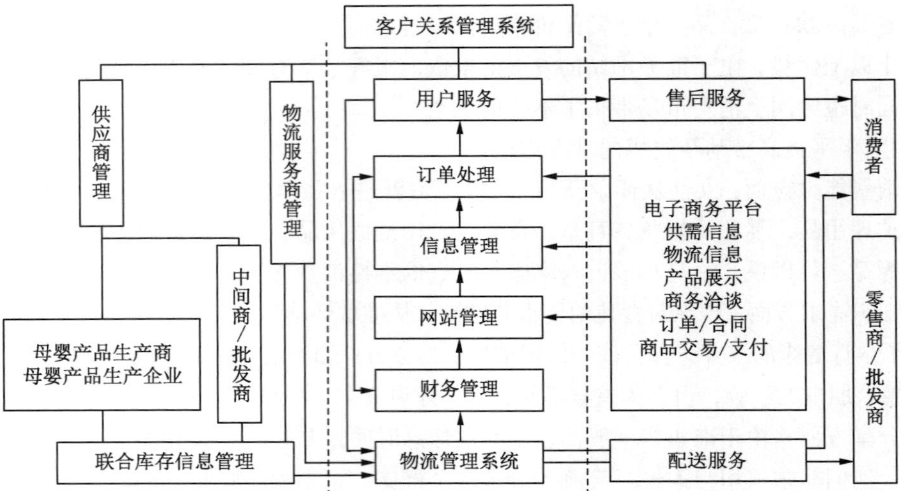

图 9-2　网站信息系统规划图

9.2　综合母婴购物网站项目可行性分析

9.2.1　综合母婴购物网站项目的组织及社会环境可行性分析

这一节的分析主要为企业决策者提供市场需求依据。分析内容如下：

1．宏观环境分析

（1）政治环境：涉及生育政策的内容包括：制定人口长期发展战略，优化生育政策，增强生育政策包容性，提高优生优育服务水平等。总的来说，国家政策就是鼓励生育，提高我国的生育率。所以瑶乐购聚焦于孕妇的生育问题，通过提供一系列产品和服务，使女性对孕期中的知识有更进一步的了解，帮助适龄女性缓解生育焦虑，提高生育率。

（2）经济环境：艾媒咨询调研数据显示，五成以上的孕妇喜欢购买孕妇保健品，四成以上的孕妇喜欢购买产后育儿物品、孕妇装、一系列产后所需品及孕期护肤品。2023 年，中国超九成宝妈在孕期的悦己消费占孕期整体消费比例的 10%以上，且近四成占比在 20%～30%。伴随着新生代 90 后、95 后妈妈的崛起，她们延续了年轻一代“悦己”的态度，对孕妇彩妆、面部护理等自我保养的产品或服务消费意愿较高，因此，如果企业可以充分挖掘出孕期女性用户细分的悦己消费需求，并能够提供产品满足，将会有更多的发展机会。

（3）社会环境：随着越来越多的企业介入到电子商务中来，我国电子商务物流已经达到了一定的规模，全国有近千家连锁公司经营着电子商务的物流业务，网络遍布全国，现在我国已经建有各类配送中心 1 000 多家，所以我国目前的电子商务物流业非常兴旺，物流形式也十分完善。伴随着 90、95 后妈妈群体成为当前的主要生育大军，她们的收入更高，更注重科学育儿，在备孕期就开始通过线上各种渠道搜索育儿信息，并购买母婴相关的产品，消费意愿和消费水平都很高，年轻家长更多地选择在移动端，尤其是在电子商务平台进行购买。

（4）技术环境：近些年来，商业智能市场持续增长，通过商业智能的关键技术，可以把电子商务企业的信息资源以及积累的实践经验和创新思想进行有效挖掘、共享和利用，以保持电子商务企业的竞争优势。由于商业智能系统和移动技术的升级，电子商务服务的发展是具有潜力的，而作为母婴产品服务提供商，瑶乐购孕婴服务平台也能根据商业智能系统和移动技术对我们的瑶乐购项目网站进行建设升级，对网页进行美化设计，同时也要保证基本的服务与功能完善，吸引用户浏览网页，才能吸引用户进行购买。

2. 地域特点分析

综合母婴购物网站面向所有网络购物消费者，网络购物具有跨地域的鲜明特点，因此，除去部分偏远地区要考虑物流便捷性因素，各个地域的消费者都具有相对一致的购物环境和购物体验。

3. 目标市场分析

瑶乐购的目标用户是有着生育焦虑的年轻女性，通过提供个性化的产品，如孕前减缓焦虑的书籍、孕中和孕后帮助塑形的用品等，帮助年轻女性缓解生育焦虑，从不敢生到愿意生，从而也能够提升生育率。

针对孕妇个人的生育焦虑问题以及有些平台服务不健全的问题，瑶乐购将母婴资讯、交流网站与母婴产品电商网站结合起来，妈妈们在浏览相关的知识和学习其他妈妈经验的同时，也能够进行产品的选购。同时也提供个性化的服务，在公众号等平台发布积极生育观的宣传视频；在科普文章内嵌套推荐产品的链接；提供在线论坛，妈妈们可以在此进行情感、生活等各种交流，同时也提供平台产品测评，妈妈们可以在平台上发布产品用后体验。

4. 相关行业应用电子商务现状分析

通过对国内相关网站的调查发现国内母婴行业现状如下：

（1）母婴网站产品丰富，行业和企业母婴网站大都以信息发布，信息交换和零售为主。

（2）以知识和交流为核心，通过个性化服务、专业工具等建立核心优势的专业、可信赖的移动母婴生活服务平台，已成为大多数中国母婴人群获取知识、解疑答惑、社群交流，乃至健康问题求助、购物推荐、同龄伙伴聚会等需求的集中解决平台。

5. 企业资源分析

SWOT 分析：

（1）优势（S）：

目前母婴市场有政策的支持，具有潜力，且本项目结合了市面上主要的两类母婴网站类型，提供的产品和服务都较全面。瑶乐购孕婴服务平台不仅仅提供孕婴产品，满足孕妇和婴儿的基本需求，还对在孕期处于焦虑、紧张心态的孕妇提供一系列缓解焦虑的服务和产品，同时对于有着悦己思想的孕妇，瑶乐购孕婴服务平台更是提供一系列产品和服务，如瑜伽垫、瑜伽球等帮助孕妈在产前锻炼助产，在产后进行锻炼塑身。

（2）劣势（W）：

母婴电商行业缺乏标准化；母婴电商供应链体系不完善。在行业发展的黄金时间中，大大小小的母婴企业非常多，仅沿海城市从事母婴产品的电商公司就有几千家，再加上大型连锁企业进驻二、三线城市，如今市场显然处于供大于求的局面。一直以来，供应链问题都是制约电商发展的主要因素，母婴电商主要的供货方都是来自国外，所以供应链涉及的范围更大，母婴产品最直接的问题就是产品供应不足，商品的质量问题。

（3）机会（O）：

跨境电商的发展以及国际贸易往来；中西部地区的电商试点城市的启动。瑶乐购可以抓住机会，对此进行综合。将销售产品与科普知识结合起来，在科普知识的同时推出产品，既方便了消费者，不用再去特地寻找某件商品，形成了瑶乐购孕婴服务平台的一大特色。

（4）威胁（T）：

是否能适应新的税收政策；是否具有核心产品定位。从行业来看，资本的流失和竞争激烈也是孕婴市场的威胁，资本市场冷淡，企业的融资遇到困难；从事孕婴产品服务的企业过多，竞争十分激烈。

9.2.2 经济可行性分析

1. 成本估算

预计成本包括：项目开发成本 84 160 元；硬件及基础设施成本 60 000 元。

2. 收益估算

根据市场母婴产品零售店的销售显示，通常母婴店利润率大约在 25%，每月仅靠零售的利润虽然不高，但增值服务包括保健课、营养餐等，可带来的利润很高。

电子商务的实施对企业来说投入不大，但开拓了网络营销渠道，并带来更多的增值服务项目。网上网下整合营销和服务将为企业带来直接效益和间接效益。

综合母婴购物网站项目给企业带来的直接收益如下：

（1）综合母婴购物网站主要通过母婴产品的网上批发零售获取利润，该项目将吸引新的客户和突破地域的销售，带来业务量和销售量的增加。

（2）网络销售的成本比实体店减少 15%～30%，网站的零售定价应该低于实体店 5%左右。成本的节约减去零售定价的降低直接反映为母婴产品销售的利润。

（3）利用网站营销的特点，还可以通过以下几点获得更多的收益：

- 保健课：这一点属于很普遍的方式，按不同时段、教练的课程类型收取不同的费用。
- 营养餐：网站提供准妈妈、孕妈妈不同时段的营养套餐，并收取一定的费用。

（4）销售广告版位。广告一直是互联网的重要盈利模式。

综合母婴购物网站项目间接效益主要体现在通过网络营销策略的制定和实施，提高企业品牌知名度所带来的综合效益，由于电子商务信息迅速、准确传递的特点而获得的收益包括客户数量的增加、市场占有率的增加等。

企业运营成本的降低和客户满意度的提高。网站通过互联网为客户提供产品的技术支持，一方面可以为企业节约客户服务费用，另一方面可以提高客户服务水平和质量。

经估算，综合母婴购物网站仅零售收入在人民币 50 万元左右。与投入相比，项目在经济上是可行的。

9.2.3 技术可行性分析

综合母婴购物网站是一个中小型电子商务网站，该项目需要建立一个综合母婴购物产品信息平台、交易平台和后台信息管理系统，包括销售管理、客户关系管理、物流管理、供应商管理系统。

网站设计与制作，这部分的技术已经相当成熟可靠。网站所需基础设施与硬件设备搭建如图 9-3 所示。

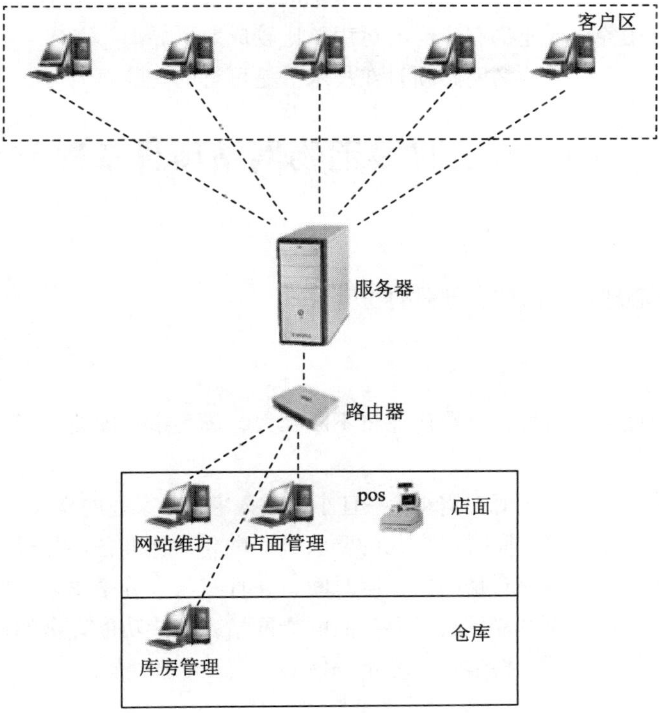

图 9-3　基础设施与硬件设备搭建

基本配置如下：

（1）计算机 8 台：一般配置即可。

（2）pos 机（实体店用）：商店里的常用配置。

（3）Web 服务器：

- 硬件配置：选择 ASP 托管方式，Internet 的接入速度越高越好。
- 软件配置：Windows Server 2022 以上操作系统、SQL Server 2022 数据库系统、防病毒软件等。

（4）网络设施：互联网、局域网配置等，防火墙等相关安全设施。

后台管理信息管理系统，包括销售管理、客户关系管理、物流管理、供应商管理系统。这部分的技术也相当成熟与完善。可以应用现有成熟软件根据项目需求进行改进。

后台部分最重要的是包括采购、仓储和配送在内的物流管理系统。综合母婴产品企业采用电子商务销售和实体店销售相结合的销售方式，企业现在除了有自己的实体店外，还有存储仓库和配送中心。消费者从购买商品至收到商品，这个过程中的信息都需要收集、整理、分析和利用，因此，企业需要一个电子商务物流信息系统来对信息进行管理，帮企业解决销售、存储、管理中的盲目性和不可预测性问题。通过电子商务信息系统，对顾客、库存和配送的信息进行分类与管理，顺利将商品送到消费者手中，实现整个电子商务交易的流程。

综合母婴购物网站企业的电子商务物流信息收集的数据库化和代码化，物流信息处理的电子化和计算机化，信息传递的标准化和实时化，以及物流信息存储的数字化等，它所涉及的技术有条形码技术、数据库技术、电子订货系统（EOS）技术、电子数据交换（EDI）技术、快速反应（QR）技术、企业资源计划（ERP）、物流信息系统的分析技术等先进技术的应用，而这些技术无论在国外或国内，都在各个行业都有广泛的运用，比较成熟可靠。

根据以上分析，综合母婴购物网站项目在技术上是可行的。

9.3 综合母婴购物网站项目章程

9.3.1 项目名称

瑶乐购——基于心理疏导的综合母婴购物网站。

9.3.2 项目背景

随着孕妈妈的护理需求增大，母婴产业将不断壮大，母婴市场即便处于红海环境，也有很大的发展前景。

生活水平提高带动孕妈妈的潜在需求，一旦小孩进入家庭，家庭的刚性消费支出才刚刚开始；这个年代的父母缺乏育儿知识，同时对育儿的要求也非常高，从准备怀孕时起，未来的准妈妈们就迫切渴望帮助；准妈妈一般都有足够的休闲时间，并且有与人分享孕期、育儿经验的需求。

基于以上情况，本项目通过瑶乐购母婴产品购物网站，打造功能齐全的母婴咨询互动交流平台，为准妈妈提供集优质产品、科学知识等于一体的整套贴心服务。

9.3.3 项目目标

开发建设一个集娱乐、休闲、购买、服务于一体的中小型综合母婴产品电子商务网站。该项目需要建立一个母婴产品信息平台、交易平台和后台信息管理系统，包括销售管理、客户关系管理、物流管理、供应商管理系统。

9.3.4 项目主要内容

1. 网站主要功能

网站主要功能包括会员注册管理、信息发布和交付功能。主要功能需求如下：

（1）要实现有效的会员管理制度功能，网站就必须要有一个强大的数据库后台作为支撑，也就是要建立一个强大的会员注册管理系统，为消费者提供信息注册、管理功能及公司管理客户信息的功能。这个系统也可应用到网站论坛中去，实现网友互动功能。

（2）为用户提供网上订购功能。

（3）为用户提供选择物流配送功能。

以上各功能的具体实现形式参见各栏目频道规划。实现以上各功能的系统配置，相互之间必须要有很好的兼容性。

2. 网站需要实现的具体内容

（1）注册登录：每一个网页右上角显示这一项。

（2）猜你喜欢：大数据推荐用户适合的和可能需要的母婴产品。

（3）母婴产品零售：帽子、上衣、裤子、鞋子。

（4）订货流程：包括注册登录系统和订单管理系统。

① 新手购买流程：

- 须在每一个环节页面上部增加说明，以便新手顺利完成网上购物过程：登录或注册→收货人信息→产品数量填写→送货方式→确认信息→提交订单。
- 收货人信息内容：收货人姓名、详细地址、联系方式等。
- 产品数量填写内容：对母婴产品信息的填写。
- 送货方式：顺丰、“四通一达”。
- 确认信息：对以上填写的信息进行确认，如有错误请修改。
- 提交订单：反映出之前填写的所有信息，检查无误后提交订单。

② 老用户购买流程：不需要新手说明，直接进行以下步骤：登录→收货人信息→产品数量填写→送货方式→确认信息→提交订单。

（5）网页信息发布与交互功能：

① 营养餐播报：将各种水果、蔬菜搭配食用，说明对人体的好处；或忌食哪些水果、蔬菜搭配，说明忌用原因、食用后会怎样。

② 保健课堂：介绍孕期身体保健和身材修复。

③ 轻松孕：

- 孕期小 tip：分享孕期舒缓心情的小技巧，营造轻松备孕环境。
- 放松音乐：是一个点歌台，可以上传减少压抑情绪的轻松音乐。
- 孕期摄影展：展示孕妈妈写真相关照片。

3．后台管理信息管理系统

后台管理信息管理系统包括销售管理、客户关系管理、物流管理、供应商管理系统。以物流管理信息系统为例，需要实现的功能如图 9-4 所示。

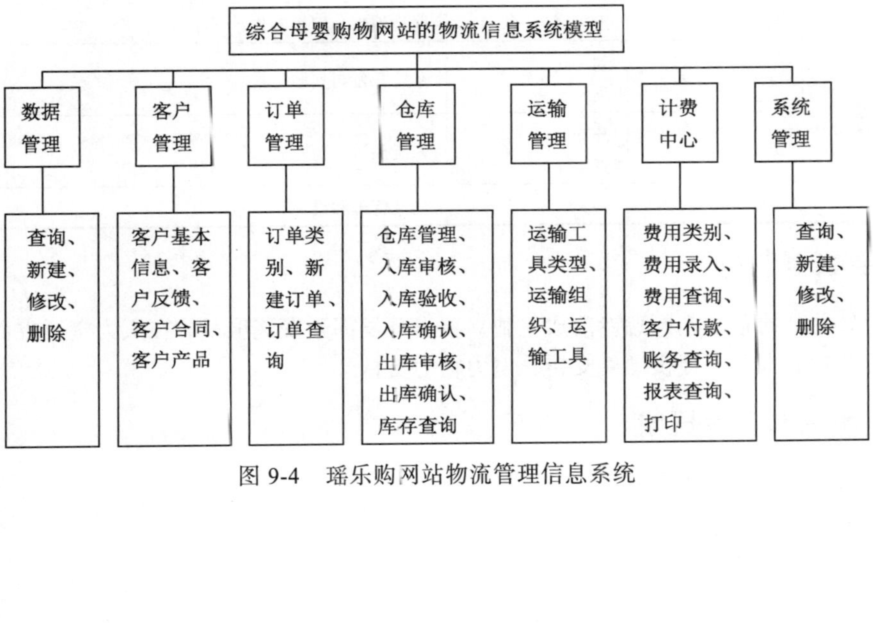

图 9-4　瑶乐购网站物流管理信息系统

9.3.5 项目的约束条件

1. 时间约束

该项目预计从 2022 年 10 月 15 日开始，2023 年 4 月 30 日结束。

2. 成本预算

总成本控制为 50 000 元。

3. 质量及其他要求

（1）网站界面设计友好，操作简单，路径清晰，使用者满意度 95%以上。

（2）项目进行的各个过程建立日期清晰、内容完整、准确的文档版本。

（3）系统上线后运行故障率低于 5%，并保证能持续运行至少三个月无重大软件故障。

（4）项目收尾期限不能超过计划期限两周。

（5）系统容错率要求在 2 min 内恢复。

（6）系统设计要符合标准性、稳定性、安全性、兼容性原则，要具备可理解性、可测试性、可修改性、可扩充性。

9.3.6 项目的人员组成与职责分配

项目的人员组成与职责分配见表 9-1。

表 9-1 项目的人员组成与职责分配

人员组成		姓 名	职 责
项目经理		郭××	负责项目决策\人员分工\预算资金分配\项目总体把握等
项目组员	系统分析员	李×× 付××	需求分析\网站信息采集\分析\集成,系统分析
	系统设计员	张×× 邸××	可行性分析\总体设计
	网站设计师	杨××	网页设计
	网站编辑	王××	网站编辑与网页制作
	程序员	刘×× 梁××	系统开发与实施
	测试人员	孙×× 赵××	系统测试
	网管人员	鲜××	网站管理和维护

9.3.7 相关部门支持

企业上属总公司董事会同意专门成立独立项目开发部开发该项目。在人力资源方面委任一名项目经理配备相关人员，提供硬件支持，财力物力支持。

9.3.8 签发人和签发日期

本项目发起人：×××

签发日期：2022 年 5 月 5 日

9.4　综合母婴购物网站项目计划书

9.4.1　网站项目工作结构分解（WBS）

综合母婴购物网站项目工作如下，在工作结构分解过程中主要采取自上而下的方法构建 WBS。

1. 项目构思

（1）项目分工。

（2）编写可行性分析报告。

（3）进度计划。

（4）撰写需求规格说明书。

2. 需求分析

（1）业务需求。

（2）用户需求分析。

（3）功能需求划分模块。

（4）硬件需求。

（5）安全要求。

（6）性能要求。

（7）网站实施需求分析。

（8）网站推广需求分析。

（9）撰写报告。

3. 系统设计

（1）分析需求分析成果。

（2）概要设计。

（3）详细设计。

（4）架构设计。

4. 编码与测试

（1）用户登录模块测试。

（2）买家功能模块。

（3）交易管理模块。

（4）产品管理模块（卖家功能）。

（5）编码测试。

（6）网站发布。

5. 网站推广

运用各种营销方式推广。

6. 网站的维护与运营

（1）需求分析和改善。

（2）功能维护和改进。

根据本项目的工作结构分解，WBS 表见表 9-2。

表 9-2　瑶乐购的工作分解结构表（WBS）

一级编码	一级任务名称/二级编码	二级任务名称/三级编码	三级任务名称	备　注
1	项目构思			
	1.1	项目分工		
	1.2	撰写可行性分析报告		
	1.3	进度安排计划		
	1.4	撰写需求规格说明书		
2	需求分析			
	2.1	业务需求		
	2.2	用户需求分析		
	2.3	功能需求划分模块		
	2.4	硬件要求		
	2.5	安全要求		
	2.6	性能要求		
	2.7	网站实施需求分析		
	2.8	网站推广需求分析		
	2.9	撰写报告		
3	系统设计			
	3.1	分析需求分析成果		
	3.2	概要设计		
	3.3	详细设计		
	3.4	架构设计		
4	编码与测试			
	4.1	用户登录注册模块		
	4.2	买家功能模块		
	4.3	交易管理模块		
	4.4	产品换货模块（买家功能）		
	4.5	编码测试		
	4.6	网站发布		
5	网站推广			
	5.1	理解各种网络营销方式		
	5.2	运用各种营销方式推广		
6	网站的运营和维护			
	6.1	需求分析和改善		
	6.2	功能维护和改进		

9.4.2　网站项目活动排序

2022 年 5 月 5 日开始，2022 年 6 月 5 日结束（23 个工作日，每天 8 个工时，共 184 个工时）。表 9-3 所示为综合母婴购物网站项目建设的各活动逻辑关系及工期计算。

表 9-4 所示为综合母婴购物网站项目里程碑表。

表 9-3　综合母婴购物网站项目建设的各活动的逻辑关系及工期计算

活动	小活动	活动编号	紧前活动	工期估计（天）	开始时间	结束时间
项目构思	项目分工	1		1	2022 年 5 月 5 日	2022 年 5 月 5 日
	撰写可行性报告	2	1	1	2022 年 5 月 6 日	2022 年 5 月 6 日
	进度计划	3	2	1	2022 年 5 月 7 日	2022 年 5 月 7 日
	撰写需求规格说明书	4	1	1	2022 年 5 月 7 日	2022 年 5 月 7 日
需求分析	业务需求	5	2	1	2022 年 5 月 8 日	2022 年 5 月 8 日
	用户需求分析	5	5	1	2022 年 5 月 9 日	2022 年 5 月 9 日
	功能需求划分模块	7	5	1	2022 年 5 月 10 日	2022 年 5 月 10 日
	硬件要求	8	7	1	2022 年 5 月 11 日	2022 年 5 月 11 日
	安全要求	9	8	1	2022 年 5 月 12 日	2022 年 5 月 12 日
	性能要求	10	9	1	2022 年 5 月 13 日	2022 年 5 月 13 日
	网站实施需求分析	11	5、5	1	2022 年 5 月 13 日	2022 年 5 月 13 日
	网站推广需求分析	12	5、5	1	2022 年 5 月 13 日	2022 年 5 月 13 日
	撰写报告	13	12	1	2022 年 5 月 14 日	2022 年 5 月 14 日
系统设计	分析需求分析成果	14	13	1	2022 年 5 月 15 日	2022 年 5 月 15 日
	概要设计	15	13	3	2022 年 5 月 16 日	2022 年 5 月 18 日
	详细设计	15	13	3	2022 年 5 月 18 日	2022 年 5 月 20 日
	架构设计	17	15	5	2022 年 5 月 121 日	2022 年 5 月 26 日
编码与测试	用户登录注册模块	18	17	1	2022 年 5 月 27 日	2022 年 5 月 28 日
	买家功能模块	19	18	1	2022 年 5 月 29 日	2022 年 5 月 28 日
	交易管理模块	20	19	1	2022 年 5 月 30 日	2022 年 5 月 29 日
	产品换货模块（买家功能）	21	20	1	2022 年 5 月 31 日	2022 年 5 月 30 日
	编码测试	22	21	1	2022 年 6 月 2 日	2022 年 6 月 2 日
	网站发布	23	22	1	2022 年 6 月 3 日	2022 年 6 月 3 日
网站推广	理解各种网络营销方式	24	23	1	2022 年 6 月 4 日	2022 年 6 月 4 日
	运用各种营销方式推广	25	23	1	2022 年 6 月 4 日	2022 年 6 月 4 日
网站的运营和维护	需求分析和改善	25	25	1	2022 年 6 月 5 日	2022 年 6 月 5 日
	功能维护和改进	27	25	1	2022 年 6 月 5 日	2022 年 5 月 5 日

表 9-4　综合母婴购物网站项目里程碑表

里　程　碑	活 动 名 称	时　　间
项目构思	项目确定以及分工	2022 年 5 月 5 日
需求分析	业务需求、用户需求以及网站实施需求等	2022 年 5 月 8 日
系统设计	概要、详细、架构设计	2022 年 5 月 15 日
编码与测试	交易产品编码测试、功能测试	2022 年 5 月 27 日
网站推广	网站的推广与运营	2022 年 6 月 4 日
网站的维护与运营	网站的维护与运营	2022 年 6 月 5 日

综合母婴购物网站项目网络图如图 9-5 所示。

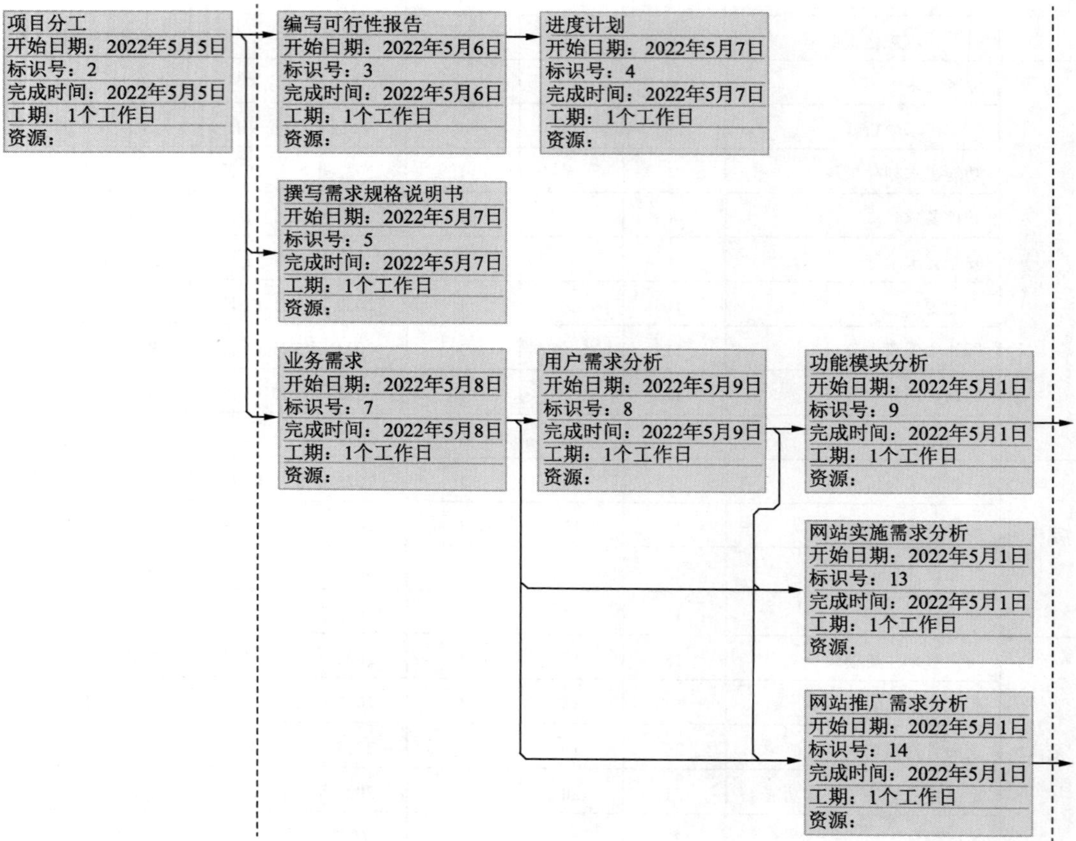

图 9-5　综合母婴购物网站项目网络图（局部）

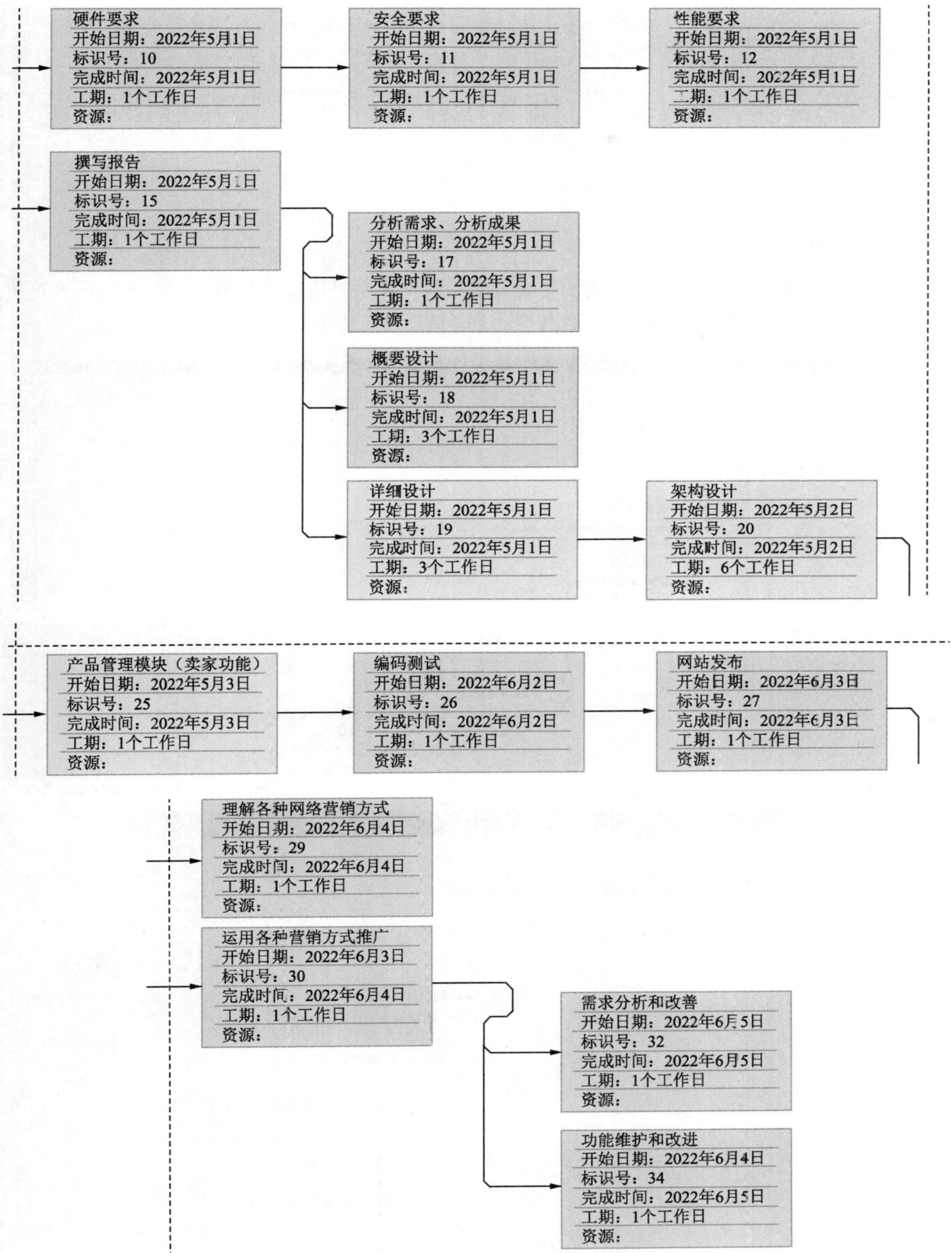

图 9-5　综合母婴购物网站项目网络图（局部）（续）

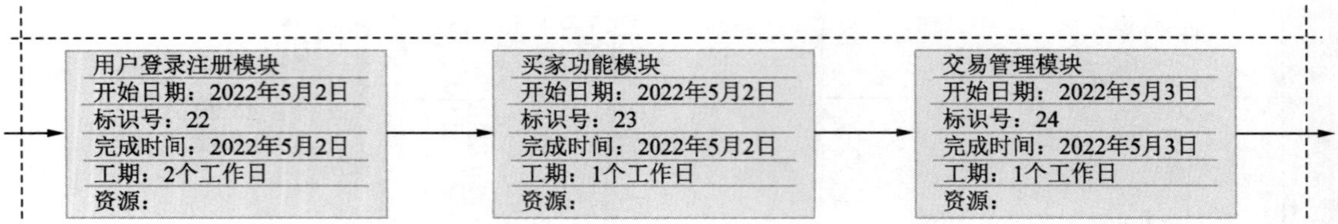

图 9-5　综合母婴购物网站项目网络图（局部）（续）

9.4.3　网站项目进度计划

以下是用 Project 软件绘制的表示综合母婴购物网站项目进度计划的甘特图（见图 9-6 和图 9-7）。根据项目的网络图体现了项目各活动及各活动之间的逻辑关系。

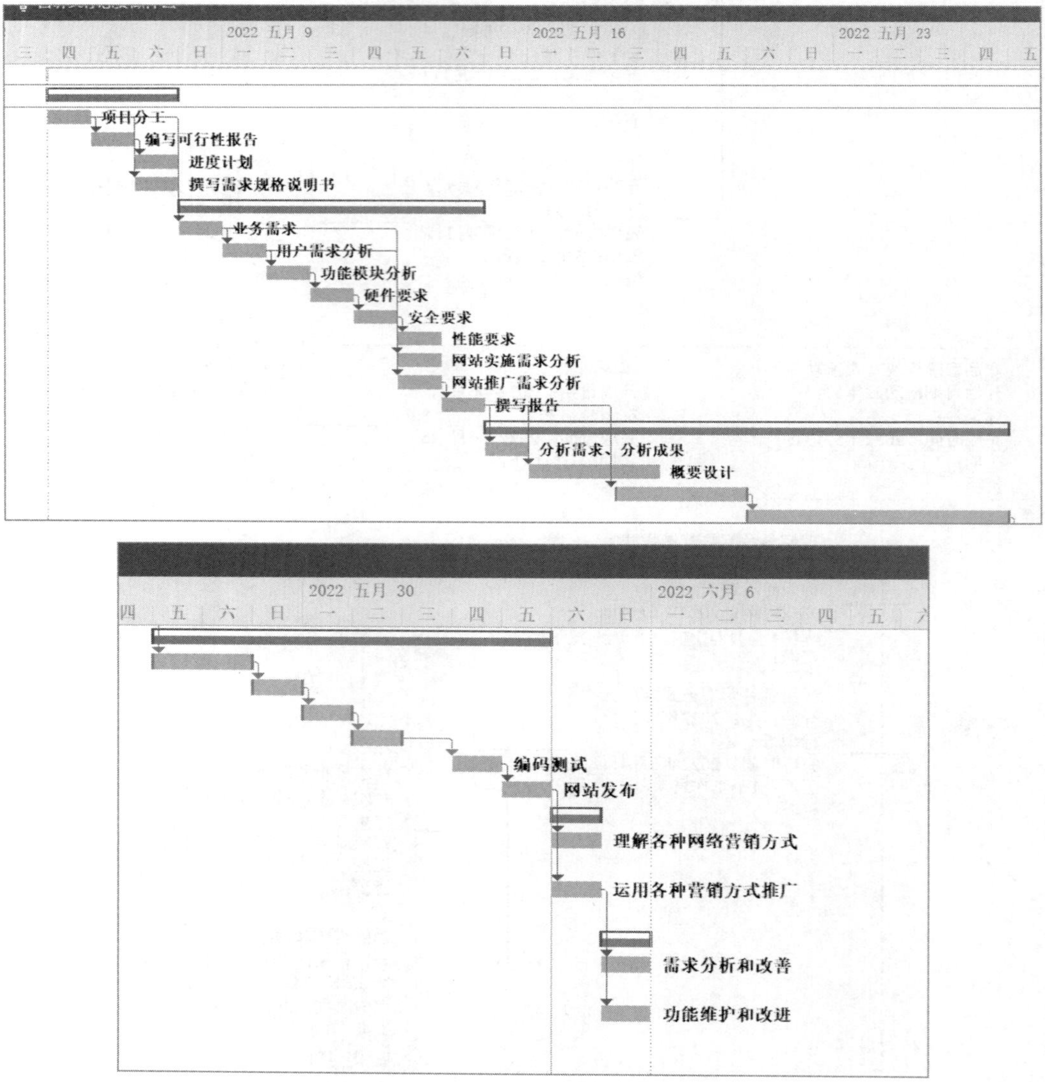

图 9-6　综合母婴购物网站项目日历表

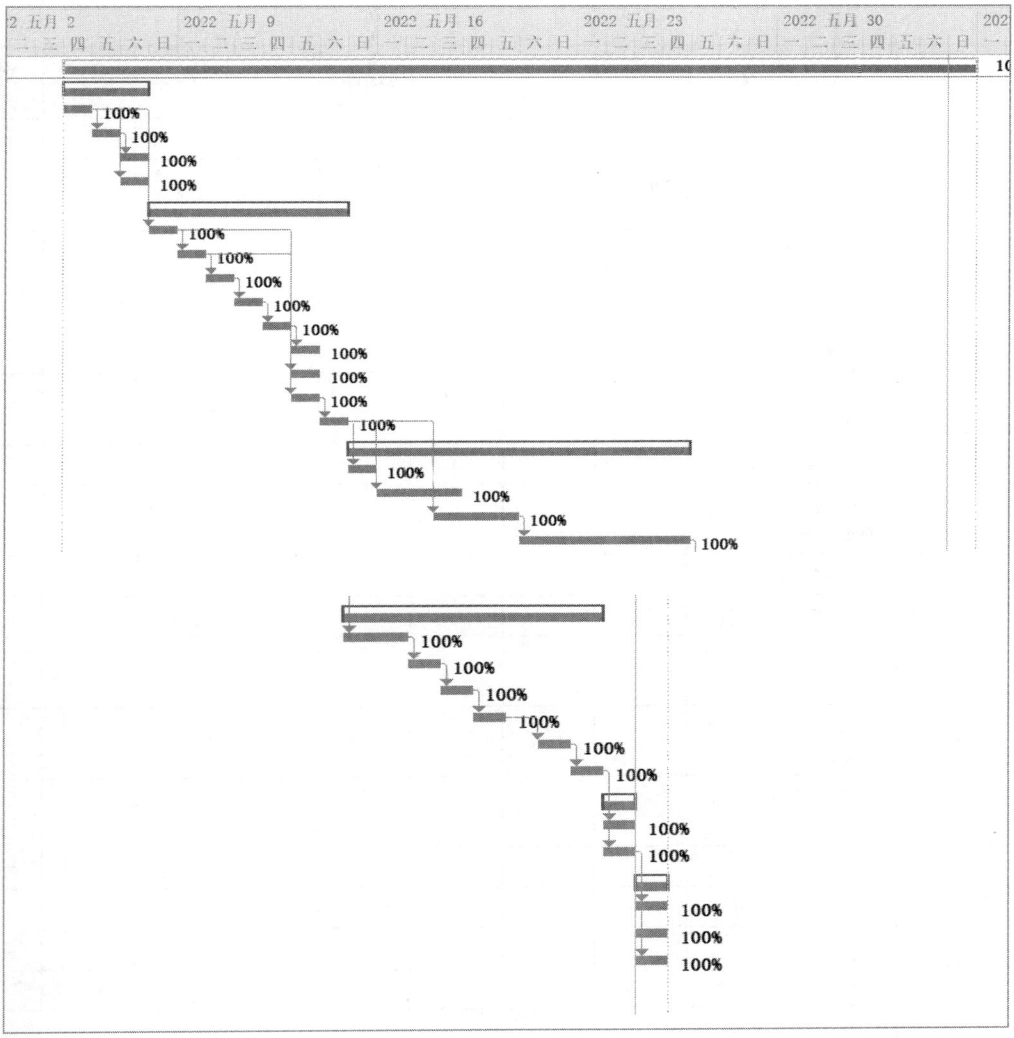

图 9-7　综合母婴购物网站项目跟踪甘特图

9.4.4　网站项目成本计划

表 9-5 所示为综合母婴购物网站项目工时估算表，表 9-6 所示为综合母婴购物网站项目开发成本估算表，表 9-7 所示为综合母婴购物网站项目成本计划表，共 184 工时。

表 9-5　综合母婴购物网站项目工时估算表

单位：工时

活　　动	小　活　动	项目经理	系统分析员	系统设计员	网站设计师	网站编辑	程序员	测试人员	网管人员
一、项目启动	1 组建团队	4							
	2 编制项目计划	12							
	3 计划评审	4							

续表

活　　动	小　活　动	项目经理	系统分析员	系统设计员	网站设计师	网站编辑	程序员	测试人员	网管人员
二、调研准备	4 需求调研		8						
	5 确定目标/可行性分析		4						
	6 初步方案设计/选择		4						
三、系统设计	7 网站功能结构/界面风格设计				8	8			
	8 软件功能构架设计			4					
	9 数据库设计			4					
	10 系统物理配置方案设计			4					
四、系统开发	11 硬件采购								4
	12 网站平台建设						12		
	13 数据信息资料收集/网页制作	4					12		
	14 网站功能测试/初发布						12		
	15 系统整合/功能测试	4					12		
五、系统试运行	16 操作人员培训	4							
	17 修正系统功能						8		
	18 提交测试报告							4	
	19 制定管理制度	4							
	20 专职人员到位/正式运行准备	2							
六、系统正式运行	21 系统交付	8							
	22 系统验收	4							
	23 项目评估	8							
	24 系统运行管理	8					4		
	25 系统维护管理						4		
七、项目监控	26 里程碑评审								180
	27 范围变更								
	28 风险变更								
	29 项目收尾	6							
合　　计		72	16	12	8	8	64	4	184

表 9-6　综合母婴购物网站项目开发成本估算表

资源名称	项目经理（工时）	成本（元）
项目经理	72	2 880
系统分析员	16	640
系统设计员	12	480
网站设计师	8	320
网站编辑	8	320
程序员	64	2 560
测试人员	4	160
网管人员	184	7 360

注：表 9-5 中每个工时按 40 元计。

表 9-7　综合母婴购物网站项目成本计划表

活　　动	小　活　动	工　　时	标准费率（元）	成本（元）
一、项目启动	1 组建团队	4	40	160
	2 编制项目计划	12	40	480
	3 计划评审	4	40	160
二、调研准备	4 需求调研/分析	8	40	320
	5 确定目标/可行性分析	4	40	160
	6 初步方案设计/选择	4	40	160
三、系统设计	7 网站功能结构/界面风格设计	16	40	640
	8 软件功能构架设计	4	40	160
	9 数据库设计	4	40	160
	10 系统物理配置方案设计	4	40	160
四、系统开发	11 硬件采购	4	40	160
	12 网站平台建设	12	40	480
	13 数据信息资料收集/网页制作	16	40	640
	14 网站功能测试/初发布	12	40	480
	15 系统整合/功能测试	16	40	640
五、系统试运行	16 操作人员培训	4	40	160
	17 修正系统功能	8	40	320
	18 提交测试报告	4	40	160
	19 制定管理制度	4	40	160
	20 专职人员到位/正式运行准备	2	40	80
六、系统正式运行	21 系统交付	8	40	320
	22 系统验收	4	40	160
	23 项目评估/验收	8	40	320
	24 系统运行管理	12	40	480
	25 系统维护管理	4	40	160

续表

活　　动	小　活　动	工　　时	标准费率（元）	成本（元）
七、项目运行监控	26 里程碑评审	45	40	1 800
	27 范围变更	45	40	1 800
	28 风险变更	45	40	1 800
	29 项目完善	49	40	1 960
	项目开发成本合计	184		7 360
八、硬件与基础设施	计算机 8 台（一般配置） POS 机 1 台 交换机 1 台 路由器 1 台 Web 服务器委托 软件及网络接入			80 000
	累计成本			87 360

9.4.5　网站项目人力资源管理计划

1．综合母婴购物网站项目组织管理结构

综合母婴购物网站采用项目型组织管理结构，其内部组织结构图如图 9-8 所示。

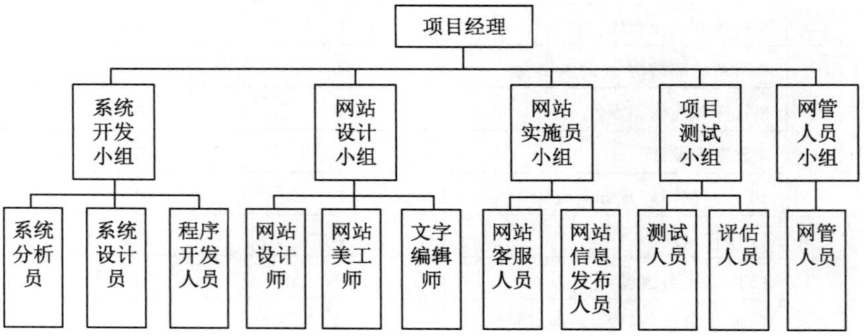

图 9-8　综合母婴购物网站项目型内部组织结构图

2．综合母婴购物网站项目团队成员知识结构分析

根据参与项目团队的配备情况，对团队人员的知识结构分析见表 9-8。

表 9-8　综合母婴购物网站项目团队知识地图

活　　动		姓　　名											
		郭××	李××	付××	张××	邸××	杨××	王××	刘××	梁××	孙××	赵××	鲜××
一、项目启动	能力分	9	5	6	8	5	6	7	8	5	4	7	6
	兴趣分	9	5	6	4	8	3	4	7	5	5	3	6
二、调研准备	能力分	7	8	5	8	6	3	5	7	6	7	6	7
	兴趣分	6	9	5	5	7	8	6	4	7	5	6	5

续表

活　动		姓　名											
		郭××	李××	付××	张××	邱××	杨××	王××	刘××	梁××	孙××	赵××	鲜××
三、系统设计	能力分	6	8	6	9	7	8	4	6	5	5	8	7
	兴趣分	6	5	6	8	8	5	2	6	7	7	5	4
四、系统开发	能力分	7	5	7	6	5	9	8	4	7	5	6	7
	兴趣分	5	6	6	6	4	7	6	3	6	6	5	5
五、系统试运行	能力分	5	3	5	7	6	6	5	7	8	6	3	5
	兴趣分	4	6	5	4	7	5	7	3	8	4	6	5
六、系统正式运行	能力分	5	4	6	6	7	8	5	9	6	5	3	6
	兴趣分	6	7	7	3	7	4	5	7	7	6	5	7
七、项目运行监控	能力分	8	6	6	7	4	7	6	4	5	7	3	7
	兴趣分	9	7	6	5	4	7	5	6	5	6	8	8

3．综合母婴购物网站项目团队成员职责分配

根据团队成员知识结构对其进行了与其知识结构对应的职务和职责分配，尽量使团队的每个人都能够发挥其所长，这样既可以避免人力资源的浪费，又可以使团队成员充分发挥其主观能动性。综合母婴购物网站项目团队职责分配矩阵见表 9-9。

表 9-9　综合母婴购物网站项目团队职责分配矩阵

姓　名	活　动											
	郭××	李××	付××	张××	邱××	杨××	王××	刘××	梁××	孙××	赵××	鲜××
一、项目启动	P					S1			S			
二、调研准备		P		S						S1		
三、系统设计					P	S	S1					
四、系统开发							P	S		S1		
五、系统试运行						S		S1		P		
六、系统正式运行						S			P	S1		
七、项目运行监控	P					S1						S

说明：P—负责　S—主要协作　S1—次要协作

4．综合母婴购物网站项目干系人分析

表 9-10 所示为综合母婴购物网站项目干系人分析表。

表 9-10　综合母婴购物网站项目干系人分析表

干系人		提出的需求	关注指标	应承担的责任	可能的风险
甲方干系人	投资人	两年回本开始盈利	网站的发展潜力	随时监督并提供资金	网站的实际价值不高
	维护人员	设备优良、易于维护	网站建设功能齐全	提出建议和意见	网站的功能分析不全面

续表

干系人		提出的需求	关注指标	应承担的责任	可能的风险
乙方干系人	项目经理	全面监控、协调项目的建设	建设周期和建设质量	统筹规划、协调人力资源、控制项目质量、成本和进度	工期延长、成本提高
	项目成员	经理的领导和成员的协调合作	任务完成效率、效果	在规定时间内保证网站顺利进行、完成可交付	缺乏工作热情、离职或不服从安排
第三方干系人	一是孕妈妈，二是孕妇家人，三是孕妇朋友	可以从网站上得到满意实惠的母婴产品	信息的及时、安全、界面友好、母婴产品齐全	配合项目建设人员进行好调查	网站提供的信息过时、网站被恶意攻击

5. 综合母婴购物网站项目团队考核体系

对团队成员的考核主要针对队员完成的工作情况，做到奖罚分明，以便进一步建立有效的激励机制。

个人考核主要从特征、行为、绩效三个方面衡量。特征包括成员的学历、专业职称、技能证书等各种与项目相关的能力证明；项目成员的行为涉及成员在项目进展过程中所表现出的勤奋、合作、奉献等品质，比如个人的时间、知识、经验贡献给团队以及其他成员，从而促成整体任务的完成；绩效即是对比目标的要求，成员所担负责任、任务的实际完成情况，可以通过数量的百分比和时间的长短来衡量。

在具体的考核中，主要通过打分的方式对以上三个方面综合考评，以制度的形式将考核的要素及相应的权重确定下来，从而得到对成员个人的全面评价。

表 9-11 所示为考核评级标准。

表 9-11　考核评级标准

1. 项目成员特征导向评级标准 （1）项目知识：1=很少　2=少　3=平均　4=多　5=很多 （2）沟通能力：1=很少　2=少　3=平均　4=多　5=很多 （3）合作精神：1=很少　2=少　3=平均　4=多　5=很多
2. 项目成员行为导向评级标准 （1）工作态度：1=很差　2=差　3=一般　4=好　5=很好 （2）出勤情况：1=很差　2=差　3=一般　4=好　5=很好 （3）建议情况：1=很差　2=差　3=一般　4=好　5=很好
3. 项目成员绩效导向评级标准 （1）CPI: 1=低于 70%　2=70%~80%　3=80%~90%　4=90%~100%　5=100%以上 （2）SPI: 1=低于 70%　2=70%~80%　3=80%~90%　4=90%~100%　5=100%以上

9.4.6　网站项目文档管理规范

1. 设立专职文档管理负责人

本网站建设的项目小组负责人为郭××，负责保管本项目已有的文档，包括完全一样的一套主本和一套副本。

2. 强调文档说明和修改

每个文档要填写文档说明信息，如果文档更新时要填写版本修改记录。表 9-12 所示为文档说明信息样表，表 9-13 所示为文档版本修改记录样表。

表 9-12　文档说明信息样表

文档名称			
负责人		文档版本编号	
密级		文档版本日期	
起草人		起草日期	
复审人		复审日期	

表 9-13　文档版本修改记录样表

版本编号	版本日期	修改者	说明

3. 文档统一格式定义

项目内部所有文档采用统一的页面设置、封面格式、页眉页脚格式、目录格式和正文格式。

4. 文档内容规范

文档主要包括可行性报告、立项管理、网站建设三个阶段。其中：可行性报告包括网站建设的实现在技术、经济和社会因素上的可行性；立项主要包括资源的安排；网站建设主要包括建设的周期和阶段性成果及最终成果。

5. 文档存储结构

本项目是开发一个网站平台，所需资源不是很多，可以采用 Project 和文件夹的形式来存储。

9.4.7　网站项目调整与相应变更控制

由于环境、市场变化及新技术的出现，以及随着项目的实施将出现新的需求，会引起原有计划和需求发生变化。会出现包括项目范围、进度、成本调整与相应变更。

变更控制管理要求提出项目变更者要填写变更申请表，项目管理者根据表中所示变更内容和理由，决定是否有必要变更。

表 9-14 所示为综合母婴购物网站项目变更申请表。

表 9-14　综合母婴购物网站项目变更申请表

申请日期		变更内容关键词	
申请人		归属子系统	
变更内容			
变更理由			
对其他子系统的影响及所需资源			

续表

<table>
<tr><td colspan="3">申请人评估</td><td colspan="3">用户方负责人评估</td><td colspan="2">开发方负责人评估</td></tr>
<tr><td colspan="3"></td><td colspan="3"></td><td colspan="2"></td></tr>
<tr><td colspan="3" rowspan="2">是否变更</td><td colspan="3">用户方负责人批复意见</td><td colspan="2">开发方负责人批复意见</td></tr>
<tr><td colspan="3"></td><td colspan="2"></td></tr>
<tr><td colspan="8">如果变更，那么</td></tr>
<tr><td>编号</td><td></td><td>优先级</td><td></td><td>执行人</td><td></td><td>结束时间</td><td></td></tr>
<tr><td colspan="5">开发方负责人：（签字）</td><td colspan="3">签发日期：</td></tr>
<tr><td colspan="5">用户方负责人：（签字）</td><td colspan="3">签发日期：</td></tr>
</table>

1．风险的识别

组织本项目团队的人员，通过头脑风暴法识别出可能会影响项目进度、成本、范围、质量的潜在风险，然后对风险进行编号。

2．风险的分析

对分析可能出现的风险，由本团队分别确定“风险概率”“风险影响描述”“风险影响值”“排序”“风险级别”。

3．风险的应对

在风险应对中，要确定“风险策略”“风险应对措施”“风险处理截止时间”“风险负责人”。

表 9-15 所示为综合母婴购物网站风险分析与应对表。

表 9-15　综合母婴购物网站项目风险分析与应对表

风险识别			风险定性与定量分析						风险应对			
编号	WBS 模块	风险事件	风险概率	风险影响描述	风险影响值	风险期望值	排序	级别	风险策略	风险应对措施	风险处理截止时间	风险负责人
1	组建团队	领导层的重视程度发生变化	50%	项目运作受影响	0.6	0.03	1	一级	缓解	预防与领导层多沟通	一周	项目经理
2	编制项目计划	计划考虑不周	10%	影响项目计划评审	0.6	0.06	17	一级	接受	纠正，调整	1 天	项目成员
3	计划评审	不通过	5%	项目运作受影响	0.7	0.0035	23	二级	缓解	纠正，调整	1 天	项目经理
4	需求调研	需求分析不准确	10%	影响网站的建设	0.2	0.02	24	一级	缓解	预防，积极了解用户需求的变动	1 周	项目经理
5	确定目标/可行性分析	可行性分析不全面	1%	影响项目的建设进度	0.5	0.005	3	二级	缓解	预防，与用户积极沟通	1 周	项目经理
6	初步方案设计/选择	方案设计不合理	1%	影响项目的建设	0.5	0.005	12	二级	缓解	预防	1 周	项目经理
7	网站功能结构/界面风格设计	网站功能结构设计不合理，网站风格设计不合适	5%	网站建设受严重影响	0.5	0.025	5	二级	提高	预防	1 周	项目经理

续表

风险识别			风险定性与定量分析						风险应对			
编号	WBS 模块	风险事件	风险概率	风险影响描述	风险影响值	风险期望值	排序	级别	风险策略	风险应对措施	风险处理截止时间	风险负责人
8	软件功能构架设计	软件功能设计不合理	1%	网站后台建设受严重影响	0.5	0.005	6	二级	缓解	预防	1 周	项目经理
9	数据库设计	数据库功能设计不合理	1%	网站后台系统受严重影响	0.5	0.005	8	二级	缓解	预防	1 周	项目经理
10	系统物理配置方案设计	系统物理配置方案设计设计不符合要求	1%	项目建设进度受影响	0.5	0.005	9	二级	缓解	加强与客户沟通	1 周	项目成员
11	硬件采购	硬件采购不到位	5%	项目建设进度受影响	0.4	0.02	10	一级	接受	纠正，寻找其他供应商	3 天	项目经理
12	网站平台建设	网站平台建设不完善	1%	网站建设受影响	0.4	0.004	15	二级	接受	纠正，完善网站平台功能	3 天	项目成员
13	数据信息资料收集/网页制作	数据收集不及时、全面	5%	网站建设进度受影响	0.2	0.01	19	二级	缓解	预防	1 周	项目成员
14	网站功能测试/初发布	网站发布不顺利	5%	项目进度受影响	0.2	0.01	13	二级	接受	预防	1 周	项目成员
15	系统整合/功能测试	系统整合不顺畅	5%	网站建设受影响	0.5	0.025	18	一级	接受	纠正，完善各个功能模块及接口	1 周	项目成员
16	操作人员培训	接受培训人员不能完全到位	5%	影响项目建设进度	0.1	0.005	4	二级	接受	纠正，及时沟通	1 天	项目成员
17	修正系统功能	系统功能问题没有及时发现	5%	影响项目建设	0.4	0.02	11	一级	接受	纠正，及时发现系统问题	1 周	项目经理
18	提交测试报告	测试报告不全面没通过	1%	影响项目建设	0.2	0.002	16	二级	接受	纠正，及时沟通	1 天	项目成员
19	制定管理制度	管理制度受到很多反对	5%	影响项目建设	0.2	0.01	20	二级	接受	纠正，及时沟通	1 天	项目成员
20	专职人员到位/正式运行准备	专职人员不能完全到位	5%	影响项目建设进度	0.1	0.005	21	二级	接受	纠正，及时沟通	1 天	项目成员
21	系统交付	交付出现问题	5%	影响项目建设进度	0.4	0.02	22	一级	接受	纠正，及时沟通	3 天	项目经理
22	系统验收	验收不合格	5%	影响项目建设进度	0.4	0.02	25	一级	接受	纠正，及时沟通	3 天	项目经理
23	项目评估	项目评估达不到预期要求	5%	影响项目建设进度	0.4	0.02	26	一级	接受	纠正，及时沟通	3 天	项目经理

续表

风险识别			风险定性与定量分析						风险应对			
编号	WBS模块	风险事件	风险概率	风险影响描述	风险影响值	风险期望值	排序	级别	风险策略	风险应对措施	风险处理截止时间	风险负责人
24	系统运行管理	运行制度不全面	1%	影响项目建设进度	0.2	0.002	27	二级	接受	纠正，及时沟通	1天	项目成员
25	系统维护管理	维护措施不得力	1%	影响项目建设进度	0.2	0.002	7	二级	接受	纠正，及时沟通	1天	项目成员
26	里程碑评审	里程碑评审有后有变化	5%	影响项目建设进度	0.4	0.02	14	二级	接受	纠正，及时沟通	1天	项目成员
27	范围变更	范围发生变化	5%	影响项目建设进度	0.4	0.02	28	二级	接受	纠正，及时沟通	1天	项目成员
28	风险变更	风险发生变化	5%	影响项目建设进度	0.4	0.02	2	二级	接受	纠正，及时沟通	1天	项目成员
29	项目收尾	收尾不能顺利进行	5%	影响项目的完工	0.5	0.025	29	一级	接受	纠正，及时沟通	1周	项目经理

9.5 综合母婴购物网站项目运作实施

9.5.1 网站建设实施结果

实施过程中对原规划进行了部分改进和完善，其具体结果如下（部分实例）：

1. 网站首页

网站首页如图 9-9 所示。

图 9-9 网站首页

2．限时秒杀专区页面

限时秒杀专区页面如图 9-10 所示。

图 9-10　限时秒杀专区

3．猜你喜欢专区页面

猜你喜欢专区如图 9-11 所示。

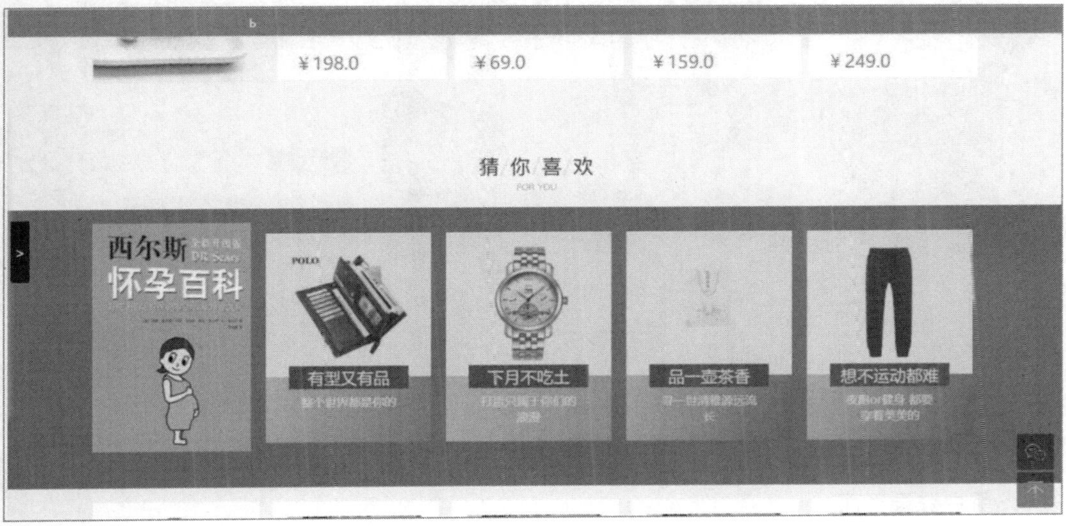

图 9-11　猜你喜欢专区

4．网站二级页面

网站二级页面如图 9-12 所示。

图 9-12　网站二级页面

5. 账户注册页面

账户注册页如图 9-13 所示。

图 9-13　账户注册页

6. 用户登录页面

用户登录页如图 9-14 所示。

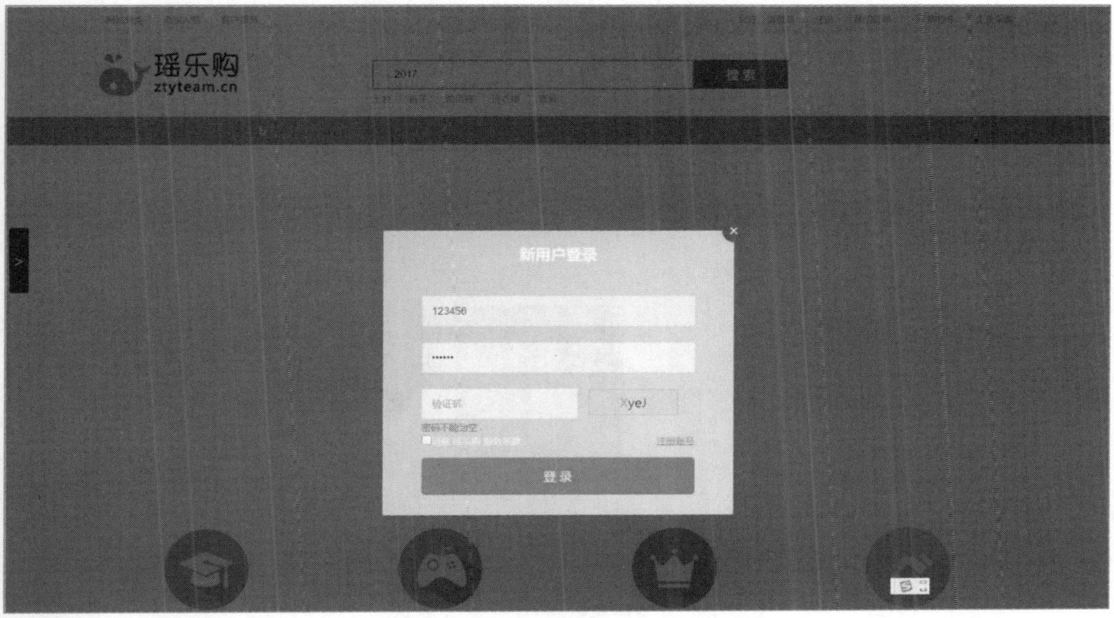

图 9-14　用户登录页

7．商品搜索页面

商品搜索页如图 9-15 所示。

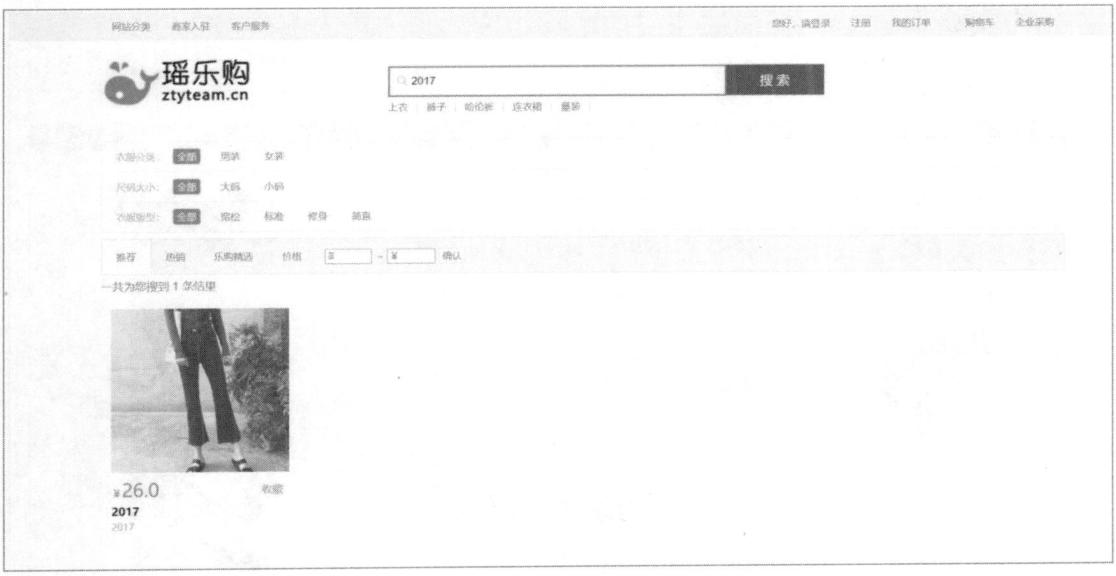

图 9-15　商品搜索页

8．商品浏览页面

商品浏览页如图 9-16 所示。

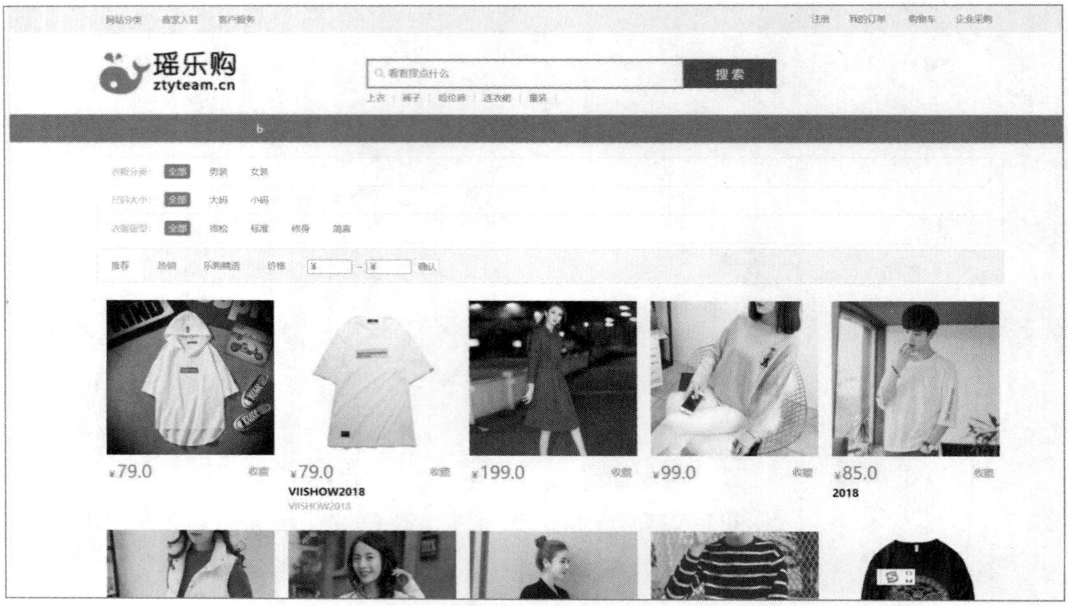

图 9-16　商品浏览页

9．商品详情页面

商品详情页如图 9-17 所示。

图 9-17　商品详情页

10．商品评价页面

商品评价页面如图 9-18 所示。

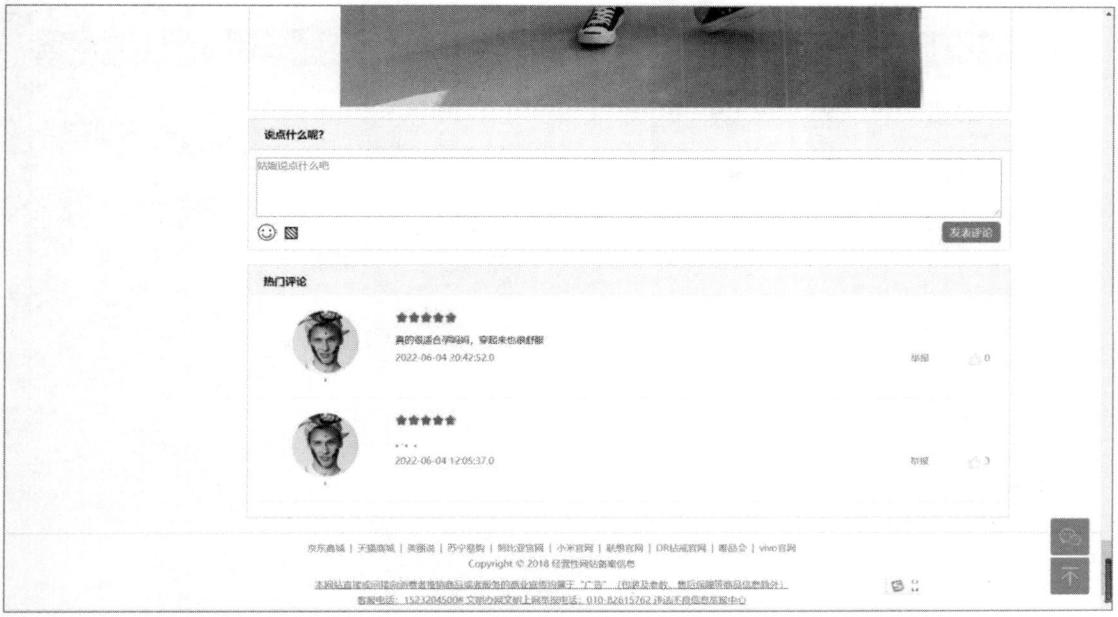

图 9-18　商品评价页

11．购物车页面

购物车页面如图 9-19 所示。

图 9-19　购物车页

12．个人信息管理页面

个人信息管理如图 9-20 所示。

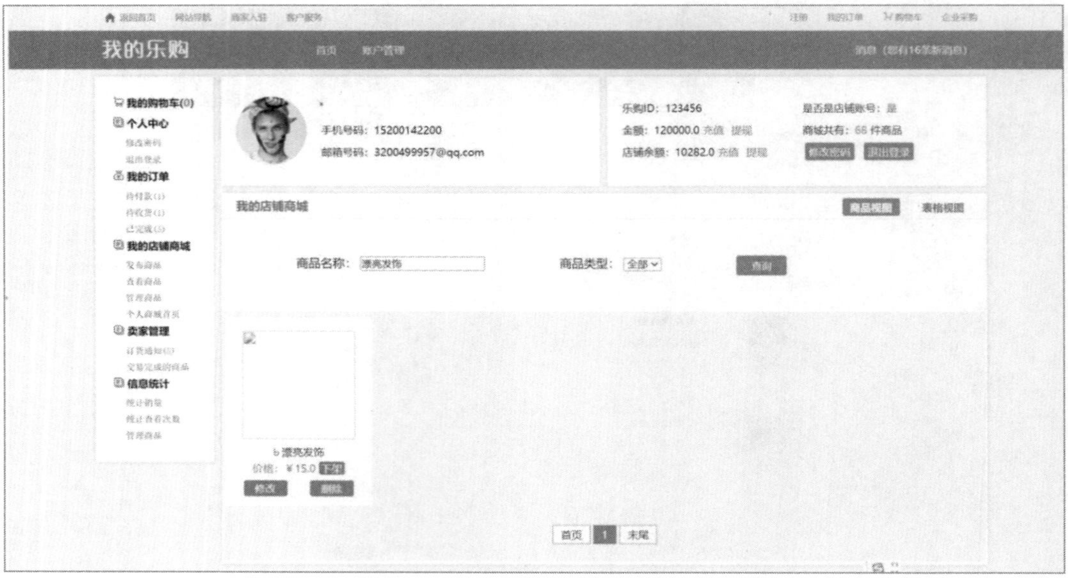

图 9-20　个人信息管理页

13．订单状态页面

订单状态页如图 9-21 所示。

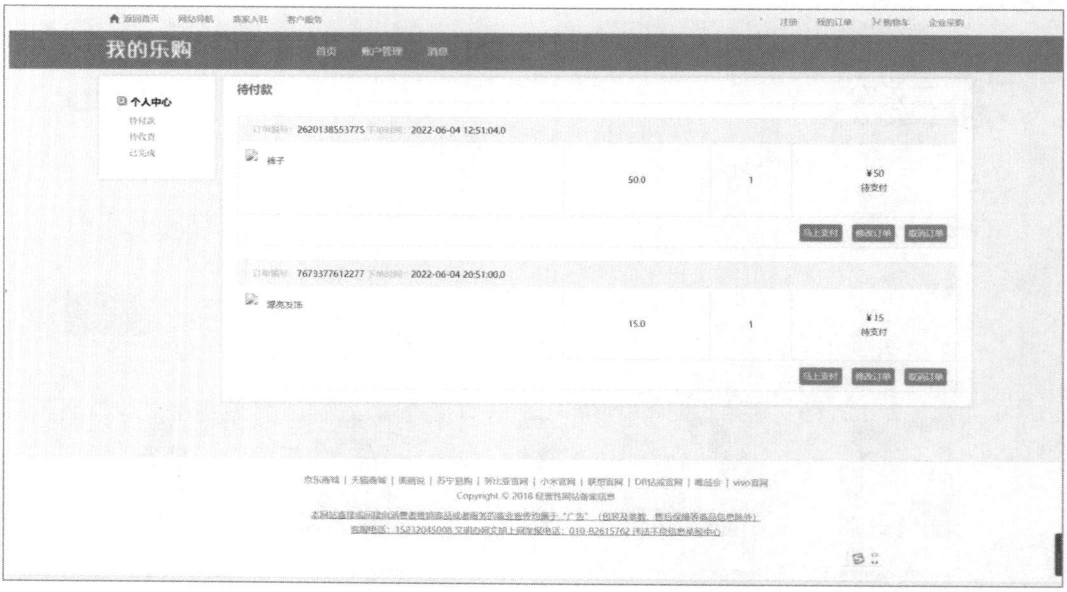

图 9-21　订单状态页

9.5.2　网站的整合营销与推广策略

1．网站定位特点

（1）网络营销模式为 B2C 母婴产品零售网站。

（2）主要目标客户群体为备孕、孕期、孕后的女性消费者。

（3）根据网民的行为特征，我们把网站定位为休闲轻松（好玩）+ 母婴产品零售网（好吃），体现一种舒适的孕期生活。

“轻松+便捷”、分享、健康是网站的主题。以“经验”留住顾客，聚集人气，带动母婴产品零售，把来“经验”的客户转化为“买”的客户。

（4）网站规划在产品和服务方面借鉴 TheFruitCompany.com 网站成功的 4P4C 组合营销策略，而在美术设计上要突出“轻松+舒适”的特色。

2．网站服务整合策略

从网民的年龄特征可以看出 90 后、00 后网民占了总人数的 70%以上，这个人群的特点是追求方便快捷和轻松的购物体验，而网络营销近几年来所有的便捷元素成功地通过现代互联网技术和最新的营销概念实现，我们把它们整合应用如下：

（1）Web 4.0 技术与营销概念的应用创新：把“经验”做到家，自然人就多，“经验”获取多，必然“买”得多。

（2）多渠道整合营销策略：多渠道让你获取“经验”，经验多了就知道需要“买”什么了。

网站有实体店和物流中心做支持。实体店也是“吸取经验的好去处”。实体店设计为学院与母婴产品结合，可以购物、提货，可以在这里休闲玩耍。有孕育课、瑜伽课，还有营养餐课程，可以在这里学习合理的营养搭配。

（3）客户定制和客户化定制与体验型营销的整合——体验设计、体验味道。

客户订制指按客户需求设计产品。客户化订制则是将产品的设计权交给客户。

网站长期提供根据客户需求设计的各种组合产品，同时利用“孕妈服 diy”则极大满足了客户自主设计的需求。

要有效实现客户订制和客户化订制，就需要各种款式的衣服给客户带来不断的创造欲望。客户对新款式如果不了解，网站在送货或者现场提货时特别提供新款式服装的“试穿”服务，让客户体验面料和上身效果。

3．网站推广策略

（1）利用社交网络资源推广网站：网站建好后，首先将它介绍给身边的朋友，他们会去浏览网站。

（2）通过搜索引擎推广网站：网站做好后，就去百度等网站进行搜索引擎登记，让更多人查找到网站。

（3）利用自己的网站推广：网站建好后，不断更新自己的网站内容，这样会给访问者留下好的印象，增加回头率；把自己的促销广告做到网上，让客户产生访问兴趣。

（4）利用其他网站推广自己的网站：与相关网站交换首页广告、友情链接，在全国各大能发布信息、广告、留言及论坛的网站上发布广告信息。

（5）利用传统媒体推广网站：适当在报刊、电台、路牌等传统媒体发布网站广告，结合本网站网页内容做一些街道横幅，还可将网址印刷到礼品包装纸等宣传资料上，让更多的人了解我们的网站。

通过上述的宣传和推广，可以提高网站的访问率。访问率越高，了解网站的人就越多。就会有更多的人加入到的瑶乐购，就会产生更多销售机会。

企业最终目标是将网站做成全国知名品牌。

（来源：根据编者主持策划项目“瑶乐购——基于心理疏导的综合母婴产品购物网站”案例编写）

习　　题

综合运用练习：构思一个电子商务项目，可以是一个企业的电子商务项目，也可以是一个个人创业的项目（包括在淘宝或其他平台开一个网上商店）。

练习要求：

假设你是一个项目经理或者电子商务项目的个人创业者，根据本书介绍的各种项目策划、管理与运作的方法和工具，带领你的团队完成从项目构思到完成此项目的所有计划与管理工作，具体工作如下：

1. 构思项目；
2. 进行项目可行性研究并形成可行性报告；
3. 编制该项目的生命周期图；
4. 编制该项目的项目章程；
5. 绘制该项目的工作分解结构图（WBS）；
6. 绘制该项目的网络图和甘特图；
7. 编制该项目的成本计划表；
8. 设计项目的内部组织结构；
9. 绘制该项目团队的知识地图；
10. 绘制该项目团队的职责分配矩阵；
11. 设计该项目的团队考核体系；
12. 设计该项目的文档管理规范；
13. 分析对该项目的干系人；
14. 对该项目的范围进行调研并进行相应的变更控制；
15. 对该项目的风险进行识别、分析和应对；
16. 撰写本练习的总结和心得体会。

备注：上述工作内容必须采用 Project 软件实现。